GOTTESINTIMITÄT

Einblicke in das Johannesevangelium

P. Karl Kern SJ

GOTTES INTIMITÄT

Einblicke in das Johannesevangelium

Predigten in St. Michael, München

IMPRESSUM

ISBN 978-3-947029-43-3

1. Auflage 2021

Printed in Germany.

Bilder Öl auf Leinwand: Professor Ernst Arnold Bauer
IM ANFANG WAR DAS WORT (S. 24)
DAS HIMMLISCHE JERUSALEM (S. 31)
DIE BEGEGNUNG (S. 219)
KYRIE ELEISON (S. 248)

Titelbild: Das Antlitz Jesu (Detail der Kreuzigungsgruppe),
Giovanni da Bologna 1594, St. Michael, München
Rücktitel: Maria Magdalena (Detail der Kreuzigungsgruppe, s. o.)
Fotoaufnahmen: Anton Brandl, München

Satz und Druck:
Cl. Attenkofer'sche Buch- und Kunstdruckerei

www.verlag-attenkofer.de
www.st-michael-muenchen.de

INHALT

Diese und weitere Predigten zum Johannesevangelium sind nachzuhören unter **www.st-michael-muenchen.de/kern**

EINLEITUNG

Das Johannesevangelium kommt vielen rätselhaft und fremd vor. Wer die plastischen Erzählungen der drei anderen Evangelien im Ohr hat, stutzt, weil er den Eindruck gewinnt, im vierten Evangelium spreche ein ganz anderer Jesus. Wir vermissen die kurzen prägnanten Bildgeschichten, die „Gleichnisse". Wir finden auch nur wenige Wunder Jesu. Sie werden „Zeichen" genannt, weil diese Machttaten immer schon über sich auf eine größere Wirklichkeit hinausweisen. Dämonenaustreibungen sind völlig ausgeblendet. Durch die Passion schreitet ein ganz und gar souveräner Mensch. Wir werden bei Johannes mit langatmigen Reden konfrontiert, die mit ihrer hohen Sprache abschrecken oder ermüden können. Gleichzeitig übt das kreisend-meditative Denken dieses Evangelisten eine ganz eigene Faszination aus. Es lockt auf einen Weg des inneren Zugangs zur Gestalt Jesu Christi.

Die folgenden Kapitel geben Einblicke in das Johannesevangelium. Sie orientieren sich an Textstellen, die in der katholischen Liturgie während des dreijährigen Lesezyklus für Sonn- und Feiertage vorkommen. Vorliegendes Buch ist aus frei gehaltenen Predigten in der Jesuitenkirche St. Michael in München entstanden. Sie wurden für die schriftliche Fassung überarbeitet und zum Teil erweitert. Sie wollen einen geistlichen Zugang zu diesem Evangelium eröffnen – auf dem heutigen Stand der Exegese, soweit ein Seelsorger aus der pastoralen Praxis die Fachdiskussion verfolgen kann.

Eigenart des Johannesevangeliums

Was ist das Johannesevangelium? Und wie erklärt sich seine Eigenart? Wie die drei anderen Evangelien ist es ein Glaubenszeugnis in

Form einer Jesuserzählung. Wird bei Markus, Matthäus und Lukas novellistisch erzählt, angelehnt an Heldenbiographien der Antike, so überwiegt bei Johannes der dramatische Erzählstil mit seinen ausladenden direkten Reden Jesu. Der Zuhörer wird wie bei einem Drama auf der Bühne unmittelbar angesprochen und ins Geschehen hineingezogen. Das vierte Evangelium transponiert die Grundbotschaft Jesu von der Nähe der Königsherrschaft Gottes in eine dramatische Erzählung, welche aus der Gegenwart des Auferstandenen erwächst. Natürlich erzählen auch die anderen Evangelien im Licht der Auferstehung, sie behalten jedoch stärker ihr vorösterliches Kolorit. Auch bei Johannes finden wir die Szenerie des irdischen Jesus, doch wird schon alles auf die Ebene des „erhöhten" himmlischen Herrn gehoben. Darum zählt in diesem Evangelium allein die gegenwärtige Entscheidung des Glaubens an den Auferstandenen.

Die Reich-Gottes-Botschaft des historischen Jesus taucht bei Johannes nicht auf. Das vierte Evangelium ist eine Neudeutung der zentralen Botschaft Jesu von der Auferstehung her. Diese Schrift fasziniert durch den Mut und die Kraft zur kreativen Übertragung und Weiterentwicklung der Botschaft unter völlig veränderten Rahmenbedingungen. Gleichzeitig zeigen viele Stellen, dass hinter diesem Text Zeugen stehen, welche die Jesusgeschichte aus unmittelbarer Nähe erlebt haben müssen. Die historische Zuverlässigkeit des Johannesevangeliums hat sich in den vergangenen Jahrzehnten immer deutlicher herausgestellt. Zwei Beispiele dafür: Nach den drei anderen Evangelisten dürfte das öffentliche Auftreten Jesu maximal ein Jahr gedauert haben – mit einem Zug nach Jerusalem. Wahrscheinlich jedoch erstreckte sich Jesu Wirken, wie es Johannes schildert, über zwei bis drei Jahre mit mindestens zwei Pilgerreisen in die Heilige Stadt während seines öffentlichen Auftretens. Weiterhin hat Jesus nach den drei synoptischen Evangelien vor seinem Tod mit seinen

Jüngern ein Paschamahl gefeiert. Das hätte dann am Freitagabend stattgefunden. Johannes aber schildert ein Freundschaftsmahl am Abend vor dem Paschafest. Dieser Zeitablauf dürfte – wie wir es heute am Gründonnerstag begehen – wohl eher dem historischen Geschehen entsprechen. Von den anderen Evangelisten wurde das Motiv des Paschamahles in ihre Schilderung hineinkomponiert, um diese Feier als „neues Pascha" zu deuten. In diesem Sinn verstanden die Jesusanhänger ihren zentralen Ritus, das Gedächtnismahl von Tod und Auferstehung Jesu. Auch Johannes sieht in Jesus das neue, endgültige Paschalamm. Diese Sichtweise rahmt sogar sein Evangelium. Der Täufer weist zwei seiner Jünger auf Jesus als „Lamm Gottes" hin (vgl. Joh 1,36) und Jesus stirbt an einem Freitagnachmittag genau zu jenem Zeitpunkt, als die Paschalämmer im Tempel geschlachtet wurden (vgl. Joh 19,14).

Der historische Hintergrund der Entstehung

Wer einen Text, vor allem seine „Leerstellen", verstehen will, muss über den Text selbst hinausgehen, denn das schriftlich Niedergelegte ist Teil einer lebendigen Kommunikation. Erst wenn die Fragen und Probleme geklärt sind, auf die der geschriebene Text antwortet, kann man ihn sachgemäß interpretieren. Deshalb die Frage: Aus welcher kommunikativen Situation heraus ist das Johannesevangelium erwachsen? Auf welche Fragen soll es Antwort geben?

Das vierte Evangelium ist aus einer scharfen innerjüdischen Kontroverse in den Jahrzehnten nach der Zerstörung Jerusalems im Jahre 70 n.Chr. entstanden. Nach dem Jüdischen Krieg (66-70 n.Chr.) war das Land Israel nicht mehr dasselbe wie vorher. Ein Großteil der Bevölkerung war dem Krieg zum Opfer gefallen, ganze Landstriche waren entvölkert und wirtschaftlich ausgeblutet, Städte zerstört und Jerusalem mit dem Tempel dem Erdboden gleichgemacht. Viele Überlebenden flohen oder wurden in die Sklaverei verkauft. Nachdem der Tempel in Trümmern lag, hatten die Sadduzäer aus der aristokratischen Jerusalemer Oberschicht ihre wirtschaftliche und religiöse Basis verloren und sollten künftig keine Rolle mehr spielen. Bereits im Jahre 68 wurde die Niederlassung der tempelkritischen Essener bei Qumran zerstört. Damit war die ganze Bewegung ausgelöscht. Es blieb nur die pharisäische Richtung übrig, meist Leute aus dem Mittelstand, welche die traditionelle Tempelfrömmigkeit immer schon mit gelebter Alltagsspiritualität verbunden hatten. Dieser Gruppe stand der historische Jesus am nächsten.

Das traditionelle Judentum befand sich im Jahre 70 am Nullpunkt und musste sich ohne das zentrale Heiligtum neu (er-)finden. Pharisäischen Schülern war es gelungen, ihren Rabbi Jochanan ben Sakkaj vor der Zerstörung der Heiligen Stadt als Leiche getarnt herauszuschmuggeln. Er erhielt von dem führenden römischen General und späteren Kaiser Vespasian die Erlaubnis, in Jabne in der Küstenebene ein jüdisches Lehrhaus zu errichten. Daraus entstand das rabbinisch geprägte Judentum. Zur gleichen Zeit formierte sich die Jesusbewegung, die als innerjüdische Erneuerungsbewegung begonnen hatte, sich jedoch nach der Auferstehung immer mehr zu einer Glaubensgemeinschaft aus Juden und Heiden entwickelte. Aus dem traditionellen Judentum erwuchsen also diese beiden Zweige: das rabbinische Judentum mit der Tora und die spätere Kirche mit ihrem Glauben an Jesus als dem Messias im Mittelpunkt. Obwohl das rabbinische Judentum am Anfang relativ offen und tolerant gegenüber unterschiedlichen religiösen Gruppen war, wurde doch eine scharfe Abgrenzung gegen Häretiker vollzogen, welche die allein auf die Tora bezogene jüdische Identität infrage stellten. Die messianische Jesusbewegung wurde aus nachvollziehbaren

Gründen nicht akzeptiert. Nach der Katastrophe des Jüdischen Krieges war es politisch nicht opportun, eine messianische Bewegung anzuerkennen. Solcher Messianismus wurde in Israel immer mit der Vorstellung eines neuen Davidreiches in Verbindung gebracht. Und noch dazu: Die Jesusanhänger sahen in einem Gekreuzigten den Messias, von dem sie behaupteten, Gott habe ihn auferweckt. Doch wie konnte der Messias gekommen sein, ohne dass sich die Welt spürbar geändert hatte? Vielleicht spielte als Motiv für die scharfe Abgrenzung eine Rolle, dass die entstehende Kirche zunehmend auch für Samaritaner und vor allem für Nichtjuden offen war, die sogar nach einigen Jahrzehnten die Mehrheit bildeten.

Eine jüdische Schrift

Dieses Bündel von Gründen kann den erbitterten Gegensatz zwischen der Minderheit der Jesusanhänger und dem sich neu herausbildenden Mehrheitsjudentum verständlich machen. Eines muss uns bewusst sein: Im ersten Jahrhundert kann man noch nicht von Christentum im Sinne einer eigenen Religion sprechen. Doch bahnte sich – gerade im Johannesevangelium – die spätere Trennung in zwei Religionen an. Allerdings verstanden sich der oder die Verfasser des vierten Evangeliums selbstverständlich als gläubige Juden, sogar als Glaubensrichtung, die ganz im Einklang stand mit den Verheißungen an Israel. Diese hatten sich für die glaubenden Jesusanhänger im Messias Jesus von Nazareth erfüllt. Deshalb ist das ganze Evangelium von einer christologischen Konzentration durchdrungen. In einer ursprünglichen Schlussbemerkung ist das Ziel des Johannesevangeliums prägnant zusammengefasst: „Noch viele andere Zeichen hat Jesus vor den Augen seiner Jünger getan, die in diesem Buch nicht aufgeschrieben sind. Diese aber sind aufgeschrieben, damit ihr glaubt, dass Jesus der Christus ist, der Sohn

Gottes, und damit ihr durch den Glauben Leben habt in seinem Namen" (Joh 20,30f.).

Aufbau des Evangeliums

In der neueren Johannesforschung hat sich immer deutlicher herausgestellt: Das vierte Evangelium ist durch und durch jüdisch konzipiert und aufgebaut. Es hat zwei große Hauptteile: Erstens, das Wirken Jesu vor aller Welt (Kap. 1-12): Der Offenbarer trifft im Ostjordanland, in Galiläa, Samarien, Judäa und in Jerusalem auf Glaubende und Nichtglaubende. In der Hauptstadt spürt er schon bald die tödliche Gefahr (vgl. Joh 7,1). Am Ende dieses ersten Hauptteils steht eine ernüchterte Bilanz des Unglaubens (vgl. Joh 12,37-43). Im zweiten Hauptteil (Kap. 13-21) konzentriert sich Jesus auf die Seinen. Er hält mit ihnen ein Abschiedsmahl, begibt sich in einen Garten am Ölberg und wird dort nachts verhaftet. Nach dem jüdischen Verhör während der Nacht schließt sich am Morgen der römische Prozess an, welcher mit der Verurteilung endet, gegen Mittag zur Kreuzigung und gegen 15.00 Uhr zum Tod führt. Nach dem deutlich markierten Neuansatz in Kapitel 13,1-3 unterweist Jesus die Seinen. Er bereitet sie auf seinen Abschied vor und verheißt ihnen den Geist als seinen Stellvertreter. Mit vollem Bewusstsein geht er auf die „Stunde seiner Erhöhung" zu, in der er heimkehrt zum Vater. Die in Kapitel 13,1 bis 19,42 geschilderten Ereignisse dauern nicht länger als einen Abend samt der Nacht und dem folgenden Tag bis zum Sonnenuntergang. Mit Kapitel 20,1-23 beginnt der dritte Tag nach seinem Tod. Jesus erscheint Maria von Magdala und den Jüngern. Die abschließende Thomasgeschichte (vgl. Joh 20,24-29) spielt an einem Abend acht Tage später. Ein erstes Schlusswort rundet das Evangelium ab (vgl. Joh 20,30f.). Von einem oder mehreren Redaktoren wurde ein Nachtragskapitel mit einer

Erscheinung des Auferstandenen am See von Tiberias angehängt (vgl. Joh 21,1-25). Etwa zweieinhalb Jahre Lebenszeit Jesu umfasst der erste Hauptteil des vierten Evangeliums, der zweite Hauptteil ist im Vergleich zum abgehandelten Zeitraum viel umfangreicher. Hier liegt offenbar das inhaltliche Schwergewicht.

Das Gesamtwerk wird durch einen Prolog wie mit einer Ouvertüre eröffnet. Geschildert wird der Abstieg des göttlichen Wortes in die Welt bis hin zur Fleischwerdung des ewigen Logos (vgl. Joh 1,1-18). Der Evangelist bedient sich in hymnischer Sprache der jüdischen Weisheitstheologie, um die Person und die Rolle Jesu zu deuten. Der Prolog blickt auf das gesamte Lebensgeschick Jesu voraus und fasst es zusammen: Er ist der Offenbarer des Vaters. Er bringt Licht und Leben, doch er wird nicht verstanden. Die Menschen nahmen ihn nicht auf. Eine bestimmte Gruppe allerdings, unter dem Personalpronomen „wir" zusammengefasst, hat ihn erkannt und legt Zeugnis ab für die „Herrlichkeit", die in ihm erschienen ist. Mit Jesus und seiner Menschwerdung haben sich für die Glaubenden die Verheißungen der Tora und der Propheten erfüllt.

Das Evangelium einer jüdischen Minderheit

Von diesem Grundansatz her wird Jesus als gläubiger Jude geschildert. Er pilgert zu den großen Festen nach Jerusalem. Er lebt nach der Weisung des Mose und tritt dabei mit provokativem Selbstverständnis als Sprachrohr des Gottes Israels auf, zu dem er den Weg hin eröffnet und vorlebt. So wird er selbst zum lebendigen Symbol wahrer Gotteserkenntnis. Auch der johanneische Christus bekräftigt den jüdischen Monotheismus, jedoch untrennbar verbunden mit seiner einzigartigen Mittlerrolle, welche die Rolle des Mose als Gewährsmann der Tora würdigt und zugleich überbietet.

Das Johannesevangelium kennt scharfe Abgrenzungen und Dualismen: Licht – Finsternis, Wahrheit – Lüge, blind – sehend, von oben – von unten. Darin spiegelt sich die existentielle Grundentscheidung, vor die jeder Glaubende gestellt ist. Vor allem aber sind die Dualismen, die Streitgespräche und die Dialoge, die versanden oder abgebrochen werden, Ausdruck der scharfen Abgrenzung und des nicht gelungenen Dialogs mit dem Mehrheitsjudentum. Die Brücken scheinen von beiden Seiten abgebrochen zu sein. Im 9. Kapitel (vgl. Joh 9,1-41) wird die exemplarische Geschichte eines jungen Juden, die Heilung des Blindgeborenen, erzählt, der wegen seines Bekenntnisses zu Jesus aus der Synagogengemeinschaft ausgestoßen wird. Ähnliche Hinweise finden sich auch in den Abschiedsreden (vgl. Joh 16,2) und in der Bilanz des Unglaubens (vgl. Joh 12,42). Synagogenausschluss hieß nicht nur Verbot der Gottesdienstteilnahme, sondern bedeutete auch soziale und wirtschaftliche Ausgrenzung bis hin zur Ächtung. Das scheint die Situation der Jesusanhänger in den Jahrzehnten nach dem Jüdischen Krieg gewesen zu sein. Zur Zeit des historischen Jesus sind solche Zustände nicht vorstellbar. Jesus besuchte regelmäßig die Synagoge und den Tempel. Er war als Rabbi, als Prophet, als vermutete Messiasgestalt ganz in seiner Ursprungsreligion verwurzelt.

Im Johannesevangelium spiegelt sich die bedrängte Lage einer jüdischen Minderheit gegenüber einem erdrückenden Mehrheitsjudentum wider. Gleichzeitig zeigt diese Schrift, dass sich ein neues religiöses Zeichensystem entwickelte, das dann zur Trennung von der Ursprungsreligion führte. Nicht nur der Widerstand von außen setzte diese Minderheit unter Druck, auch von innen her bröckelte es, denn offenbar schloss sich ein Teil der johanneischen Gemeinde wieder der Mehrheit an. Einer verfemten kleinen Gruppe anzugehören, hatte schwerwiegende soziale Folgen. Deshalb wird in der zweiten Abschiedsrede Jesu (Kap. 15-16) das „Bleiben" so sehr betont. Auch seine Bitte um Einheit in Kap. 17 scheint auf drohende Abwanderungsbewegungen aus der Gemeinde zu antworten.

Verfasserfragen, Schichten der Bearbeitung

Wann und wo ist dieses Evangelium entstanden und wer hat es verfasst? Das vierte Evangelium ist das jüngste der vier Versionen der Jesusgeschichte. Es dürfte gegen Ende des ersten Jahrhunderts in der ersten Endredaktion verfasst worden sein. Die Quellen, vielleicht auch Vorstufen, reichen einige Jahre oder Jahrzehnte zurück. Manche Passagen sind vermutlich erst nach der Jahrhundertwende hineinkomponiert worden. Vieles deutet darauf hin, dass dieses Evangelium in den nordöstlichen Teilen des Landes Israel seinen Ursprung hat, im Ostjordanland und im Gebiet des heutigen Golan. Schon die ältesten Handschriften überliefern die Überschrift „Nach Johannes". In der Tradition wurde dieser Johannes mit dem Zebedaiden und Fischer Johannes identifiziert. In neuerer Zeit wurde auch ein unbekannter Anhänger Jesu aus den höheren Kreisen Jerusalems ins Spiel gebracht oder ein Ältester mit Namen Johannes, der in der Nähe von Ephesus lebte.

Weitgehender Konsens herrscht darüber, dass das vierte Evangelium in bestimmten Textschichten im Sinne einer Relektüre der früheren Fassung aufgrund einer neuen Gemeindesituation überarbeitet wurde. Von manchen Auslegern werden weitgehende Teile dieser Neubearbeitung einer Gruppe von Redaktoren zugeschrieben. Sicher gilt das für das Nachtragskapitel 21, das nach der Schlussbemerkung des Evangelisten am Ende des 20. Kapitels mit einer zweiten Schlussbemerkung endet (vgl. Joh 21,24f.). Hier wird der nicht mit Namen genannte „Lieblingsjünger" als Autor und Gewährsmann benannt.

Für unseren Zusammenhang können wir die Verfasserfrage getrost offenlassen und nennen im Wissen um die Komplexität des Sachverhalts den Verfasser der Einfachheit halber „Johannes". In der Frage der Autorenschaft kommt ohnehin niemand über Vermutungen hinaus. Wir wenden uns dem Gesamttext zu und fassen ihn als Einheit auf, auch wenn er aus verschiedenen Schichten besteht.

Antijudaismus?

Ein Problem des vierten Evangeliums ist die scharfe Abgrenzung und Abwertung „der Juden", was bis zu dem harschen Urteil geht, sie seien Kinder des Teufels (vgl. Joh 8,44). Auf der anderen Seite wird im Gespräch mit der Samariterin klar ausgesprochen, dass das Heil von den Juden kommt (vgl. Joh 4,22). Beides ist nur aus der angedeuteten innerjüdischen Kontroverse verständlich. Bei aller Schärfe ging es beiden Seiten, der Minderheit und der Mehrheit, um die letzte Wahrheit ihres Glaubens und da stand man sich unüberbrückbar gegenüber. Verbindend blieb jedoch die gemeinsame Wurzel: der jüdische Monotheismus, wie er vor allem durch Mose in der Tora überliefert war. Als diese innerjüdische Auseinandersetzung in einen anderen Kontext geriet und auf den christlich-jüdischen Gegensatz bezogen wurde, entwickelten die entsprechenden Textstellen eine fatale Wirkung. Das Christentum, das sich in den folgenden Jahrhunderten formierte, wuchs in neue Kulturräume hinein und vergaß oder verleugnete zunehmend seine jüdischen Wurzeln. So konnte ein christlicher Antijudaismus vom modernen Antisemitismus aufgegriffen und verschärft werden. Erst nach den Katastrophen des letzten Jahrhunderts und, was die Katholische Kirche angeht, nach dem Zweiten Vatikanischen Konzil (1962 bis 1965) begann eine Phase echten Dialogs. Diese Besinnung auf die gemeinsamen Wurzeln hat ihre Zukunft noch vor sich.

Impulse für heute

Wir Christen sollten uns daher gerade durch dieses Evangelium unserer jüdischen Wurzeln bewusst werden, um ein Gespür zu entwickeln für Einseitigkeiten und theologische Fehlentwicklungen in der Geschichte des Christentums. Denn das Christentum ist, recht verstanden, ein universalisiertes Judentum. Es sieht die Verheißungen Gottes an Israel in der Gestalt des Messias Jesus erfüllt und auf die ganze Menschheit hin ausgeweitet. Diese universale Sicht war in der prophetischen Tradition Israels schon vorbereitet. Jesus selbst knüpfte an diese globale Vision an und die Evangelien entfalteten sie weiter. Damit geben die Evangelisten und besonders Johannes inspirierende Impulse für den interreligiösen Dialog heute. Die Frage nach Gott treibt alle Religionen um. Die Worte Jesu Christi, besonders jedoch seine „Werke", seine „Zeichen", ja, sein gesamtes Leben mit seinem Tod am Kreuz, sind für uns Christen die Antwort auf die Gottesfrage. Gott ist und bleibt Geheimnis – auch nach der Offenbarung durch den Sohn. Jesus lebte als Gottesknecht Israels und exemplarischer Mensch aus der Einheit mit dem Vater. Das Vorbild seiner Dienstgesinnung, wie er es in der Fußwaschung vor Augen führte, bleibt über alle Religionen hinweg ein Hinweis, dass die Wahrheit Gottes im Tun, in der Hingabe an andere zu suchen und zu finden ist (vgl. Joh 3,21). Die christliche Wahrheit zeigt sich in der Christusbeziehung als Wegerfahrung (vgl. Joh 14,6) und weist sich aus durch einen Zuwachs an Leben, ja, durch eine Ahnung von „Leben in Fülle" (vgl. Joh 10,10).

Das Johannesevangelium kann für suchende Menschen in unserer modernen, säkular geprägten Gesellschaft eine Hilfe sein. Ein gutes, erfülltes Leben zu führen, ist die Grundsehnsucht aller. Die Kirchenbindung nimmt zwar ab, doch gleichzeitig sind vage spirituelle Suchbewegungen spürbar. Viele Menschen fragen sich, wie man jenseits der Fixierung auf Konsum und Vergnügen im Einklang mit der Natur ein gutes Leben finden und mitwirken kann, dass die Eine Welt in Gerechtigkeit, Frieden und gegenseitiger Toleranz entsteht. Das Johannesevangelium wurde im Verlauf der Geschichte immer schon von mystischen Unterströmungen aufgegriffen sowie von Menschen, die eine persönliche Spiritualität leben wollten. Von daher ist dieses Evangelium anschlussfähig an unsere Zeit. Nicht von ungefähr verheißt der scheidende Jesus einen Geist, der in die ganze Wahrheit einführt (vgl. Joh 16,13). Mit Religiösen und Nichtreligiösen diesen Geist als „Beistand" (griech.: parákletos) zu erspüren, empfänglich zu bleiben für den uns innewohnenden und oft überraschenden Geist, darauf kommt es in der Spiritualität an. Dabei darf nie vergessen werden: Die Wahrheit tun ist das Entscheidende! Dem Johannesevangelium liegt es besonders am Herzen, dass Christen untereinander das Liebesgebot vorleben. An der alltäglich praktizierten Liebe kann man erkennen, ob jemand vom Geist Gottes durchdrungen ist oder nicht.

Das Geheimnis der Person Jesu

Alles christliche Zeugnis zielt dabei auf den einen Punkt: die Person Jesu in ihrer anziehenden Ausstrahlung (vgl. Joh 12,32) den Menschen so nahezubringen, dass er für sie der Weg zum Leben und zur Gotteserkenntnis werden kann. Von daher ist die christologische Konzentration des vierten Evangeliums ein guter Kompass für heute. Die „Ich-bin-Worte" Jesu umkreisen das Geheimnis seiner Person: Im 6. Kapitel nennt er sich „das Brot des Lebens" (Joh 6,48). Er selbst ist als Person wie Speise und Trank für das Verlangen nach dem wahren Leben. Wer zu ihm kommt, braucht nicht mehr zu hungern. Für den, der an ihn glaubt, ist der Lebensdurst gestillt. Er reicht aber nicht nur das Wasser des Lebens, sondern durch ihn kann im Innern der Glaubenden der Quell lebendigen Wassers entspringen (vgl. Joh 4,14;7,38).

Im Glauben an ihn lichtet sich das Geheimnis menschlicher Existenz: „Ich bin das Licht der Welt. Wer mir nachfolgt, wird nicht in der Finsternis umhergehen, sondern wird das Licht des Lebens haben", bekennt er in einem Streitgespräch im 8. Kapitel (Joh 8,12). Im 10. Kapitel wird in weiteren Metaphern die Rolle Jesu für die Glaubenden entfaltet: Er ist „die Tür" zu Gott und zum „Leben in Fülle". Er ist „der Gute Hirte", der dieses neue Leben hütet und schützt (vgl. Joh 10,1-18). Gegenüber Martha, der Schwester seines verstorbenen Freundes Lazarus, charakterisiert er sich als „die Auferstehung und das Leben" (vgl. Joh 11,25). In ihm wirkt der Gott Israels, der Tote zum Leben erwecken kann. An diesem unzerstörbaren und ewigen Leben hat Anteil, wer an ihn glaubt – schon jetzt und einmal für immer.

Die Trias „Weg, Wahrheit und Leben" (vgl. Joh 14,6) fasst alle bisherigen „Ich-bin-Worte" wie in einem Vermächtnis zusammen. Diese „Ich-bin-Worte" zeigen: Wer den Lebensweg als Weg der Nachfolge geht, wird immer mehr die tiefere Wahrheit des eigenen Lebens entdecken. Lebenssteigerung, Lebendigkeit, Wachsen und Reifen in Glaube, Hoffnung und Liebe weisen die Nachfolge Jesu als den richtigen und erfüllenden Lebensweg aus. Das Persongeheimnis Jesu scheint in geradezu paradox-verdeckter Weise bei seiner Verhaftung am Ölberg auf. Als der Trupp nach Jesus von Nazaret fragt, gibt er die lapidare Antwort: „Ich bin es." (Joh 18,5). Daraufhin weichen die Soldaten zurück und stürzen zu Boden. Der Gesuchte hatte sich mit dem verdeckten Gottesnamen vorgestellt. Selbst im Angesicht brutaler Gewalt strahlt er aus, was der Glaube bekennt: Er ist der

„Retter" und das „Licht der Welt". Der johanneische Christus steht für den Menschen schlechthin („Ecce homo!"), was Pilatus seltsam paradox im Blick auf ihn als Spottkönig geradezu prophetisch ausspricht (vgl. Joh 19,5). In der Sicht des Evangelisten ist Jesus der königliche Zeuge der Wahrheit (vgl. Joh 18,37). Menschlich gesprochen ist er ein Opfer von politischem Kalkül, Machtsicherung, Intrige, Lüge, Spott und Gewalt. Doch für die johanneische Gemeinde ist er das Bild des unsichtbaren Gottes (vgl. Joh 14,9).

Das neue Gebot Jesu

Jesus fragte die beiden erstberufenen Jünger nach ihrer Vision von Leben: „Was sucht ihr?" (Joh 1,38). Die objektive Frage nach dem wahren und guten Leben wandelt sich am Ende des Evangeliums in die Frage nach einer Person. Mit „Wen suchst du?" (Joh 20,15) spricht der vermeintliche Gärtner die weinende Maria von Magdala an. Diese beiden Fragen rahmen das gesamte Evangelium und kennzeichnen die innere Entwicklung der zwanzig Kapitel: Die allgemeine Suche des Menschen nach Sinn und Lebenssteigerung findet in der Ausrichtung auf die Person Jesu ihr Ziel und ihre Erfüllung.

Vom Messias Jesus her kann Johannes seine eigene jüdische Tradition neu deuten. Seit seiner Begegnung mit ihm laufen in der Sicht des Evangelisten alle Entwicklungslinien der jüdischen Verheißungsgeschichte auf ihn zu. Deshalb ist sein einziges Gebot, die gegenseitige Liebe, ein „neues Gebot", weil es in der Person und im Beispiel Jesu gründet: „Liebt einander! Wie ich euch geliebt habe, so sollt auch ihr einander lieben" (Joh 13,34). Seine Liebe, die sich aus der Intimität mit Gott speist, ist der künftige Maßstab für die Liebe untereinander. Die gegenseitige Liebe der Glaubenden konstituiert aber keine Gemeinschaft, die auf sich selbst bezogen bleibt. Wie das Gegenüber der Liebe Gottes die Welt ist (vgl. Joh 3,16), so soll das Liebeszeugnis der Gemeinde die Welt zum Glauben führen (vgl. Joh 17,18.23). Christliche Liebe nimmt Maß an Christus und damit an Gott selbst. Das ist das radikal Neue: Jesus ist in seiner Person die menschgewordene Liebe Gottes. Die „Stunde" Jesu, seine Lebenshingabe im Tod, offenbart das Geheimnis Gottes. Der anonyme Lieblingsjünger sieht in der offenen Seitenwunde Jesu diese tiefste Wahrheit aufleuchten (vgl. Joh 19,35). Er ist die exemplarische Gestalt für alle Glaubenden. Er wird erst im 13. Kapitel eingeführt und liegt beim Abschiedsmahl an der Brust, im Schoß Jesu (vgl. Joh 13,23) – in der gleichen intimen Haltung, in der Jesus, der Offenbarer, mit Gott verbunden war (vgl. Joh 1,18). Am Schluss des Evangeliums wird er als der Gewährsmann benannt (vgl. Joh 21,24f.).

Es ist das Vermächtnis Jesu, dass seine Gemeinde mit ihm und seinem Vater eins ist. In den Abschiedsreden nennt er sich den „Freund der Seinen" (vgl. Joh 15,15). Der Offenbarer, der aus der tiefsten Gottesfreundschaft lebte, legt den Seinen die gegenseitige Freundschaft ans Herz, die im Ernstfall bis zur Hingabe des Lebens geht (vgl. Joh 15,13). Die Einheit der Gemeinde soll seine Einheit mit dem Vater bezeugen (vgl. Joh 17). Damit wird die Vision von universeller Freundschaft zur bleibenden Zukunftsaufgabe des Christentums, in Achtung vor anderen religiösen oder humanen Lebensentwürfen. Mit dieser großen Vision ist das Christentum zukunftsfähig und kann Religiöse wie Nichtreligiöse einladen und mitnehmen auf einen Weg, auf dem der Traum von der Einen Welt in Gerechtigkeit und Frieden mehr und mehr Wirklichkeit werden kann. Das ist eine schier übermenschliche Aufgabe und ein Werk, das auf viele Widerstände stoßen und Bedrängnisse nach sich ziehen wird. Deshalb ist der letzte Appell Jesu in seiner langen Abschiedsrede, dass er zum erhörungsgewissen Beten und Bitten auffordert (vgl. Joh 16,23). Nur betende Menschen werden auf dem Weg der Nachfolge bestehen. Auch in dieser Beziehung ist er den Seinen ein Vorbild: Durch sein langes Gebet in Kapitel 17 gestärkt, kann er die Passion im Vertrauen auf den Vater auf sich nehmen und sein Werk vollenden.

„Nicht das Evangelium ist es, das sich verändert; nein, wir sind es, die gerade anfangen, es besser zu verstehen."

Diesem Satz aus dem geistlichen Vermächtnis von Johannes XXIII., ausgesprochen kurz vor seinem Tod, fühle ich mich als Prediger verbunden: Es geht um die Vergegenwärtigung des Evangeliums als Lebenshilfe und Lebensdeutung für unsere Zeit. Nach Lukas („Jesus zuhören", 2018), Matthäus („Das Alte neu sagen", 2019) und Markus („Glaube als Zumutung", 2020), allesamt im Attenkofer-Verlag Straubing erschienen, rundet dieser Band die Reihe über die vier Evangelien ab. Immer ging es mir dabei um eine Hinführung zur Heiligen Schrift, wie sie im Sinne der Verfasser von den damaligen Rezipienten verstanden wurde. Die Rückblende in den Ursprung stand im Dienst der Glaubensverkündigung für heute. Der historische Kontext im letzten Viertel des ersten Jahrhunderts war ein gänzlich anderer als heute, doch muss die Botschaft in anderen Zeitumständen immer neu adaptiert, übersetzt, weiterentwickelt und damit aktualisiert werden. Außerdem bleiben die menschlichen Grundfragen durch die Jahrhunderte hindurch die gleichen. Vielleicht ahnen wir erst in unserer Zeit der Globalisierung, dass der christliche Glaube über seine abendländische Formung hinauswachsen muss. Durch die universale Vision des Evangeliums tut sich eine noch viel weitere, umfassendere Perspektive auf, als wir meinen. In diesem Sinne hoffe ich, dass die vier Bände helfen, die eigene Glaubenstradition besser zu verstehen, sich darin tiefer zu verwurzeln, um offen zu werden für den Gott, der in allem Geschaffenen und in jedem Menschen schon am Werk ist. Als Christen trägt uns die jüdische Wurzel, die uns in das Du-auf-Du mit Gott in Christus und in eine Mystik der Liebe führt, wie sie uns das Johannesevangelium ans Herz legt.

Ein Werk wie diese vier Bücher kann nur durch die Mithilfe vieler Menschen gelingen: Die frei gehaltenen Predigten wurden zum Nachhören im Internet aufgezeichnet. Sie mussten getippt und in Word umgewandelt werden. Der schriftliche Text wurde unter stilistischer und theologischer Rücksicht gegengelesen und korrigiert, wobei der Charakter der freien mündlichen Rede beibehalten wurde. Die Herausgabe des Buches verdankt sich dem Wohlwollen des Verlegers Professor Martin Balle und seinem Attenkofer-Verlag in Straubing, wo Frau Claudia Karl-Fischer engagiert die Fäden zusammenführte. Ernst Arnold Bauer hat wieder mit großem inneren Gespür für die Botschaft des Johannes drei Bilder beigesteuert. Allen, die mitgeholfen haben, sei herzlich gedankt – nicht zuletzt denen, deren Echo mich ermutigt hat, meine Predigten als geistliche Impulse auch in schriftlicher Form zugänglich zu machen. Möge diese Reihe über die vier Evangelien Menschen helfen, Gott im Wort des Evangeliums und mitten in ihrem Leben immer neu zu suchen und zu finden.

München, Sommer 2021

P. Karl Kern SJ
Kirchenrektor von St. Michael

DIE OUVERTÜRE

Joh 1, 1-18

1 Im Anfang war das Wort und das Wort war bei Gott und das Wort war
Gott. 2 Dieses war im Anfang bei Gott. 3 Alles ist durch das Wort geworden
und ohne es wurde nichts, was geworden ist. 4 In ihm war Leben und
das Leben war das Licht der Menschen. 5 Und das Licht leuchtet in der
Finsternis und die Finsternis hat es nicht erfasst.
6 Ein Mensch trat auf, von Gott gesandt; sein Name war Johannes. 7 Er
kam als Zeuge, um Zeugnis abzulegen für das Licht, damit alle durch
ihn zum Glauben kommen. 8 Er war nicht selbst das Licht, er sollte nur
Zeugnis ablegen für das Licht. 9 Das wahre Licht, das jeden Menschen er-
leuchtet, kam in die Welt. 10 Er war in der Welt und die Welt ist durch ihn
geworden, aber die Welt erkannte ihn nicht. 11 Er kam in sein Eigentum,
aber die Seinen nahmen ihn nicht auf. 12 Allen aber, die ihn aufnahmen,
gab er Macht, Kinder Gottes zu werden, allen, die an seinen Namen
glauben, 13 die nicht aus dem Blut, nicht aus dem Willen des Fleisches,
nicht aus dem Willen des Mannes, sondern aus Gott geboren sind.
14 Und das Wort ist Fleisch geworden und hat unter uns gewohnt und wir
haben seine Herrlichkeit geschaut, die Herrlichkeit des einzigen Sohnes
vom Vater, voll Gnade und Wahrheit. 15 Johannes legt Zeugnis für ihn
ab und ruft: Dieser war es, über den ich gesagt habe: Er, der nach mir
kommt, ist mir voraus, weil er vor mir war. 16 Aus seiner Fülle haben wir
alle empfangen, Gnade über Gnade. 17 Denn das Gesetz wurde durch
Mose gegeben, die Gnade und die Wahrheit kamen durch Jesus Christus.
18 Niemand hat Gott je gesehen. Der Einzige, der Gott ist und am Herzen
des Vaters ruht, er hat Kunde gebracht.

Der Johannes-Prolog ist eine Art Ouvertüre, die das ganze Evangelium eröffnet und zentrale Themen aufklingen lässt. Diese achtzehn Verse sind eine hymnische Dichtung in drei Strophen. Durch

Leitbegriffe sind sie kettenartig miteinander verbunden. Dabei wechseln sich lyrisch-gebundene Sprache und Prosa ab.

Das griechische Wort „Logos" – das hat Goethe alias Faust sehr treffend geahnt – ist mit „Wort" nur sehr blass übersetzt. „Logos" bedeutet „Sinn", „Kraft". Bei Faust fließt alles ein in die Übersetzung: „Im Anfang war die Tat!" (Faust I, Studierstube 1, V. 1237). In der antiken Philosophie ist der „Logos" Inbegriff göttlicher Geisteskraft, welche die Welt durchwaltet. Dieses wirkmächtige „Wort", durch das Gott die Welt erschaffen hat (vgl. Gen 1), wird in der ersten Strophe unseres Hymnus besungen (Joh 1,1-5). Die johanneische Rede vom Logos stammt also aus der biblischen Tradition.

Der Abschnitt über Johannes den Täufer in der zweiten Strophe wird in Prosa erzählt (Joh 1,6-13). Offenbar hielten manche den Täufer für die wahre Lichtgestalt. Diese Deutung wird hier abgewehrt. Danach geht es in lyrisch-gebundener Sprache weiter: „Das wahre Licht, das jeden Menschen erleuchtet, kam in die Welt. Er war in der Welt und die Welt ist durch ihn geworden, aber die Welt erkannte ihn nicht."

Zu Beginn der dritten Strophe (Joh 1,14-18) der entscheidende Satz: „Und das Wort ist Fleisch geworden." Das ewige Wort wird eins mit einem Menschen. Im damaligen Denken klang diese behauptete Einheit des ewigen Logos mit dem sterblichen Fleisch wie ein unvereinbarer Gegensatz. Doch von diesem Paradox ist der Sprecher hinter dem Text ergriffen: „Und wir haben seine Herrlichkeit geschaut." Der Verfasser spricht für eine Gruppe, für ein „Wir".

Die Verse der ersten beiden Strophen sind in der dritten Person, also von einer objektiv-beschreibenden Warte aus, geschrieben.

Ab der dritten Strophe sprechen Betroffene in der ersten Person Plural. Sie verstehen sich als Zeugen und verweisen auf den Täufer als den ersten Zeugen. Am Ende läuft alles darauf hinaus, dass die überschwängliche Gnade des Gottes Israels in Jesus Christus geoffenbart wurde. Dieser Mensch kam aus der innigsten Verbindung mit Gott und hat als wirkmächtiger „Logos" das Geheimnis Gottes bezeugt und die ewige Wahrheit kundgetan. Die neue Offenbarung durch den Logos ist das Leitmotiv des gesamten Evangeliums.

Dieser große Text ist nicht nur die Ouvertüre des Evangeliums, er skizziert auch die Grundlinien des Christseins: Der Prolog setzt in kosmischer Weite ein und am Schluss ist alles in einer Person konzentriert. Das ist die Quintessenz des christlichen Glaubens: Das Geheimnis des Makrokosmos, das Geheimnis des unfassbaren Gottes, wird anschaulich, wird hörbar und berührbar in dem Mikrokosmos Jesus Christus. Die Provokation des christlichen Glaubens besteht bis heute darin, dass ein einzelner Mensch *die* Antwort auf die Frage nach dem Sinn des Lebens ist.

Dieser Glaube erwuchs aus der jüdischen Tradition. Der Eingangshymnus ist gespickt mit Anspielungen auf die hebräische Bibel: „Im Anfang", so setzt auch das Buch Genesis ein. „Im Anfang schuf Gott Himmel und Erde" (Gen 1,1), und zwar durch sein „Wort". Der Prolog knüpft hier an die jüdische Weisheitstheologie an. Von der Weisheit wurde gesagt, sie sei als erste erschaffen worden und durch sie habe Gott die Welt gestaltet (vgl. Spr 8, 22f). Im Prolog existiert das Weisheitswort vor aller Schöpfung. Es ist nicht einfach identisch mit Gott, sondern es ist „von der Art Gottes" (griech.: theós, nicht o theós, Joh 1,1) und besteht vor aller Zeit. Der Schlussakkord des Hymnus verweist auf Mose, der auf dem Berg Sinai die Lebensweisung Gottes empfing. Ihm hatte sich Gott ganz einzigartig geoffenbart, doch er schaute, wie das Buch Exodus sehr einfühlsam erzählt, Gott nur „von hinten", als seine Herrlichkeit vorbeizog (vgl. Ex 33,23). Das Geheimnis Gottes bleibt gewahrt. Im Johannes-Prolog wird die Nähe zum göttlichen Logos als authentisches Erleben herausgestellt: „Wir haben seine Herrlichkeit geschaut." „Der Einzige, der Gott (theós) ist und am Herzen des Vaters ruht, er hat Kunde gebracht." Damit weitet, steigert und intensiviert sich noch einmal alles, was man als biblische Verheißung erwartet hatte.

Doch unser Text ist nicht nur von jüdischer Tradition durchzogen. Johanneische Gemeinden lebten nach alter Tradition auch in Kleinasien. „Logos" ist auch ein zentraler Begriff der griechischen Philosophie. „Logos" ist die „Weltseele" Platons und das Vernunftprinzip der Stoa, das die Welt durchwaltet. Der hohe Anspruch dieser Gemeinde besteht darin, dass sie jüdische Glaubenstradition und griechische Weisheit integriert. Diese Integration geschieht dadurch, dass das ewige Wort in einem konkreten Menschen Fleisch geworden ist. Dadurch ist das Fleisch aller Menschen vom Göttlichen beseelt. Jeglicher Dualismus von Geist und Körper ist damit aufgehoben. Als Christen glauben wir an das beseelte Fleisch. „Gott ist im Fleische" singen wir im Lied (Gerhard Tersteegen, Gotteslob 251,4); und das nicht nur im Fleisch Jesu Christi, sondern auch „in unserem Fleisch und Blut", in dem wir den wahren Gott finden (Friedrich von Spee, Gotteslob 239,5). Das ist die zentrale christliche Wahrheit.

Diese Innensicht der letzten Wahrheit von Mensch und Kosmos führt nicht in eine esoterisch abgeschottete Sonderwelt, sondern die Botschaft von der Fleischwerdung des Logos gilt vielmehr allen Menschen. Trotz hymnischer Ergriffenheit wirft der Prolog jedoch einen nüchternen Blick auf die Welt, die sich der Offenbarung Gottes verweigerte. Die „Welt", der eigentliche Adressat der Liebe Gottes (vgl. Joh 3,16), hat den menschgewordenen Logos, hat das wahre Licht nicht aufgenommen. In diesen Sätzen schwingt tiefe Trauer mit. Doch viel entscheidender: „Alle aber, die ihn aufnahmen", finden zum Glauben und erlangen die „Macht, Kinder Gottes zu werden". Nach alter jüdischer Weisheit braucht es für die Geburt eines Menschen einen Mann, eine Frau – und den Ewigen, gelobt sei er, so sagten die Rabbinen. Auf diese Grundeinsicht spielt die zweite Strophe an. Der Glaube wird dort als Neugeburt „nicht aus dem Blut, nicht aus dem Willen des Fleisches, nicht aus dem Willen des Mannes, sondern aus Gott" beschrieben. „Blut" verweist auf die Blutungen (Plural im Urtext!) der Frau, der „Wille des Mannes" auf die Zeugung durch den Mann. „Der Wille des Fleisches" ruft in Erinnerung, dass Mann und Frau „ein Fleisch" werden (vgl. Gen 2,24) und so ein neuer Mensch entsteht. Doch der Glaube, von dem hier die Rede ist, hat nicht an menschlichen Maßen seine Bestimmung und Grenze. Er geht darüber hinaus. Er ist Geschenk „von oben". Allein um den Glauben, der zur vollendeten Liebe wird, geht es im gesamten Johannesevangelium.

Wie kommt man zu diesem Glauben? Dazu eine philologische Beobachtung: „Der Einzige, der Gott ist und am Herzen des Vaters ruht, er hat Kunde gebracht", so der letzte Satz des Prologs. Im Griechischen steht hier das Wort „kólpos", das jede Körperausbuchtung, den Busen, die Brust oder den Schoß meint. Intimer geht es nicht! Er, der so nah und innig mit Gott verbunden war, er hat Kunde gebracht. Im 13. Kapitel beim letzten Mahl Jesu liegt der Lieblingsjünger am „kólpos", an der Brust Jesu. Dieser Lieblingsjünger ist Urzeuge und Paradigma für alle, die an Christus glauben. Dem vierten Evangelium geht es immer nur um das

Eine: um Gottesintimität durch intime Einheit mit Jesus. Sich in das Leben, die Worte, die Gestalt Jesu zu vertiefen, ihm anzuhangen, ihm nahe zu sein, das ist wahres Christsein.

Wir sollten dabei immer bedenken: Im Prolog spricht ein „Wir", eine Gemeinschaft, nicht ein „Ich". Diese Glaubensgemeinschaft lebt von der überwältigenden Innenschau ihres Offenbarers. Doch sie schottet sich nicht als esoterischer Zirkel von anderen ab, sondern will vor aller Welt ihre Glaubensintuition bezeugen. In unserem Prolog versammelt, betet, singt und vereinigt sich eine Gemeinde. Ein Hymnus muss gesungen werden. Musik übersteigt alle Worte. Gemeinsames Singen trägt uns und reißt uns mit. Im Gesang tut sich das Innerste nach außen hin kund. Nehmen wir diesen großen Text, diese wunderbare Ouvertüre, immer mehr in uns auf! Lassen wir uns davon wie in einem Lied nach innen, zum Glauben führen, und das nicht nur als Einzelne, sondern als lebendige Gemeinde! Lassen wir diese innerste Wahrheit durch unser ganzes Leben nach außen erklingen! Wir alle sollten nur Eines bezeugen: dass wir in Christus „Gnade über Gnade" empfangen haben!

DER ZEUGE

Joh 1, 6-8; 19-28

6 Ein Mensch trat auf, von Gott gesandt; sein Name war Johannes. 7 Er
kam als Zeuge, um Zeugnis abzulegen für das Licht, damit alle durch
ihn zum Glauben kommen. 8 Er war nicht selbst das Licht, er sollte nur
Zeugnis ablegen für das Licht.
19 Und dies ist das Zeugnis des Johannes, als die Juden von Jerusalem aus
Priester und Leviten zu ihm sandten mit der Frage: Wer bist du? 20 Er be-
kannte und leugnete nicht; er bekannte: Ich bin nicht der Christus. 21 Sie
fragten ihn: Was dann? Bist du Elija? Und er sagte: Ich bin es nicht. Bist
du der Prophet? Er antwortete: Nein. 22 Da sagten sie zu ihm: Wer bist
du? Wir müssen denen, die uns gesandt haben, Antwort geben. Was sagst
du über dich selbst? 23 Er sagte: Ich bin die Stimme eines Rufers in der
Wüste: Ebnet den Weg für den Herrn!, wie der Prophet Jesaja gesagt hat.
24 Die Abgesandten gehörten zu den Pharisäern. 25 Sie fragten Johannes
und sagten zu ihm: Warum taufst du dann, wenn du nicht der Christus
bist, nicht Elija und nicht der Prophet? 26 Johannes antwortete ihnen: Ich
taufe mit Wasser. Mitten unter euch steht einer, den ihr nicht kennt, 27 der
nach mir kommt; ich bin nicht würdig, ihm die Riemen der Sandalen zu
lösen. 28 Dies geschah in Betanien, jenseits des Jordan, wo Johannes taufte.

Johannes, die Hauptfigur dieser Szene, nennen wir gewöhnlich den „Täufer" oder den „Vorläufer". So wird er auch bei Markus, Matthäus und Lukas benannt und in seiner Rolle umschrieben. Doch der vierte Evangelist meidet die beiden Titel „Täufer" und „Vorläufer". Dafür muss er Gründe gehabt haben. Was könnten das für Gründe gewesen sein?

Der Evangelist Johannes hat generell die Tendenz, die Traditionen der drei anderen Evangelien zwar aufzugreifen, aber auch zu verändern und von seiner Sicht aus zu vertiefen. Natürlich berichtet auch unser Evangelist, dass Johannes getauft hat. Diese Tatsache konnte man schlecht verschweigen. Dabei sollten wir uns zunächst bewusst machen, dass die Taufe am Jordan eine Riesenprovokation gegenüber dem Tempel war. Denn diese einmalige Symbolhandlung am Jordan hinterfragte und entwertete die Reinigungsriten im Tempel und ließ sie als rein äußerlichen, nutzlosen Kultbetrieb erscheinen. Dem Täufer ging es um einen radikalen Neuanfang von innen her. Seine Landsleute sollten eine Lebenswende vollziehen: Kehrt euch hin zu Gott! Es könnte bald zu spät sein! Tut etwas und bringt Früchte der Gerechtigkeit! Das Gericht Gottes steht vor der Tür! Der Täufer brannte dafür, das Volk zu einer neuen Ethik der Hinkehr zu Gott zu bewegen. Offenbar beeindruckte seine religiöse Ergriffenheit. Die Massen strömten ihm zu. Auch Jesus war von dieser Ausnahmegestalt fasziniert und gehörte vermutlich eine Zeitlang zum Jüngerkreis des Täufers.

Die spätere Jesusbewegung hat die Taufe von Johannes übernommen, allerdings nicht als einmalige, an eine Person und an einen kurzen Zeitraum gebundene Symbolhandlung. Im späteren Christentum wurde sie durch die Geschichte hindurch das fortdauernde Zeichen der Aufnahme in die Glaubensgemeinschaft. Doch ähnlich wie beim Täufer Johannes kommt es auch hier nicht in erster Linie auf das äußere Zeichen an, sondern darauf, dass die Gläubigen die innere Wirklichkeit dieses Ritus erfassen und leben. Bei der Taufe von Erwachsenen in der Urgemeinde markierte sie die entscheidende Lebenswende. Sie wurde wie eine Neugeburt empfunden. Im Laufe der Zeit setzte sich die Kindertaufe durch, die an den Täuflingen vollzogen wird, ohne dass sie gefragt werden. Doch sollten älter werdende Kinder in den Glauben so hineinwachsen, dass sie die Freiheit und Freude der Taufgnade erleben und entfalten können. Wir sind nicht Christen aufgrund eines äußeren Ritus, sondern durch das Zeugnis unseres Lebens.

In der Sicht des vierten Evangelisten ist Johannes nicht der Täufer, sondern der Zeuge, der erste Zeuge für Christus. Ein Zeuge, eine Zeugin ist ein Mensch, der von etwas Unbedingtem gepackt und ergriffen ist. In zwei Bildern drückt unser Text aus, was Zeugenschaft besagt: Der Täufer gibt Zeugnis für das Licht. Er ist eine Lichtgestalt. In ihm strahlt göttlicher Glanz auf und er gibt dieses Licht weiter an andere. Die zweite Metapher: Dieser Mann ist Stimme. Er lässt sich von etwas Größerem bestimmen und findet so seine Bestimmung, nämlich Zeugnis zu geben für das Licht. Der Evangelist vertieft also die äußere Taufhandlung auf ihr inneres Wesen hin. Und das besagt: Zeuge und Stimme zu sein.

Christliche Existenz heißt bis heute: das göttliche Licht in sich tragen und verbreiten! Im Grunde gilt das für jeden Menschen. Es ist Kennzeichen jeder personalen Existenz. „Person" kommt vom lateinischen „personare", „durchtönen". Jeder Mensch braucht einen Lebenstraum, eine Vision, die über ihn hinausreicht. Der Mensch ist das Wesen der Selbsttranszendenz. Personsein heißt, von etwas Umfassenden ergriffen zu sein. Dadurch gewinnt der Mensch mehr und mehr Identität und Selbststand und findet Sinn und Erfüllung im Leben. In der langen Szenenfolge vor Pilatus gewährt uns der Evangelist einen Einblick ins Innere Jesu. Denn der vom Statthalter Verhörte charakterisiert sich als „Zeuge der Wahrheit" (vgl. Joh 18,37). Im Abendmahlsaal fasst Jesus auf die Nachfrage des Thomas sein Wesen in der Trias „Weg, Wahrheit und Leben" zusammen und verweist damit seinen inneren Kreis auf die Grundausrichtung ihres Lebens hin: Sich ganz auf ihn einzulassen, den Lebensweg mit ihm zu gehen und dadurch die Tiefenwahrheit der Welt und der eigenen Existenz zu entdecken, das charakterisiert Christsein bis heute.

Ein Ausweis, dass wir auf dem richtigen Weg sind, ist die Zunahme an Lebendigkeit, an Lebenslust und Gestaltungskraft. Manchmal kann es aber auch die Kraft sein, das Dunkle und Ungelöste des Lebens im Glauben auszuhalten und durchzutragen. Die reine Kirchenzugehörigkeit, die äußerlich vollzogenen Riten sagen noch nichts über die innere Einstellung aus. Doch gerade um sie geht es dem vierten Evangelisten und darum geht es bis heute. Bußprediger müssten auch heute etlichen Christen scharf ins Gewissen reden: Eure Taufe nützt euch gar nichts! Werdet „Zeugen eines neuen Handelns" (Papst Franziskus)! Sonst ist die Taufe ein sinnentleertes Ritual!

Warum vermeidet unser Evangelist den Titel „Vorläufer"? Der heutige Text gibt einen Hinweis: „Unter euch steht er, den ihr nicht kennt." In der nächsten Szene bekennt der Täufer: „Auch ich kannte ihn nicht" (Joh 1,33). Seltsam, dass Johannes Zeugnis ablegt für einen Unbekannten. Ist das nicht widersinnig? Vielleicht kann uns ein berühmtes Zitat von Pablo Picasso helfen: „Ich suche nicht, ich finde." „Suchen" setzt ein Vorwissen voraus. Von Bekanntem ausgehend wird unbekanntes Land erforscht. Die Kategorien des bisher Gewussten bestimmen das Neue. Sie legen den Rahmen fest. Aber einer, der findet, wird überrascht von etwas, was er nie erwartet hätte. Was gefunden wird, ist vorher völlig unbekannt, ist wie ein unerwarteter Schatz im Acker. „Finden" ist ein Wagnis, ein heiliges Abenteuer. Man lässt sich auf etwas ein, was man nicht im Griff hat, was als Unbekanntes auf einen zukommt.

So versteht Johannes der Täufer seine religiöse Sendung. Eine innere Stimme sagt ihm, dass ein Unbekannter auf ihn zukommen und ihm begegnen wird. Nach seiner Verhaftung wird er aus dem Gefängnis nachfragen: „Bist du der, der kommen soll, oder sollen wir auf einen anderen warten?" (Mt 11,3). Das ist dramatisch und anrührend zugleich. Johannes hatte wohl Erwartungen, aber kein vorgefertigtes Bild vom Messias. Er musste sich von Gott überraschen lassen. Er musste sich auf Neues, auf schmerzlich Neues einlassen. Das zeichnet seine Zeugenschaft aus.

Das Neue Testament heißt nicht umsonst „neu". Damit ist das Alte Testament nicht abgewertet oder gar überholt. Alle Evangelisten verstehen sich als gläubige Juden, die den erneuerten Bund verkünden, den der Prophet Jeremia angekündigt hatte (vgl. Jer 31,31-34). Die Tragik des Lebensgeschicks Jesu besteht darin, dass das überraschend Neue seiner Botschaft von den meisten seiner Landsleute nicht wahrgenommen und angenommen wurde. Auch eine herausragende Prophetengestalt wie Johannes musste dazulernen. Sich auf den unfassbaren und unverfügbaren Gott einzulassen, ist immer wieder ein Abenteuer! Man muss im Glauben mit Unerwartetem rechnen.

Der Täufer Johannes ist eine Adventsgestalt, die uns die Frage stellt: Lebst du deine tiefste Sehnsucht, die du gar nicht so genau benennen kannst? Eine Sehnsucht, die sich erst dann entfaltet, wenn du dich vorbehaltlos auf sie einlässt? Bist du wirklich Person im vollen Wortsinn, also ein Mensch, der sich von etwas Größerem und Umfassenden „durchtönen" lässt? Spricht aus dir eine Stimme, die über dich hinausweist? Oder lebst du nur in der Selbstbespiegelung deines kleinen aufbauschten Ego? Die Lebensfrage an uns alle lautet: Geben wir uns an etwas Größeres hin? Sind wir Zeuginnen und Zeugen? Entfalten wir so unsere Taufgnade? Und die zweite Frage des Johannes und des Advents an uns lautet: Bist du so hellwach, nüchtern und ergriffen zugleich, dass du Neues findest, dass dir Überraschendes begegnen kann? Der Advent will uns ermutigen, das Leben mit den Augen eines Kindes erfrischend neu wahrzunehmen und das, was auf uns zukommt, aufzugreifen und auszugestalten.

Wenn wir alle diesem manchmal steinigen und steilen Weg der Sehnsucht folgen, uns von einem geheimnisvollen Gipfel locken lassen, wenn wir täglich diese nüchterne Wachheit leben, dann stellt sich die wahre Freude als Geschenk und Zugabe ein. Sich hineingeben in den unendlichen Fluss des Lebens und dabei spüren, wir werden getragen und können gestalten, wir finden uns selbst und den Sinn unseres Lebens – das ist die vollkommene Freude. Im Advent und darüber hinaus!

DIE MYSTIK DER LIEBE

Joh 1, 29-34

29 Am Tag darauf sah Johannes Jesus auf sich zukommen und sagte:
Seht, das Lamm Gottes, das die Sünde der Welt hinwegnimmt! 30 Er ist
es, von dem ich gesagt habe: Nach mir kommt ein Mann, der mir vor-
aus ist, weil er vor mir war. 31 Auch ich kannte ihn nicht; aber ich bin
gekommen und taufe mit Wasser, damit er Israel offenbart wird. 32 Und
Johannes bezeugte: Ich sah, dass der Geist vom Himmel herabkam wie
eine Taube und auf ihm blieb. 33 Auch ich kannte ihn nicht; aber er, der
mich gesandt hat, mit Wasser zu taufen, er hat mir gesagt: Auf wen du
den Geist herabkommen und auf ihm bleiben siehst, der ist es, der mit
dem Heiligen Geist tauft. 34 Und ich habe es gesehen und bezeugt: Dieser
ist der Sohn Gottes.

Johannes der Täufer spielt am Anfang des vierten Evangeliums eine herausragende Rolle. Das Evangelium setzt ein mit dem Wort Gottes, das seit Uranfang war (vgl. Joh 1,1). Da deutet sich schon im Hintergrund die Gestalt des Offenbarers an. Doch zunächst ist von der Schöpfung die Rede. Das schöpferische Wort bringt „Licht" und „Leben" (vgl. Joh 1,4). Alle großen Religionen wollen Leben deuten, Licht in ein rätselhaftes Universum bringen und so den Menschen einen Weg durchs Leben zeigen.

An dieser Stelle wird die Figur des Täufers eingeführt (vgl. Joh 1,6): Er ist im Prolog des Johannesevangeliums der exemplarische, vom göttlichen Licht durchdrungene Zeuge. Was wollen Religionen? Religionen sind kulturelle Zeichensysteme, die mit Verweis auf eine letzte Wirklichkeit eine Lebensdeutung vorlegen und Lebenssteigerung verheißen. „Licht" ist die Metapher für innerlich erleuchtete

Existenz. Für Religiosität im weitesten Sinn steht der Gottesmann Johannes in der zweiten Strophe des Prologs (vgl. Joh 1,6-13).

Die dritte Strophe (vgl. Joh 1,14-18) wird mit dem zentralen Satz eröffnet: „Und das Wort ist Fleisch geworden." Das kreisend-meditative Denken der ersten dreizehn Verse erreicht hier in diesem Satz seinen Zielpunkt. Dann wechselt auf einmal die Sprachform: Nach den beschreibenden Sätzen taucht ein „Wir" auf. Das Auftreten des Johannes wurde objektiv in der dritten Person geschildert. Jetzt wird in der ersten Person Plural hymnisch gesprochen, denn es reden Menschen, die von etwas ergriffen sind. „Wir haben seine Herrlichkeit geschaut" (Joh 1,14). „Aus seiner Fülle haben wir alle empfangen, Gnade über Gnade" (Joh 1,16). Hier preist eine Gruppe, eine Gemeinschaft, den Gott Israels, weil sie etwas umwerfend Neues hautnah erfahren hat (vgl. auch 1 Joh 1,1).

Der Prolog markiert deutlich zwei Stufen. Die erste Stufe spricht von Glaube und Unglaube: Glaube als Erkenntnis Gottes, der mit seinem Wort alles erschaffen hat, der „Licht" und „Leben" ist. Johannes „kam als Zeuge..., damit alle durch ihn zum Glauben kommen" (Joh 1,7). In der zweiten Stufe steigert, intensiviert und weitet sich der Glaube zum „Schauen": „Wir haben seine Herrlichkeit geschaut" (Joh 1,14). Auch auf dieser zweiten Stufe ist Johannes der Zeuge, im Sinne des Evangelisten der Urzeuge christlicher Spiritualität. Auf ihn beruft sich die Gruppe des „Wir", die hinter dem Text steht. Unser heutiger Abschnitt ist deshalb so aufschlussreich, weil er diesen „schauenden Glauben" näher beschreibt.

Was wird da beschrieben? Nicht die Taufhandlung als solche, sondern eine „Vision" des Urzeugen: „Ich sah, dass der Geist vom Himmel herabkam wie eine Taube und auf ihm blieb." Kraft dieser

Vision erkennt und bezeugt Johannes den Menschen, der auf ihn zukommt, als „Sohn Gottes". Überraschend ist dabei sein Eingeständnis: „Ich kannte ihn nicht." Das wird gleich zweimal betont. Seltsam, dass ein Unbekannter als Geistträger und Sohn Gottes visionär identifiziert wird! Der Urzeuge fühlt sich dazu autorisiert, weil ihm zu seiner Vision noch eine Audition zuteilwurde. Die göttliche Stimme hatte ihm versichert: „Auf wen du den Geist herabkommen und auf ihm bleiben siehst, der ist es..." Eine Vision des Urzeugen, verbunden mit einer Audition, eine Art mystischer Erfahrung, eröffnet die Geschichte einer Gemeinschaft von Menschen, die sich als „Schauende" beschenkt wissen von der Überfülle göttlicher Gnade.

Wirkt das nicht alles sehr esoterisch und abgehoben? Wer hat schon solch außergewöhnliche Visionen und Auditionen? Wer würde sich als Mystikerin oder Mystiker bezeichnen? Natürlich gibt es Erfahrungen, die einschlagen wie ein Blitz und alles verändern. Manche Paare in geglückten Ehen würden vielleicht erzählen, dass sie schon beim ersten Blick auf den anderen das Gefühl durchzuckt hat: Das ist die Frau, das ist der Mann meines Lebens! Ob die „Liebe auf den ersten Blick" immer richtig liegt und sich durchhält, bleibt natürlich völlig offen. Das muss das Leben zeigen. Und das Leben besteht auch noch aus anderen Facetten als dem spontanen Gepackt- und Verliebtsein. Oftmals werden wir mit dunklen Kontrasterfahrungen konfrontiert.

Beim Glauben verhält es sich ähnlich wie bei der menschlichen Liebe. Zweifelsohne gibt es außergewöhnliche religiöse Erfahrungen. Menschen berichten, sie seien von einer visionären Wahrheit regelrecht überfallen worden und nie mehr davon losgekommen. Doch das gewöhnliche Leben mit seinem unspektakulären Alltag, mit seinen Ärgernissen, Widerständen und Widersprüchen fühlt sich anders an als ein Erleuchtungserlebnis, bei dem das Herz überfließt und alles wie in einem verklärten Licht erscheint. Deshalb muss man nicht nur diese Anfangsszene des schauenden und hörenden Glaubens betrachten, sondern das Evangelium insgesamt in den Blick nehmen. Denn in ihm wird die Entwicklung und das Geschick des Glaubens erzählt. Das Johannesevangelium hat zwei große Teile. Der erste Teil (Kap. 1-12) schildert die Offenbarung vor der Welt. Jesus, das fleischgewordene Wort Gottes, sagt im Grunde nichts anderes, als dass er der Offenbarer ist. Im Anschluss an unsere heutige Szene wird berichtet, wie junge Männer in seinen Bann gezogen werden (vgl. Joh 1,35-51). Sie spüren: Das ist der „Messias", das ist der „König Israels"! Diese Titel spiegeln ihre religiöse Sozialisation wider. Denn die ganze Sehnsucht Israels richtete sich auf den erwarteten Messiaskönig. Diese Erwartung sehen die ersten Jünger in Jesus erfüllt und sind davon gepackt. Bei der Hochzeit in Kana (vgl. Joh 2,1-11) erfahren sie auch, wie die „Herrlichkeit Gottes" in diesem Menschen aufblitzt: Im wunderbar vermehrten Wein schenkt er das Heil in Überfülle. Doch im 6. Kapitel kommt es zur Krise. Viele seiner Jünger zogen sich zurück „und gingen nicht mehr mit ihm umher" (Joh 6,66). Der innere Kreis schrumpft, der weitere Kreis von Anhängern versteht den Offenbarer immer weniger. Manche empfinden das, was er sagt, als Ärgernis. Der Widerstand der führenden Kreise in Jerusalem sieht ihn als eine Bedrohung, die man schnell aus der Welt schaffen muss. Am Ende des 12. Kapitels steht eine Art Bilanz des Unglaubens (vgl. Joh 12,37-43).

Das 13. Kapitel eröffnet mit der Szene von der Fußwaschung den zweiten Teil des Evangeliums (Kap. 13-21). Im ersten Teil hatte der Offenbarer vor aller Welt sein Wesen in verschiedenen Bildworten verdeutlicht: Er ist „Brot des Lebens", „Licht", „Tür", „Hirt". Mit all diesen Metaphern wollte er zum Glauben animieren, zu einem Glauben, der Intensivierung und Steigerung des Lebens verheißt. Jetzt am Beginn des zweiten Hauptteils teilt er im Abendmahlsaal seinem inneren Kreis mit, was sein Herzensanliegen ist und was er eigentlich offenbaren will: nämlich die Liebe als innerstes Wesen Gottes. Das tut er in der Symbolhandlung der Fußwaschung. In dieser Geste dienender Liebe zeigt er, wer Gott und wer er selbst ist. Diese Liebe vollendet sich in seinem Tod am Kreuz. Der Lieblingsjünger ist für die johanneische Gemeinde der Gewährsmann hinter dem Evangelium. Dieser Jünger sieht im „Blut" und „Wasser", das aus der geöffneten Seite Jesu heraustritt, die Offenbarung der göttlichen Liebe schlechthin (vgl. Joh 19,33-37). Damit wird er zum Urzeugen der christlichen Gemeinde, die in Taufe und Eucharistie die lebendige Gegenwart des göttlichen Offenbarers feiert. Die nachfolgenden Generationen sind mit hineingenommen in die Intuition des Anfangs. Sie „schauen" die Hingabe Jesu bis zur Vollendung. Ihnen hat der sterbende Offenbarer seinen Geist als bleibende Gabe übergeben (vgl. Joh 19,30). Sie leben nun aus der offenen Seitenwunde, dem Symbol der Hingabe Jesu bis zum Letzten. Aus dem offenen Herzen Jesu entspringen die Grundsakramente der Kirche, in denen der Auferstandene gegenwärtig bleibt, um das Leben der Glaubenden zu durchformen.

Jesus gab den Seinen als Ausdeutung der Fußwaschung nur ein einziges Vermächtnis: „Liebt einander! Wie ich euch geliebt habe, so sollt auch ihr einander lieben" (Joh 13,34). Das ist gegenüber den Synoptikern etwas unerhört Neues: Nicht das Doppelgebot der Liebe zu Gott und der Liebe zum Nächsten, sondern allein die Liebe zueinander in der Gemeinde bildet das Hauptgebot. Das klingt reduktiv und provokativ. Man könnte es leicht als selbstbezogene Sektenmentalität missverstehen. Doch im Johannesevangelium ist die Gemeinde keine in sich geschlossene kleine Herde. Gott und sein Offenbarer haben die ganze Welt im Blick. Die Welt ist und bleibt der Raum und das Gegenüber der göttlichen Liebe. Dass Gott für diese in Finsternis verstrickte Welt seinen Sohn aus Liebe hingab, ist die Quintessenz des Evangeliums vom Anfang bis zum Ende.

Die Liebe innerhalb der Gemeinde soll daher ausstrahlen in alle Welt. Wie die ganze Wahrheit Gottes in seinem menschgewordenen Wort konzentriert ist, so soll in der Konzentration auf die christliche Gemeinde die Wahrheit Gottes durch alle Zeit hindurch sichtbar und erfahrbar bleiben. Dies ist eine Art Neu-Deutung der drei vorausgehenden Evangelien. Deshalb ist das johanneische Liebesgebot ein „neues Gebot" (vgl. Joh 13,34), weil es ganz rückgebunden ist an diesen einzigartig „neuen" Offenbarer.

Die wesentliche Wahrheit des Christentums ist bis heute die Offenbarung der Liebe als innerstes Wesen Gottes und als einziges Ethos der Christen. Das ist atemberaubend, das ist urmenschlich und göttlich zugleich! „Spiritualität" ist in den letzten Jahrzehnten immer mehr in Mode gekommen. Die modernen Menschen sehnen sich nach Lebensdichte und Lebenssteigerung in einer immer komplexeren Welt. Das Christentum ist heute ein Sinnangebot unter vielen. Es ist wie jede Religion ein Zeichensystem kultureller Art, das durch den bleibenden Rückbezug auf eine letzte gottmenschliche Wirklichkeit Lebenssteigerung verheißt. Die Du-auf-Du-Beziehung zum auferstandenen Jesus Christus als Bild des unsichtbaren Gottes (vgl. Joh 14,9; Kol 1,15) ist bis heute das Zentrum aller christlichen Spiritualität.

Man sollte es den christlichen Familien, den christlichen Schulen, den christlichen Krankenhäusern und nicht zuletzt den Gemeinden anmerken, dass es da anders zugeht als in der „Welt". Das „neue Gebot" sollte der innere Atem jeglicher Institution sein, die sich christlich nennt. Johannes der Täufer hat nach unserer heutigen Evangelienszene diesen schauenden Glauben mit seinem neuen

Gebot initiiert. „Was von Anfang an war, was wir gehört, was wir mit unseren Augen gesehen, was wir geschaut und was unsere Hände angefasst haben vom Wort des Lebens...was wir gesehen und gehört haben, das verkünden wir auch euch..." (1 Joh 1,1.3). „Gott ist die Liebe, und wer in der Liebe bleibt, der bleibt in Gott und Gott bleibt in ihm" (1 Joh 4,16). In solch prägnanten Sätzen aus der johanneischen Tradition bündelt sich die ganze Wahrheit des johanneischen Christentums.

Gerade wenn man Tag für Tag zusammenlebt, Alltag teilt, den Herausforderungen und Zumutungen des Lebens ausgesetzt, ist diese Wahrheit nicht immer leicht zu leben. Skandale in der Kirche, Lieblosigkeit, Machtmissbrauch unter Christen können diese Wahrheit der gegenseitigen Liebe eintrüben, verdunkeln oder gar pervertieren. Auch den johanneischen Gemeinden ist es nicht gelungen, auf Dauer in Einheit miteinander zu leben. Sie sind auseinandergebrochen. Diese Erfahrung teilen sie mit vielen Paaren, Gruppen und Kirchen. Dennoch! So wie eine wahrhaft große „Liebe auf den ersten Blick", die über Jahrzehnte lebendig bleibt, der Traum fast aller Menschen ist, so kann es auch ein Glaube sein, der – wie bei Johannes dem Täufer – urplötzlich in Jesus den Sohn Gottes erkennt. Seien wir dankbar, dass wir zu dieser wunderbaren Religion gehören! Die johanneische „Mystik der Liebe" ist die verborgene tiefste Sehnsucht aller Menschen! Ich meine, dass die Zukunft des johanneischen Christentums in dieser Konzentration und Weite noch vor uns liegt. Wenn ich schon mit solchen Vorhersagen den Propheten spiele, dann muss ich mich natürlich an der Zukunft messen lassen. Tragen wir also heute unseren kleinen Teil dazu bei, dass in der gegenseitigen Liebe immer mehr der Sinn des Lebens und der Welt erkannt wird. „Gott ist die Liebe, und wer in der Liebe bleibt, der bleibt in Gott und Gott bleibt in ihm" (1 Joh 4,16).

SUCHEN UND FINDEN

Joh 1, 35-42

35 Am Tag darauf stand Johannes wieder dort und zwei seiner Jünger
standen bei ihm. 36 Als Jesus vorüberging, richtete Johannes seinen Blick
auf ihn und sagte: Seht, das Lamm Gottes! 37 Die beiden Jünger hörten,
was er sagte, und folgten Jesus. 38 Jesus aber wandte sich um, und als er
sah, dass sie ihm folgten, sagte er zu ihnen: Was sucht ihr? Sie sagten
zu ihm: Rabbi – das heißt übersetzt: Meister, wo wohnst du? 39 Er sagte
zu ihnen: Kommt und seht! Da kamen sie mit und sahen, wo er wohnte,
und blieben jenen Tag bei ihm; es war um die zehnte Stunde. 40 Andreas,
der Bruder des Simon Petrus, war einer der beiden, die das Wort des Jo-
hannes gehört hatten und Jesus gefolgt waren. 41 Dieser traf zuerst seinen
Bruder Simon und sagte zu ihm: Wir haben den Messias gefunden – das
heißt übersetzt: Christus. 42 Er führte ihn zu Jesus. Jesus blickte ihn an
und sagte: Du bist Simon, der Sohn des Johannes, du sollst Kephas hei-
ßen, das bedeutet: Petrus, Fels.

Das erste Wort Jesu im Johannesevangelium ist eine Frage: „Was sucht ihr?", fragt er die beiden, die ihm folgten. Das Verb „suchen" meint hier: der Lebenssehnsucht nachgehen. Es umschreibt die religiöse Sinnsuche. Der Mensch ist die große Frage nach dem Warum. Nur Suchende können eine Antwort finden.

Das Wörtchen „suchen" bildet eine Klammer, die das ganze Evangelium zusammenhält und zusammenfasst. Der Auferstandene trifft im Garten Maria von Magdala. Sie ist verstört und weint, denn das Grab ist leer und sie meint, man habe ihren geliebten Meister weggenommen. Der, den sie für den Gärtner hält, fragt sie: „Frau, warum weinst du? Wen suchst du?" (Joh 20,15). Die allgemeine religiöse Suche wird am Ende zur Frage nach einer Person. Das erste Wort Jesu nach dem „Was" und seine Frage an Maria nach dem „Wen" beschreibt die innere Dynamik des vierten Evangeliums: Es setzt bei der weltanschaulichen Suche an und verdichtet sich im Suchen nach einer Person, welche die Antwort auf alles Suchen verkörpert. Das Johannesevangelium ist von einer christologischen Konzentration durchzogen. Deshalb diese Fülle von „Ich-bin-Worten", durch die in langen direkten Reden der Offenbarer sich als Bild des Vaters kundgibt. Durch Christus zu Gott kommen, ist bis heute der Inbegriff christlichen Glaubens. Wir sind und bleiben immer Menschen auf der Suche. Das Evangelium gibt unserer Suchbewegung eine Richtung und ein Ziel, das Jesus Christus heißt.

Schauen wir diese jungen Männer genauer an, die Jesus folgen. Die Taufstelle liegt bei Jericho. Andreas und die weiteren Männer, die dazustoßen, stammen aus Galiläa, über hundert Kilometer entfernt. Andreas und der ungenannte Zweite werden als Jünger des Täufers eingeführt. Vielleicht verbirgt sich hinter der anonymen Gestalt der Zebedaide Johannes. Beide sind wie Petrus, der Nächstberufene, Fischer und gehören zur Mittelschicht. Jakobus und Johannes sind Söhne eines Kleinunternehmers und hatten sich der charismatischen Figur des Täufers angeschlossen. Dieser war eine Ausnahmegestalt und fiel durch alle gängigen religiösen Raster. Offenbar waren diese Johannesjünger unzufrieden mit der üblichen, in ihren Dörfern praktizierten Religiosität. Sie waren auf der Suche und sind vielleicht auf einer Wallfahrt nach Jerusalem bei diesem Außenseiter hängen geblieben. Er hatte sie mit seiner charismatischen Ausstrahlung in den Bann gezogen.

„Suchen" heißt manchmal, aus dem Gewohnten, aus dem religiös Eingespielten heraustreten und dem ureigenen Empfinden nachgehen. In mir hatte sich schon sehr früh, mit acht oder neun Jahren, der tiefe Wunsch gemeldet, Priester zu werden. Es war ein Riesenschritt für das Bübchen, von Zuhause wegzugehen, ein bischöfliches Internat zu besuchen, mit dem Heimweh zu kämpfen und trotzdem der inneren Stimme der Sehnsucht zu folgen. Religiöses Leben folgt immer diesem Muster: das „Abenteuer" wagen, einer inneren Stimme folgen und aufbrechen in unbekanntes Land.

Doch das Suchen allein ist noch nicht das Ganze. „Wo wohnst du?", lautet die Frage der beiden Jünger an Jesus. Wörtlich heißt es: „Wo bleibst du?" Sie suchen eine Bleibe. Damit ist nicht ein fester geographischer Ort gemeint, sondern die innere Beheimatung bei einer Person. Die „zehnte Stunde" deutet einen ganz und gar erfüllten, einen geradezu paradiesischen Augenblick in der Nähe Jesu an. In der Urgemeinde gab es von Anfang an Wanderapostel, die von Ort zu Ort zogen, und sesshafte Gemeinden, welche die Umherziehenden aufnahmen. Nachfolge ist wie ein dauerndes Aufbrechen und Weitergehen, aber der Glaube braucht auch feste, stabile Beziehungen und Orte. Im Weinstockgleichnis der Abschiedsreden bittet Jesus sehr eindringlich: „Bleibt in mir..."(Joh 15,4). Auch wenn man im Glauben eine „Bleibe", eine Verwurzelung in einem festen Personenkreis gefunden hat, hören die Suche und das Abenteuer nie auf.

Man merkt es einem alten Ehepaar an, wenn alles eingespielt und jeder in seiner Rolle festgelegt ist. Da gibt es keine Überraschungen mehr, die Mienen können dann wie versteinert wirken. Jeder Mensch ist und bleibt jedoch ein Geheimnis. Jeder hat Facetten, die auch nahestehende Menschen noch nicht kennen. Und zum reifen Alter gehört nicht nur die gewachsene Lebensweisheit, sondern auch die Neugierde und die Offenheit für Neues. Auch ein altbekannter Mensch kann sich dann in einem neuem Licht zeigen. Man merkt es an der alltäglichen Nachfrage „Wie geht es dir?", ob man dem nicht wirklich interessierten Gegenüber schnell mit „gut" antwortet, oder ob man mit der empathischen Nachfrage „Wie geht es denn dir?" herausgelockt wird. Wenn ein anderer sich wirklich für einen interessiert, dann kann es aus einem heraussprudeln, da entsteht Beziehung.

Unser heutiges Evangelium erzählt, dass die ersten Jünger einen Schatz gefunden hatten, der alles überstrahlte und ihr Leben in ein neues Licht tauchte. Bei Jesus fanden sie eine Bleibe. Sie hatten gefunden und mussten davon reden: Du, wir haben den Messias gefunden!, erzählte Andreas sofort seinem Bruder Simon (vgl. Joh 1, 41). Es war, als ob es bei Andreas aus einer tiefen, unerwartet entdeckten Quelle hervorsprudelte. Er musste von seiner überwältigenden Begegnung mit Jesus gleich berichten und seine Begeisterung mitteilen. Das ist der Erweis von wahrem Finden.

Doch das ist noch nicht alles. Maria von Magdala war nach dem Tod Jesu voller Trauer und verstört, da sie den Leichnam ihres Herrn nicht fand (vgl. Joh 20,11-16). Sie suchte verzweifelt. Sie lief vielleicht wie benommen hin und her, weil sie das, was geschehen war, nicht verstehen konnte. Dass der vermeintliche Gärtner sie plötzlich mit ihrem Namen anspricht, lässt ihre hektische Suche zur Ruhe kommen. Mit dem Wort „Maria" wird sie vom Auferstandenen gefunden. Wahre Beheimatung finden wir dort, wo wir uns im Innersten mit unserem Namen angesprochen wissen. Das ist der alles überstrahlende „Schatz" der Nachfolge: Ich bin bei mir selbst angekommen, weil mich ein anderer beim Namen gerufen hat! Dann fährt der Auferstandene fort: „Halte mich nicht fest..." (Joh 20,17). Das Gefunden-Haben und erfüllte Bleiben sind kein fester Besitz.

„Geh aber zu meinen Brüdern…", trägt er ihr auf. Sie muss ihre überwältigende Erfahrung weitersagen. Der Auferstandene schickt sie zu seinen „Brüdern", also zu den Jüngern, die ihn im Stich gelassen hatten. Das bedeutet: Trotz Schuld und Versagen gibt es einen Neuanfang! Der Geist des Verzeihens, des geschwisterlichen Miteinander, prägt das christliche Suchen und Finden.

Christsein heißt: Christus immer neu suchen und finden und damit nie ans Ende kommen – und dabei durch alle Brüche hindurch ein vertieftes Miteinander leben. Christsein verheißt, dass in diesem Geist immer wieder die „zehnte Stunde" aufblitzen kann, unsere Beheimatung bei Gott durch IHN. Dieser Schatz ist so unerschöpflich wie ein Tiefenquell, aus dem das Wasser des Lebens strömt. Suchen wir ein Leben lang voller Mut, Geduld und Ausdauer danach, diesen Quellgrund immer wieder aufzuspüren und zu finden!

DIE STUNDE GOTTES

Joh 2, 1-12

[1] Am dritten Tag fand in Kana in Galiläa eine Hochzeit statt und die Mutter Jesu war dabei. [2] Auch Jesus und seine Jünger waren zur Hochzeit eingeladen. [3] Als der Wein ausging, sagte die Mutter Jesu zu ihm: Sie haben keinen Wein mehr. [4] Jesus erwiderte ihr: Was willst du von mir, Frau? Meine Stunde ist noch nicht gekommen. [5] Seine Mutter sagte zu den Dienern: Was er euch sagt, das tut! [6] Es standen dort sechs steinerne Wasserkrüge, wie es der Reinigungssitte der Juden entsprach; jeder fasste ungefähr hundert Liter. [7] Jesus sagte zu den Dienern: Füllt die Krüge mit Wasser! Und sie füllten sie bis zum Rand. [8] Er sagte zu ihnen: Schöpft jetzt und bringt es dem, der für das Festmahl verantwortlich ist! Sie brachten es ihm. [9] Dieser kostete das Wasser, das zu Wein geworden war. Er wusste nicht, woher der Wein kam; die Diener aber, die das Wasser geschöpft hatten, wussten es. Da ließ er den Bräutigam rufen [10] und sagte zu ihm: Jeder setzt zuerst den guten Wein vor und erst, wenn die Gäste zu viel getrunken haben, den weniger guten. Du jedoch hast den guten Wein bis jetzt aufbewahrt. [11] So tat Jesus sein erstes Zeichen, in Kana in Galiläa, und offenbarte seine Herrlichkeit und seine Jünger glaubten an ihn. [12] Danach zog er mit seiner Mutter, seinen Brüdern und seinen Jüngern nach Kafarnaum hinab. Dort blieben sie einige Zeit.

Die Erzählung von der Hochzeit in Kana gibt zwei Rätsel auf. Zum einen verwahrt sich Jesus gegenüber dem Ansinnen seiner Mutter mit dem Satz: „Meine Stunde ist noch nicht gekommen." Dann wirkt er prompt das Wunder. Ist seine Stunde nun doch gekommen? Sein Verhalten ist widersprüchlich und rätselhaft. Zum anderen fragt man sich: Warum fährt er seine Mutter so schroff an? Sie hat ihm ja nur einen diskreten Hinweis gegeben! Warum solch eine harsche Reaktion?

Beide Rätselfragen hängen miteinander zusammen und bedingen sich gegenseitig. Einen aufschlussreichen Hinweis finden wir im 7. Kapitel des Evangeliums (vgl. Joh 7,2-5). Die Brüder Jesu drängen ihn, zum Laubhüttenfest hinaufzuziehen, um sich öffentlich vor der Welt zu präsentieren. Seine Antwort: „Meine Zeit ist noch nicht gekommen, für euch aber ist immer die rechte Zeit" (Joh 7,6). „Geht ihr nur hinauf zu diesem Fest; ich gehe nicht zu diesem Fest hinauf, weil meine Zeit noch nicht erfüllt ist" (Joh 7,8). Jesus weist auch hier die Aufforderung vonseiten der Familie zurück und tut dann doch genau das, was die Brüder wollten. Allerdings geht er heimlich hinauf nach Jerusalem zum Fest, nachdem seine Brüder schon aufgebrochen sind. Er lehrt öffentlich im Tempel und löst kontroverse Gespräche über seine Identität aus. Am letzten Tag des Festes spricht er von sich als Quell lebendigen Wassers (vgl. Joh 7,37-39). Sowohl bei der Hochzeit von Kana wie beim Laubhüttenfest tut Jesus, was ihm von seinen Verwandten nahegelegt wird, verbal jedoch distanziert er sich schroff von der Familie. Was steckt dahinter?

Das Weinwunder, das erste öffentliche Zeichen Jesu, fasst im Grunde sein ganzes Leben zusammen. Zudem ist er für die johanneische Gemeinde der messianische Bräutigam (vgl. Joh 3,29; Hld 1,1-4), der neue Tempel, aus dem das Wasser des Lebens entspringt (vgl. Joh 7,37-38; Ez 47,1-13). Er bringt das Heil in Fülle, sogar in Überfülle – symbolisiert in der großen Menge des in Wein verwandelten Wassers. Das ist die Stunde Gottes und seiner überreichen Gnade. Allein der Wille des Vaters ist hier bestimmend, nicht „Fleisch und Blut", keine menschlichen Bedürfnisse, keine familiären Bande und Verpflichtungen. Die Herrlichkeit des Vaters soll in ihm, in seinen Werken aufleuchten. Darum distanziert er sich von den Wünschen der Familie und gibt sich verbal abweisend.

Jesus wusste sich mit allen Fasern seines Herzens gesandt, die Herrlichkeit Gottes in seinem Volk unerwartet neu aufstrahlen zu lassen. Im programmatischen Weinwunder zeigen sich schon typische Reaktionen, die für bestimmte Verhaltensweisen und Gruppen in Israel stehen: Der „Experte", der Speisemeister, bekommt kaum etwas mit. Er hört, was geschehen ist, aber versteht nicht wirklich. Er sieht und ist doch blind. Mit feiner Ironie kleidet der Evangelist in ein Bild, was Jesus seinen Zeitgenossen, besonders den offiziellen Vertretern der Religion, vorhält. Sie nehmen das unerhört neue Angebot Gottes gar nicht wahr, obwohl es sich vor ihren Augen abspielt. Auch von seinen Brüdern, die beim Familienfest in Kana die Mutter begleiteten, heißt es im 7. Kapitel lapidar: Sie „glaubten nämlich nicht an ihn" (Joh 7,5). Der ganzen Hochzeitsgesellschaft wurde der neue Wein gereicht, d.h. der erneuerte Bund wurde allen verkündet, doch die meisten in Israel haben dieses Liebesangebot ausgeschlagen oder einfach vorbeiziehen lassen. Das Dunkel des Unglaubens hat das Licht des Offenbarers nicht erfasst. So stellte es schon der Prolog fest (vgl. Joh 1,5).

„Seine Jünger glaubten an ihn", wie unser heutiger Text betont. Denn sie hatten seine Herrlichkeit gesehen. Die Jünger sind der Anfang des bekehrten und erneuerten Israel. Aber was ist mit Maria? Es heißt nicht, Maria glaubte an ihn. Welche Rolle spielt die Mutter Jesu in diesem Drama des Glaubens? Ist sie ungläubig? Das sicher nicht. Maria nimmt schließlich die Notlage wahr und initiiert das ganze Geschehen. Die Diener in ihren stummen Nebenrollen wissen Bescheid, denn sie wurden von ihr ermutigt. Die Mutter traute es ihrem Sohn offenbar zu, dass er die Not beheben und das Hochzeitsfest retten könne. Der Evangelist zeichnet hier Maria als Typos des erlösten Israel, das auf der Schwelle steht. Sie lässt sich durch die Schroffheit ihres Sohnes und seines Lebensgeschicks nicht abschrecken. Sie ist offen für das unerwartet Neue: „Was er euch sagt, das tut!", legt sie den Dienern ans Herz. Sie eröffnet den Raum des erneuerten Bundes, hat aber noch nicht an ihm teil, denn erst im Tod Jesu wird dieser Bund gestiftet. Dort ist die wahre Stunde Gottes. Hier zu Beginn des öffentlichen Wirkens Jesu wird Maria in ihrer Mutterrolle in die Schranken gewiesen, denn in ihrem Sohn soll etwas aufblitzen, was den Rahmen des Familiären sprengt und übersteigt. Auch die anderen Evangelien erzählen, dass sich Jesus von der Vereinnahmung durch seine Herkunftsfamilie distanzierte, seinen ureigenen Weg ging und eine neue Art von Familie um sich scharte: „Wer ist meine Mutter und wer sind meine Brüder? Wer den Willen Gottes tut, der ist für mich Bruder und Schwester und Mutter" (Mk 3,35).

Im vierten Evangelium tritt Maria zweimal auf: bei der Hochzeit von Kana und unter dem Kreuz (vgl. Joh 19,25-27). Beide Szenen sind aufeinander bezogen. Nach Johannes stehen Maria und der Lieblingsjünger unter dem Kreuz und erleben die wahre „Stunde" der Offenbarung. Jesus vertraut dem Lieblingsjünger seine Mutter an und der Mutter den Lieblingsjünger. Äußerlich betrachtet versorgt er Maria für die Zeit nach seinem Tod, indem er sie dem Jünger als Mutter übergibt. Doch es geht um weit mehr als um die Sorge für die alleinstehende Maria. Jesus spricht sie am Kreuz wieder mit dem hoheitsvollen Titel „Frau" an und fährt fort: „Siehe, dein Sohn!". Der Lieblingsjünger nimmt jetzt die Stelle Jesu ein. Das Wörtchen „siehe" weist darauf hin: Hier geschieht Offenbarung, hier handelt Gott! Mit der gleichen Wendung vertraut Jesus danach dem Jünger seine Mutter an: „Siehe, deine Mutter!" Die beiden werden zu einer neuen Familie zusammengefügt und in diesem Akt offenbart sich Gott. Der theologisch dichte Text fügt an: „Danach, da Jesus wusste, dass alles vollbracht war..." (Joh 19,28). Maria und den Lieblingsjünger zusammenzuführen, ist die Vollendung des ganzen Lebenswerkes Jesu. So kann er dann sagen: „Es ist vollbracht" (Joh 19,30). Doch zuvor steht noch der Satz: „Mich dürstet" (Joh 19,29). Damit wird angedeutet: Das Leben und das Werk Jesu waren auch ein schwerer, bitterer Prozess. – Was aber ist genau gemeint mit „Es ist vollbracht"?

Der Typos des wahren Israel, Maria, wird mit dem Typos der neuen Gemeinde, dem Lieblingsjünger, vereint. Das Althergebrachte geht ein ins Neue und die neue Gemeinde bleibt rückgebunden an Israel und seine Verheißungsgeschichte, die in Maria als lebendigem Symbol unter dem Kreuz steht. Man wird dieser Szene nicht gerecht, wenn man sie nur historisch oder psychologisch verstehen will. Jüdische Theologen dachten und schrieben „typologisch" in vorgeprägten Bildern: Dabei trägt das Althergebrachte das Neue immer schon als Verheißung in sich. Für den vierten Evangelisten ist der Bund Gottes mit Israel in Christus vollendet. Endgültige Vollendung des Bundes ist es, wenn der Lieblingsjünger als Hauptzeuge der neuen Offenbarung in Christus (vgl. Joh 19,5) mit Maria, der symbolischen Verkörperung des Alten Bundes, eins wird und damit die Urzelle des erneuerten Gottesvolkes entsteht.

Was können diese theologischen Bezüge des Evangeliums uns heute sagen? Nach Johannes spielt der erste öffentliche Auftritt Jesu bei einem Familienfest, bei dem seine Herkunftsfamilie und seine neue „Familie", die Jünger, geladen sind. Das Thema Familie betrifft jeden von uns. Das Neue Testament kennt eine eigentümliche Spannung: Familie wird hochgeschätzt, gleichzeitig stoßen wir auf ein familienkritisches Ethos, das die Ansprüche der Familie in die Schranken weist. Jesus bricht aus seiner Sippe aus. Er distanziert sich von seinen Verwandten. Er geht seinen eigenen Weg. In dieser verschränkten, spannungsgeladenen Einheit lebt jeder Mensch: Wir alle brauchen das Nest, die Geborgenheit, den Rückhalt durch die Urzelle des Menschseins, die Familie. Doch ohne Loslösung von Eltern und Herkunftsfamilie gelingt kein eigenes Leben, erst recht keine Partnerschaft. Manche Menschen haften bis ins hohe Alter an ihrer familiären Vergangenheit und schieben im schlimmsten Fall allein ihren Eltern die Schuld an ihren Lebensproblemen zu. Sie haben sich innerlich nie gelöst.

Es braucht beides: die familiäre Beheimatung und die Loslösung von der Familie. Ein schwieriger Balanceakt! Der Glaube sagt, vor Gott zählen nicht Familie und Sippe, nicht Nation, nicht einmal die verfasste Religion, sondern nur das Eine: Jeder Mensch ist einzigartig, ein unverwechselbares Geschöpf Gottes, und alle gehören als Geschwister zur Familie der „Kinder Gottes". Deshalb sollte jeder aus seiner gewachsenen kulturell-religiösen Identität über den Tellerrand hinausschauen lernen. Erst so nehmen wir jenes „Wort" in uns auf, das die „Macht" verleiht, ein Kind Gottes zu werden (vgl. Joh 1,12). Erst in dieser universellen Perspektive können wir die volle Herrlichkeit Gottes erkennen.

In diesem Sinn wünsche ich uns allen das Glück, ein ureigener, freier Mensch zu sein und zugleich das Glück der Beheimatung in Familie und tragfähigen Beziehungen – und das alles verbunden mit der Fähigkeit, über den eigenen begrenzten Lebenskreis hinauszuschauen und alle Menschen als Kinder Gottes zu sehen. Wir gehören allesamt zur Familie der Kinder Gottes. Wann immer Menschen über alle Gräben hinweg sich einsetzen für die eine Menschheitsfamilie, schlägt die Stunde Gottes. „Danach zog er mit seiner Mutter, seinen Brüdern und seinen Jüngern nach Kafarnaum hinab. Dort blieben sie einige Zeit." Zum Abschluss der Geschichte von der Hochzeit zu Kana blitzt schon die pfingstliche Gemeinschaft von alter und neuer Familie Jesu und von universaler Kirche auf.

DAS NEUE ZENTRUM

Joh, 2, 13-25

13 Das Paschafest der Juden war nahe und Jesus zog nach Jerusalem hin-
auf. 14 Im Tempel fand er die Verkäufer von Rindern, Schafen und Tau-
ben und die Geldwechsler, die dort saßen. 15 Er machte eine Geißel aus
Stricken und trieb sie alle aus dem Tempel hinaus samt den Schafen und
Rindern; das Geld der Wechsler schüttete er aus, ihre Tische stieß er um
16 und zu den Taubenhändlern sagte er: Schafft das hier weg, macht das
Haus meines Vaters nicht zu einer Markthalle! 17 Seine Jünger erinnerten
sich, dass geschrieben steht: Der Eifer für dein Haus wird mich verzehren.
18 Da ergriffen die Juden das Wort und sagten zu ihm: Welches Zeichen
lässt du uns sehen, dass du dies tun darfst? 19 Jesus antwortete ihnen:
Reißt diesen Tempel nieder und in drei Tagen werde ich ihn wieder auf-
richten. 20 Da sagten die Juden: Sechsundvierzig Jahre wurde an diesem
Tempel gebaut und du willst ihn in drei Tagen wieder aufrichten? 21 Er
aber meinte den Tempel seines Leibes. 22 Als er von den Toten auferweckt
war, erinnerten sich seine Jünger, dass er dies gesagt hatte, und sie glaub-
ten der Schrift und dem Wort, das Jesus gesprochen hatte. 23 Während er
zum Paschafest in Jerusalem war, kamen viele zum Glauben an seinen
Namen, da sie die Zeichen sahen, die er tat. 24 Jesus selbst aber vertraute
sich ihnen nicht an, denn er kannte sie alle 25 und brauchte von keinem
ein Zeugnis über den Menschen; denn er wusste, was im Menschen war.

Das öffentliche Auftreten Jesu beginnt nach Johannes mit einem Familienfest: der Hochzeit von Kana. Unmittelbar danach folgt diese provokative prophetische Zeichenhandlung in Jerusalem: die Tempelaustreibung vor dem Paschafest. Auch die anderen drei Evangelisten berichten davon, jedoch am Ende des öffentlichen Auftretens Jesu, unmittelbar vor seinem Todespascha. Dies ist historisch wahrscheinlicher, denn sein Wort vom Niederreißen und

Aufrichten des Tempels spielte im Prozess vor der jüdischen Obrigkeit eine wichtige Rolle und führte mit zu seiner Verurteilung. Der vierte Evangelist setzt jedoch die Tempelreinigung programmatisch an den Anfang. Das hat mit seiner theologischen Gesamtkonzeption zu tun, die man nur aus der historischen Situation heraus verstehen kann, in der dieses Evangelium entstanden ist.

Das Johannesevangelium erwuchs aus einer scharfen innerjüdischen Kontroverse. Im Jahre 70 wurde Jerusalem samt dem Tempel von den römischen Heeren zerstört. Das jüdische Staatswesen war mehr oder weniger ausgelöscht. Von den verschiedenen Religionsgruppen blieb nur die pharisäische Richtung übrig, aus der sich dann das rabbinische Judentum entwickelte. Die Tora mit Mose, ihrem Verfasser, wurde die Mitte des religiösen Lebens, nicht mehr der Tempel. Gegen dieses Mehrheitsjudentum stand die kleine Jesusbewegung, die den Gekreuzigten für den erwarteten Messias hielt. Die Mehrheit lehnte unmittelbar nach dem Zusammenbruch des Jahres 70 einen messianischen Neuanfang mit guten Gründen ab. Diese Auseinandersetzung zog sich über Jahrzehnte hin und gewann zunehmend an Schärfe. Die bedrängte Minderheit der Jesusanhänger musste zeigen, dass sie die jüdische Verheißungsgeschichte treffender interpretierte. Deshalb musste in ihrer Jesusgeschichte das kultische Zentrum des Judentums gleich am Anfang intoniert werden. Der Tempel in Jerusalem war das zentrale, aber verloren gegangene Symbol des traditionellen Judentums. Das Tempelmotiv durchzieht das gesamte Johannesevangelium, weil es dem Evangelisten um eine Neudeutung der jüdischen Tradition im Licht der Jesusgeschichte geht.

Schauen wir kurz, wie das Thema „Tempel" im Lauf des Evangeliums aufgegriffen und ins theologische Konzept integriert wurde.

In unserer Szene ist die Absicht des Evangelisten klar zu erkennen: Der neue Tempel ist für die Jesusbewegung der Leib Christi! „Reißt diesen Tempel nieder und in drei Tagen werde ich ihn wieder aufrichten... Er aber meinte den Tempel seines Leibes." Für die Glaubenden ist der Auferstandene bei der Feier des gemeinsamen Mahles mit „Fleisch und Blut" (vgl. Joh 6) gegenwärtig. Das „Herrenmahl" wird für die junge Jesusbewegung sehr bald zum zentralen Kult.

Im 4. Kapitel, im Gespräch Jesu mit der Samariterin, fragt die Frau, wo man in rechter Weise anbeten solle, auf dem Berg Garizim in Samaria oder im Tempel von Jerusalem (vgl. Joh 4,19-26). Jesus antwortet ihr, dass man weder dort noch hier anbeten wird. Künftig werde man Gott, der Geist ist, „im Geist und in der Wahrheit" anbeten. Dieser Frau gegenüber offenbart Jesus sein Messiasgeheimnis. Sie wird zur ersten Missionarin unter ihren Landsleuten. Daraus ist zu schließen: Auch die „häretischen" Samaritaner konnten sich der Jesusbewegung anschließen. Sie bildeten nach der Apostelgeschichte die Brücke zur Heidenmission in den Städten an der Mittelmeerküste.

Im 7. Kapitel ist Jesus – nach dem Frühjahrsfest des Pascha – im Herbst zum Laubhüttenfest, einem Erntedankfest, wieder in Jerusalem. Er wird nach Johannes als frommer Jude geschildert, der regelmäßig, dem jüdischen Festkalender folgend, nach Jerusalem pilgerte. Das Laubhüttenfest endete mit einer großer Wasserprozession. An diesem letzten Tag des Festes stellte sich Jesus hin und rief: „Wer Durst hat, komme zu mir und es trinke, wer an mich glaubt! Wie die Schrift sagt: Aus seinem Inneren werden Ströme von lebendigem Wasser fließen" (Joh 7,37f.). Jesus bezieht die Vision des Ezechiel von der Tempelquelle (Ez 47,1-13) auf sich selbst und den Geist, der von ihm ausgeht. Er spendet das „Wasser des Lebens", das dann auch in den Gläubigen aufsprudelt wie ein Quell unerschöpflicher Lebenskraft. Hier wieder das gleiche Muster: Jesus übernimmt die Funktion, die bisher der Tempel in der Religion Israels hatte. Er selbst ist der neue Tempel.

Im 10. Kapitel hält sich Jesus wieder – oder immer noch – in Jerusalem auf, und zwar im Winter zum Tempelweihfest. Da wird er in der Halle Salomos auf dem Tempelareal von den Leuten bedrängt. Er solle endlich offen sagen, ob er der Messias sei. Jesus verweist auf das, was er tut, auf seine Werke, die er in Einheit mit dem Vater vollbringt. Auf sein Wort hin „Ich und der Vater sind eins" droht ihm die Steinigung (vgl. Joh 10,22-31). Der Anspruch seiner Gottessohnschaft ist für seine Landsleute das große Ärgernis. Jahrzehnte später wurde diese enorme Aufwertung der Person Jesu zum entscheidenden Konfliktpunkt, der zur Trennung zwischen der jüdischen Mehrheit und der Minderheit der Jesusbewegung führte.

Im 12. Kapitel zieht Jesus zu seinem Todespascha als Friedenskönig in Jerusalem ein. Unter den Pilgern sind gottesfürchtige Griechen, die Jesus sehen wollen (vgl. Joh 12,20-22). Die Aussageabsicht ist klar: Heiden, die mit der jüdischen Religion sympathisieren, kommen zum Tempel; doch das eigentliche Ziel ihrer Suche ist – in der Sicht des Evangeliums – die Person Jesu. Er ist die neue Mitte eines universalisierten Judentums.

Der Tempel spielt auch in der Passion Jesu eine wichtige Rolle: Im jüdischen Verhör sagt er dem Hohenpriester: „Ich habe offen vor aller Welt gesprochen. Ich habe immer in der Synagoge und im Tempel gelehrt" (Joh 18,20). Die Todesstunde Jesu ist genau der Zeitpunkt, an dem im Tempel die Paschalämmer geschlachtet wurden. Er wurde mit Blick auf den Tempel gekreuzigt. Das vierte Evangelium deutet das gesamte Leben und Tun Jesu als „neues Pascha". Das erste Wort des Täufers über ihn klingt programmatisch: „Seht das Lamm Gottes, das die Sünde der Welt hinwegnimmt!" (Joh 1,29).

Was will der Evangelist mit diesem Tempelmotiv-Erzählstrang ausdrücken? Er hat den Anspruch, die ganze jüdische Tradition aufzunehmen und im Lichte Jesu neu zu deuten. Wohlgemerkt, das war die Meinung einer Minderheit! Die Mehrheit sah das als Angriff auf ihren Glauben, der sich nach der Katastrophe des Jüdischen Krieges (66-70 n.Chr.) als rabbinisches Judentum neu formierte. Aus dem überkommenen Judentum erwuchsen mit der Zeit diese beiden Stränge: das pharisäisch geprägte Judentum mit der Tora und das Christentum mit der Gestalt Jesu im Zentrum.

Bedenken wir, welchen Anspruch der Evangelist damit erhebt: Er konzentriert eine jahrhundertealte Tradition in einer einzigen Person, in Christus, dem Auferstandenen, der als neuer Tempel, als wahres Paschalamm und als lebenspendender Quell des Geistes verkündet wird. Johannes reduziert weiterhin alle Gesetzesvorschriften auf ein ethisches Grundgebot: die dienende, gegenseitige Liebe. Damit universalisiert er den jüdischen Glauben! Diese Neudeutung ist seine große theologische Leistung.

Bedenken wir das für unsere heutige Situation. Die christlichen Kirchen sind in unseren Breiten – um es gelinde zu sagen – in einer tiefgreifenden Krise. Ich meine, der Grundansatz des Johannesevangeliums ist auch auf uns heute übertragbar. Schauen wir die Krisenphänomene an, die sich teilweise schon seit Jahrhunderten und verstärkt in den letzten Jahrzehnten angebahnt haben: Als Katholische Kirche stecken wir im Gefängnis des Konfessionalismus. Man sagte bis zum Konzil, das Reich Gottes bestehe (lat.: subsistit) in der Katholischen Kirche. Das sagt man heute nur noch abgeschwächt, doch man reklamiert für sich die umfassendere Wahrheit in der Lehre. Durch diese Fixierung auf die Lehre kam es immer wieder zu Abspaltungen. Meist standen hinter Lehrstreitigkeiten ganz andere Motive und Gründe, die zur Trennung von Ost- und Westkirche oder von katholisch und evangelisch führten. Wenn es heute, wie von offiziell-katholischer Seite immer wieder betont, keine Interkommunion mit den Protestanten geben könne, bevor man sich nicht über das Kirchenverständnis geeinigt habe, dann kann man schon jetzt vorhersagen, dass wir wieder in der Sackgasse des Konfessionalismus landen. Wir müssten eine grundlegende Umkehr vollziehen und einen theologischen Ansatz wählen, der in die Weite führt!

Der zweite Krisenherd ist der Moralismus. Wie hat man unsere Religion auf das moralische Verhalten hin getrimmt, besonders auf eine sehr verengte Sexualmoral! Als ob es nur Sünden im sechsten Gebot gäbe! Doch die Überbetonung des Moralischen gebiert moralische Ungeheuer, wie sich in der Missbrauchskrise gezeigt hat und leider immer noch zeigt. Alle Verdrängungen kommen wie ein Bumerang zurück! Wer die Religion auf moralische Vorschriften eingrenzt, macht sich zum Totengräber des Religiösen.

Der dritte Krisenherd ist der Autoritarismus. In der grundsätzlichen Gegnerschaft gegen alles, was sich seit Aufklärung und Französischer Revolution entwickelt hatte, hat man in der Katholischen Kirche auf die formale Autorität, auf den Gehorsam gesetzt. So errichtete man mit dem Papst an der Spitze im 19. Jahrhundert ein Bollwerk gegen die Moderne. Dieses Konzept passt nicht mehr in unsere Zeit und ist auch vom Neuen Testament nicht gedeckt. Im Gegenteil! Gleichberechtigung, Geschlechtergerechtigkeit, Machtabbau und Statusverzicht sind Urimpulse des Evangeliums! Aufgrund bestimmter historischer Bedingungen konnten sie sich in der real existierenden Kirche nicht entfalten.

Welcher Weg führt in die Zukunft? Es ist – wie im Johannesevangelium – die Konzentration auf die Person Jesu. Es ist die Reduktion auf die Ethik der Liebe. Und es ist der universale Anspruch – wohlgemerkt nicht im imperialistischen Sinn, sondern im Sinn einer universalen Ausstrahlung – ähnlich der Tempelquelle bei Ezechiel, die unfruchtbares Land zum Blühen brachte.

Das Johannesevangelium gibt uns dafür eine wunderbare Kurzformel an die Hand. Mein Vorschlag: Jeder, der dieses Bildwort bejaht, gehört zur christlichen Gemeinschaft! Diese muss nicht als Einheitskirche organisiert sein, sondern in einer Vielzahl von Gemeinschaften, die sich zusammengehörig wissen. Im vierten Evangelium erläutert Jesus sein Persongeheimnis mit einer Reihe von Bildworten. In einer Trias fasst er während seiner Abschiedsreden diese Bilder zusammen: „Ich bin der Weg und die Wahrheit und das Leben" (Joh 14,6).

Wenn jemand mir sagte, Christus sei für ihn der Weg zu Gott, dann würde mir das vollkommen genügen. Was wollen wir denn mehr? Man muss nicht alle Verästelungen mitmachen, um die man sich in den ersten Jahrhunderten gestritten hat: Wie viele Willen, wie viele Naturen hat Jesus Christus? „Er ist mein Weg zu Gott!" Das reicht als christliches Grundbekenntnis! Mir scheint, der Islam konnte unter anderem nur deshalb entstehen und groß werdem, weil die christliche Lehre im 7. Jahrhundert viel zu kompliziert war.

Es geht einzig um Gott – und Jesus lebt uns den Weg zu Gott vor. Wenn ich mich auf seinen Weg einlasse, dann lichtet sich mehr und mehr die Wahrheit meiner eigenen Existenz. Christus entbindet in mir die besten Kräfte. Sein Lebensquell entspringt in mir. Dadurch führt er mich erst wirklich zu mir selbst und ins Leben, in die Gestaltungskraft, aber auch in die Geduld, Ausdauer und Leidensfähigkeit, die ich zum Leben brauche.

Mit dieser Reduktion und Konzentration auf die Person Jesu und sein Liebesgebot kämen wir heute weiter, nicht nur innerhalb der christlichen Konfessionen und Gruppen. Diese Trias von Weg, Wahrheit und Leben wäre auch ein attraktiver Ansatzpunkt für säkular denkende Menschen von heute. Es wäre ein praktischer Ansatz bei der gelebten Spiritualität. Keine andere Religion kann, so meine ich, Göttliches und Menschliches so in eins sehen wie das Christentum. Im Leben Jesu berühren sich höchste Seligkeit und tiefster Schmerz, Kreuz und Auferstehung. Wenn wir Jesus Christus als Weg, Wahrheit und Leben ins Zentrum rückten, dann könnte das Christentum als universale Religion neue Anziehungskraft gewinnen. Das ist meine Hoffnung! Der Prophet muss sich allerdings an der Zukunft messen lassen!

DAS GEHEIMNIS DES ERHÖHTEN

Joh 3, 13-17

13 Niemand ist in den Himmel hinaufgestiegen außer dem, der vom Him-
mel herabgestiegen ist: der Menschensohn. 14 Und wie Mose die Schlange
in der Wüste erhöht hat, so muss der Menschensohn erhöht werden, 15 da-
mit jeder, der glaubt, in ihm ewiges Leben hat. 16 Denn Gott hat die Welt
so sehr geliebt, dass er seinen einzigen Sohn hingab, damit jeder, der an
ihn glaubt, nicht verloren geht, sondern ewiges Leben hat. 17 Denn Gott
hat seinen Sohn nicht in die Welt gesandt, damit er die Welt richtet, son-
dern damit die Welt durch ihn gerettet wird.

Es gibt bei Paulus einen zugespitzten Satz, der die Sendung Jesu prägnant zusammenfasst: Gott „hat den, der keine Sünde kannte, für uns zur Sünde gemacht" (2 Kor 5,21). Da stutzt man beim ersten Hören. Christus „zur Sünde gemacht"? Wohlgemerkt, es heißt nicht, er hat ihn für uns zum Sünder, sondern „zur Sünde gemacht". Was heißt das?

Dieser provozierende Satz bezieht sich auf Christus als Gekreuzigten. Die Kreuzigung war im Römerreich die abschreckende Strafe schlechthin. Die Gemeindemitglieder des Paulus hatten dieses furchtbare Geschehen real vor Augen. Nur Nichtrömer wurden wegen Staatsverbrechen auf solch martialische Weise hingerichtet und öffentlich zur Schau gestellt. Die Römer nahmen das Wort „Kreuz" nicht einmal in den Mund, denn es bedeutete den Verlust jeglicher Ehre und Würde. Paulus wollte mit seinem markanten Satz ausdrücken: Am gekreuzigten Christus tobte sich die Sünde, die Gottferne und Verlorenheit der Welt aus. Gott hat dieses grausame Geschehen zugelassen, um zu zeigen, wie schrecklich die Sünde ist. Doch wollte er vor allem kundtun, dass die Menschen vom Fluch der Sünde befreit werden sollten. Das Kreuz Christi ist ein Fanal für die grenzenlose Liebe Gottes, die sich ganz auf diese sündige Welt einlässt und sich hingibt bis zum Letzten.

Dieser Blick auf das Kreuz sieht in der Sünde die eigentliche Ursache für den Tod Jesu. Damit werden die Machenschaften der Tempelaristokratie demaskiert, die Jesus im Verbund mit der Besatzungsmacht ausgeschaltet und zu Tode gebracht hatte. Die manipulativen Machtspiele, die scheinbar zum Erfolg geführt hatten, wurden durch diese Deutung als Ausdruck von Sünde entlarvt. Gewalt und Lüge tobten sich an einem schuldlosen Menschen aus. Als Selbstbehauptung des Menschen gegen Gott zeigten sie ihr wahres Gesicht. Der pervertierte Zustand der Welt wurde durch das Kreuz offenbar. Im Vergleich zu damals haben sich die Verhältnisse nicht grundlegend verändert. Macht und Manipulation bestimmen bis heute den Lauf der Welt. Die Nachrichten belegen es Tag für Tag.

Johannes deutete das Christusgeschehen wie alle Evangelisten im Gespräch mit seiner Bibel. Juden lesen ihre Heilige Schrift als Wort der Verheißung, das Künftiges an- und vorausdeutet. Das Signalwort „Erhöhung" nimmt Bezug auf eine Episode beim Zug Israels durch die Wüste (vgl. Num 21,4-9): Das Volk verlor die Geduld, es lehnte sich gegen Gott auf. Diese Auflehnung hatte zur Folge, dass Giftschlangen im Lager auftauchten, denn die Abkehr von Gott zieht den Tod nach sich. Das Volk spürte die tödliche Folge seines Fehlverhaltens. Es erkannte seine Schuld und wandte sich an Mose: Er möge fürbittend vor Gott treten und um Befreiung von der tödlichen Plage beten. Gott erhörte den Hilfeschrei und trug Mose auf: „Mach dir eine Feuerschlange und häng sie an einer Stange auf! Jeder, der gebissen wird, wird am Leben bleiben, wenn er sie ansieht" (Num 21,8). Die Kupferschlange ist ein sprechendes Symbol für das Unheil. Heilung gibt es, wenn man zu ihr aufblickt: Weicht mit eurem Blick nach oben nicht dem Furchtbaren aus, das ihr selbst angerichtet habt! Das ist der Appell Gottes, den er durch Mose übermittelt.

In dieser Aufforderung steckt viel Weisheit. Von der Sünde kann man nur loskommen, wenn man ihren Folgen klar ins Angesicht blickt. Das Volk musste die Ursache der Katastrophe im eigenen Verhalten erkennen, das so giftig und tödlich war. Doch die Schlange mit ihrem Gift ist nicht nur Symbol für den Tod, sie verweist auch auf die mögliche Heilung. Seit alters haben Ärzte den Äskulapstab mit der Schlange als ihr Symbol gewählt. Arzneien sind meist heilsames Gegengift. Heilung geschieht durch Offenlegung, durch Anschauen, durch Berührung, durch Behandlung der Wunden und manchmal auch durch schmerzhafte Schnitte am Wundherd. Ähnlich ergeht es uns auch mit seelischen Verwundungen. Nur in der ehrlichen Konfrontation, nur im Eingeständnis unserer Schuld, kann Heilung geschehen. Diese Lebensweisheit spiegelt sich im Symbol der erhöhten Schlange.

Der Evangelist gibt diesem Moment des Gerettet- und Geheiltwerdens eine spezifische Wendung. Er, beziehungsweise der auferstandene Christus, sagt: „Und ich, wenn ich über die Erde erhöht bin, werde alle zu mir ziehen" (Joh 12,32). Der Gekreuzigt-Auferstandene spricht von seiner liebenden Anziehungskraft, seiner „Attraktivität", die von diesem schrecklichen Geschehen ausgeht. Hinter dem äußeren furchtbaren Geschehen erstrahlt eine Liebe, die sich hingibt bis zum Letzten. Nachdem ein Soldat die Seite Jesu nach dessen Tod mit einer Lanze geöffnet hatte, sah der Lieblingsjünger, dass „Blut und Wasser" heraustraten (vgl. Joh 19,34). Mit diesem anatomischen Detail spielt der Evangelist auf die Taufe und die Eucharistie an. In dem einmaligen Sakrament der Initiation und in dem wöchentlich gefeierten Sakrament der Einheit mit Christus und untereinander, feierten und erlebten die ersten Christen die bleibende Gegenwart Christi. Die johanneischen Gemeinden beriefen sich auf einen Urzeugen, der ihnen die Wahrheit des Evangeliums, die im Tod Jesu kulminierte, verbürgte: „Und der es gesehen hat, hat es bezeugt und sein Zeugnis ist wahr. Und er weiß, dass er Wahres sagt, damit auch ihr glaubt" (Joh 19,35).

Kurz vor dem ersten Schluss des Evangeliums (vgl. Joh 20,31) formuliert der Apostel Thomas in einem Zielsatz ein zentrales Glaubensbekenntnis, nachdem er augenfällig mit den Kreuzeswunden des Auferstandenen konfrontiert wurde: „Mein Herr und mein Gott!" (Joh 20,28), bricht es aus ihm heraus. An den Wunden des Gekreuzigten sieht der Glaube, wer Jesus und wer Gott ist. Die verborgene Wahrheit der Welt wird am Erhöhten offenbar: Hinter allem, auch hinter diesem grausamen Geschehen, steht der unbegreifliche Gott: „Denn Gott hat die Welt so sehr geliebt, dass er seinen einzigen Sohn gab (griech.: édoken), damit jeder, der an ihn glaubt, nicht verloren geht, sondern ewiges Leben hat." Aus reiner Liebe gibt Gott der Welt seinen Sohn zum Geschenk. Das ist die unfassbare und zugleich offen zu Tage tretende Wahrheit des Christentums. Dieser Satz von der Gabe des Sohnes an die Welt ist der Basissatz für alles, was wir Christen über Gott, die Welt und uns selbst sagen können. Er ist Inbegriff der johanneischen Botschaft.

Wir können uns allerdings im Glauben nicht bloß an Worten festhalten. Wir müssen auf allen Wegen unseres Lebens diese Wahrheit aufspüren, besonders auf unseren Kreuzwegen, in den Abgründen und Ausweglosigkeiten, in die wir geraten, einfach in allem, wo wir uns verrannt und wohin wir uns verirrt haben – kurz gesagt: auch und gerade in unserer Sünde! Hier klingt die Botschaft von der Liebe Gottes gar nicht so zart und wohlig, sondern sie fordert unseren „dunklen Glauben" heraus. Lassen wir uns von Gottes geheimnisvoller Gnade hineinziehen in seine Verheißungen! Der am Kreuz Erhöhte zieht nicht einfach alle und alles an sich, sondern er will jeden von uns ganz persönlich zu sich hinziehen! An uns und unserem Reueschmerz vorbei gibt es keine Rettung! Ein verhärtetes und versteinertes Herz kann auch die Liebe Gottes nicht erreichen. Es braucht die Offenheit für die Zuwendung Gottes, auch wenn sie von keinem Gefühl getragen wird.

Wir können oft nicht einmal unsere Hoffnung auf Gott vorweisen. Manchmal bleibt nur die „Hoffnung wider alle Hoffnung" als vage Sehnsucht übrig. Geben wir dieser Sehnsucht nach der Liebe Gottes immer wieder den Raum der Stille in uns! Gerade im Raum des „verschwebenden Schweigens" (Martin Buber) kann die innerste Wirklichkeit erklingen. Die Melodie der göttlichen Liebe in uns wahrzunehmen und weiterklingen zu lassen, das ist der Sinn unseres Lebens. Das Geheimnis des Erhöhten ist: Gott mit seiner Fülle und Schönheit sichtbar und hörbar zu machen. Unsere Bestimmung ist: Den Gott, der sich selbst im Sohn als Liebe mitgeteilt hat, heute in die Welt hineinzutragen. Wie? Indem wir uns von der Liebe Gottes verwandeln lassen und selbst immer mehr Liebe werden!

CHRISTENTUM INTERRELIGIÖS

Joh 3, 16-21

16 *Denn Gott hat die Welt so sehr geliebt, dass er seinen einzigen Sohn hin-*
gab, damit jeder, der an ihn glaubt, nicht verloren geht, sondern ewiges Le-
ben hat. 17 *Denn Gott hat seinen Sohn nicht in die Welt gesandt, damit er*
die Welt richtet, sondern damit die Welt durch ihn gerettet wird. 18 *Wer an*
ihn glaubt, wird nicht gerichtet; wer nicht glaubt, ist schon gerichtet, weil
er nicht an den Namen des einzigen Sohnes Gottes geglaubt hat. 19 *Denn*
darin besteht das Gericht: Das Licht kam in die Welt, doch die Menschen
liebten die Finsternis mehr als das Licht; denn ihre Taten waren böse.
20 *Jeder, der Böses tut, hasst das Licht und kommt nicht zum Licht, damit*
seine Taten nicht aufgedeckt werden. 21 *Wer aber die Wahrheit tut, kommt*
zum Licht, damit offenbar wird, dass seine Taten in Gott vollbracht sind.

Ich stelle mir vor, ein skeptischer, doch spirituell interessierter Zeitgenosse, ein Muslim und ein Hindu stellen mir ein und dieselbe Frage: „Pater, könnten Sie mir ganz kurz das Wesen des Christlichen umreißen! Vielleicht in einem Satz?" Mir fiele sofort der erste Satz des heutigen Evangeliums ein. Allerdings würde ich ihn den Fragestellern in der richtigen Übersetzung vorlegen. Wir haben gehört: „Denn Gott hat die Welt so sehr geliebt, dass er seinen einzigen Sohn hingab." Im Urtext steht nicht „hingab", sondern „gab" (griech.: édoken). „Hingabe" meint, dass Gott seinen Sohn preisgab, ihn auslieferte ans Kreuz. Die wörtliche Übersetzung eröffnet eine andere Grundperspektive: Gott gibt der Welt seinen Sohn als freie Gabe. Er gibt sein Liebstes als Geschenk. Nicht Kreuz und Leiden stehen damit im Zentrum des Christlichen, sondern die Selbstmitteilung Gottes, die Offenbarung der Liebe Gottes in einem Menschen. Das ist in der Tat das Fundament des Christentums.

So sehr mir dieser Vers als Basissatz gefällt, komme ich dennoch ins Zögern, ob es klug ist, ihn Menschen vorzulegen, die grundlegend nach einer Möglichkeit suchen, wie sie glauben können oder die überzeugte Anhänger einer anderen Religion sind. Warum zögere ich? Der Satz wirkt wie eine objektive Wahrheit. Darauf kann man sofort sachlich reagieren und Gegenargumente anführen. Man bleibt auf der Ebene des Objektivierbaren und das ist nicht die Ebene des Religiösen.

Bedenken wir deshalb unseren Basissatz als Teil einer Großerzählung. Schauen wir zunächst auf den unmittelbaren Kontext: Der Satz gehört zu einem nächtlichen Gespräch, das Jesus mit dem Ratsherrn Nikodemus führt und dieses ist wiederum ein winziger Teil der Heiligen Schrift. Die ganze Bibel ist im Grunde ein Dialog. Sie lebt in ihren unterschiedlichen Texten davon, dass Gott sich äußert, dass er sich ausspricht in der Schöpfung, dass er mit Israel eine ganz besondere Verbindung aufnimmt und mit diesem kleinen Volk einen Bund schließt. Die Bibel ist eine Liebeserklärung Gottes an Israel und an die ganze Menschheit. Deshalb kann man den Wahrheitsgehalt unseres Basissatzes nicht einfach in Form einer sachlichen Mitteilung stehen lassen. Objektive Sätze beurteilt man aus dem Abstand, wägt die Argumente für und wider ab und bringt gegebenenfalls Einwände. Eine Liebeserklärung ist keine sachliche Information, auf die man distanziert reagiert. Die Wahrheit der Bibel erschließt sich nur dem, der sich auf sie einlässt, der mit dem Herzen zu verstehen sucht. Deshalb würde ich den Gehalt dieses Satzes lieber persönlich formulieren: „Gott hat dich, wer immer du bist, und mit dir die ganze Welt, so sehr geliebt, dass er für dich seinen eigenen Sohn gegeben hat, und zwar aus reiner Liebe." So ist der Satz eine Zusage und ein Appell. Doch sollte man ihn in dieser Form nicht gleich einem suchenden Menschen zumuten.

Von dem skeptischen Humanisten käme nämlich sofort der Einwand: „Warum ist dann die Welt von so viel Übel, von so viel Leid geprägt? Warum diese Erdbeben, diese Tsunamis, diese schrecklichen Krankheiten, diese Exzesse der Gewalt?" Die Diskussion würde sich festbeißen „am Fels des Atheismus" (Georg Büchner), an der Frage der Theodizee, der Rechtfertigung eines guten Gottes angesichts einer Welt voller Leid.

Deshalb würde ich bei meinem fiktiven Zeitgenossen einen Schritt zurücktreten und bei der Form des Gesprächs auf gleicher Augenhöhe bleiben. Zum Einstieg würde ich fragen, ob nicht die Welt als Ganze eine einzige Frage ist und uns Menschen zum Dialog herausfordert. Die Schönheit und die Schrecken der Natur, sowohl die herausragenden Werke der Kultur wie die Untaten von menschlichen Monstern sprechen zu uns. Der Tod und das Vergehen, aber auch jede kleinste Pflanze rührt in uns etwas an, was nach einer Antwort ruft. Ich denke, es war der große Geiger und Dirigent Yehudi Menuhin, der einmal sagte, das Lächeln eines Kindes sei ihm Gottesbeweis genug. Die Welt in ihrer Vielfalt und Abgründigkeit fragt uns Menschen nach dem Woher und Wohin von allem.

Die großen religiösen Traditionen der Menschheit antworten darauf: Hinter und in allem steht etwas Größeres, eine geistige Kraft, ein Schöpfer. Vermutlich würden selbst viele moderne Skeptiker bis zu diesem Punkt mitgehen. Der bohrenden Frage nach der Erstursache der Welt kann niemand entkommen, einfach deshalb, weil die schlichte Wahrheit gilt: Von nichts kommt nichts! Also gibt es zumindest die Ahnung von etwas Umfassenden. Einem suchenden Zeitgenossen gegenüber würde ich betonen: Auch für die Offenbarungsreligionen ist und bleibt dieser Urgrund der Welt ein unfassbares Geheimnis. Das gilt ebenso für uns Christen, die an Christus als Abbild des Vaters glauben. Auch da gilt der Satz aus dem Johannesprolog: „Niemand hat Gott je gesehen" (Joh 1,18). Mit der Frage nach Gott als Geheimnis dieser Welt würde ich mit einem suchenden Zeitgenossen ins Gespräch kommen. Denn die Welt ist auch mit ihren dunklen Seiten ein Verweis auf Gott, manchmal ein einziger Schrei nach Gott.

Für den Muslim wäre die Antwort, wer hinter dieser Welt steht, sonnenklar: Es ist Allah, der Allbarmherzige, der eine, einzige, ungeteilte Gott. Von daher müsste ich den Einwand erwarten: „Wie kann der alleinige Gott einen Sohn haben? Wie kann der Unerschaffene einen Sohn in menschlicher Gestalt ‚zeugen', wie ihr Christen in eurem Glaubensbekenntnis sagt?" Das ist für muslimisches Verständnis Blasphemie, Gotteslästerung. Den Christen wird ein Drei-Götter-Glauben unterstellt. Das rüttelt für Muslime an den Grundfesten ihres eigenen Glaubensgebäudes.

Deshalb würde ich mit einem gesprächsbereiten Muslim auch nicht über die Gottessohnschaft Jesu oder die Trinität streiten. Ich würde wiederum auf gleicher Augenhöhe über unser Menschsein sprechen, beginnend mit der Frage: „Was ist denn das Wichtigste für uns Menschen?" Vermutlich würden wir uns auf die Antwort einigen: „Es sind die Beziehungen." Es ist letztlich die Liebe in all ihren Facetten, von der Liebe zum Beruf und zur Arbeit bis zur Liebe zwischen Lebenspartnern, zu den eigenen Kindern und zu allen Kindern. Die Reichweite echter Liebe, da wäre man sich vermutlich auch einig, ginge von den Allernächsten bis zu den Fernsten, besonders bis zu denen, die Not leiden. Wäre man in diesem Punkt einig, würde sich die Rückfrage erheben: Was ist die Grundlage unserer Beziehungs- und Liebesfähigkeit, ja, unseres individuellen Lebens? Von Anfang an sind wir nur deshalb ein Ich, weil es ein Du gab. „Das Ich wächst am Du“ (Martin Buber). Durch die Zuwendung der ersten Bezugspersonen, im Normalfall der Eltern, entwickelt sich langsam ein reifes Ich. Gereift ist ein Mensch, der sich als einzigartiges, unverwechselbares Ich aus innerer Freiheit selbst geben kann. Ein solcher Mensch kann sich in etwas hineingeben, sich für andere hingeben, ja wegschenken, und er bleibt in diesem Akt doch ganz er selbst.

An diese anthropologische Grunderfahrung anknüpfend würde ich versuchen, einem Muslim nahezubringen: „Für mich ist das Geheimnis Gottes eine irgendwie geartete Ur-Gemeinschaft, ein Ich und Du, das über sich hinausweist.“ Ich würde vor allem deutlich machen: Das Wort „Sohn“ ist ein Bild, eine Metapher. Jedes Bild von Gott, auch die Metapher „Vater“, ist mehr falsch als richtig, weil Gott alles Irdische umfasst und übersteigt. „Vater, Sohn und Geist“ umschreibt Beziehungen in Gott, bzw. Beziehungen, die von dem einen Gott ausgehen und sein Wesen ausmachen. Gott ist die Liebe, die reine, ungeschaffene Liebe, die hinausströmt über sich selbst und die Welt erschafft. Wenn Gott sich selbst mitteilen will, dann muss er der Welt einwohnen und selbst ein Stück Welt werden: Gott wird Mensch, um uns in einem menschlichen Antlitz zu begegnen. Genau das ist das Zentrum des christlichen Glaubens: die Selbstmitteilung Gottes in einem konkreten Menschen.

Ob ein aufgeklärter Muslim dem folgen würde, mag offenbleiben. Vielleicht könnte man im Sinne der muslimischen Theologie auch theologisch argumentieren und zu bedenken geben: „Ihr sagt, der Koran sei ewig; doch dann gibt es schon immer etwas neben Gott! Für uns gibt es in Gott immer schon den Sohn und den Heiligen Geist, die Gemeinschaft der Gleichen. Und diese drei, so sagt unsere Theologie, ‚umtanzen‘ und ‚durchdringen‘ sich. Was wir alle in unseren menschlichen Beziehungen ersehnen und uns immer nur fragmentarisch gelingt, das glauben wir von Gott: Einheit des Verschiedenen in Liebe. In der gegenseitigen Beziehung ist unser Gott eins. Dieser dreieine Gott hat sich mitgeteilt in einem Menschen und er teilt sich weiterhin mit im Geist, der ‚vom Vater und vom Sohn ausgeht'."

Mein hinduistischer Gesprächspartner würde auf unseren christlichen Basissatz von der Liebe Gottes im Sohn vermutlich anders reagieren: „Ihr Christen, besonders ihr aus der westlichen Welt, presst die ganze Gottesfrage in das Schema ‚Vater und Sohn'. Die Welt und die Schöpfung sind doch viel reichhaltiger, vielfältiger und bunter! Wir haben in unserer Religion eine Fülle göttlicher Wesen. Natürlich ist uns bewusst, dass das alles Bilder sind, aber mit eurem einzigen Tierbild, der Taube, und mit dem Sohn ist doch das Geheimnis Gottes bildhaft etwas dürftig ausgedrückt." Auf eine solche Anfrage würde ich auf den Geist Gottes verweisen. Nach biblischem Verständnis durchweht und durchpulst der Geist Gottes alles Geschaffene. Er spricht sich aus in unendlicher Vielfalt. Der Geist jenes Gottes, den Jesus Christus verkündet hat, durchwaltet die ganze Welt und kann in einer Vielfalt von Bildern zum Ausdruck gebracht werden. Er öffnet unser Inneres und führt uns hinein ins Gottesverhältnis Jesu Christi, in die Liebe und Barmherzigkeit des Vaters. Der ganze Reichtum des Religiösen ist für uns Christen gebündelt im Gottmenschen. Das ist die christliche Sicht, die beides zusammenbindet: die Vielfalt des göttlichen Geistes in unzähligen Bildern und die Offenbarung des göttlichen Geheimnisses in einer Person.

Dass ich meine drei Partner überzeugen könnte, ist nach einem einzigen Gespräch nicht zu erwarten. Doch hoffe ich, dass ich sie durch diese universale Sicht zum Nachdenken anregen könnte. Wir sollten uns jedenfalls dessen bewusst sein, dass wir auch im Christentum das undurchdringliche Geheimnis des einen Gottes wahren, dass wir an Christus glauben, durch den Gott eingegangen ist in alles wahrhaft Menschliche, und dass Gottes Geist geheimnisvoll in allem gegenwärtig ist. Diesen umfassenden Glauben nennen wir in einer Kurzformel „Dreifaltigkeit": Glaube an den einen Gott als Vater, Sohn und Heiligen Geist.

Wir sollten jedoch im interreligiösen Dialog auch mal alle Semantik und allen Streit um Worte und Formeln hinter uns lassen. Es gibt eine religiöse Sprache, die jeder versteht, und das ist die Musik. Die Musik jubelt und klagt, sie „denkt" jenseits der Semantik. Deshalb gehört die Musik wesentlich zu jeder Religion. Sie erhebt unsere Seele, sie will uns nach innen führen und will unser Inneres wie ein Samenkorn aufbrechen lassen, damit aus ihm etwas wächst, erblüht und Frucht bringt. Eine Frucht wahrer Religiosität ist, tragfähige Beziehungen leben zu können. Vielleicht sind die Pausen in einem Musikstück ebenso wichtig oder gar noch wichtiger als der Klang. Bei allem Eintauchen in die Welt der Töne sollten wir nie das schweigende Innehalten vergessen. Im Schweigen neigen wir uns vor dem Geheimnis des Daseins und lassen dieses Geheimnis mehr und mehr Gestalt annehmen in und durch uns. Der Geist einer grenzenlosen Liebe will uns im Schweigen nahekommen, uns ergreifen und uns immer mehr an sich ziehen und uns mit sich vereinen. „Denn so sehr hat Gott die Welt geliebt, dass er seinen einzigen Sohn (hin)gab." Jesus Christus will nur Eines: uns mit hineinnehmen in jene grenzenlose Liebe Gottes, aus der er selbst lebte und in die hinein er sein Leben zurückgab.

GESPRÄCH DER FREIHEIT

Joh 4, 5-42

5 Jesus kam zu einer Stadt in Samarien, die Sychar hieß und nahe bei dem Grundstück lag, das Jakob seinem Sohn Josef vermacht hatte. 6 Dort befand sich der Jakobsbrunnen. Jesus war müde von der Reise und setzte sich daher an den Brunnen; es war um die sechste Stunde. 7 Da kam eine Frau aus Samarien, um Wasser zu schöpfen. Jesus sagte zu ihr: Gib mir zu trinken! 8 Seine Jünger waren nämlich in die Stadt gegangen, um etwas zum Essen zu kaufen. 9 Die Samariterin sagte zu ihm: Wie kannst du als Jude mich, eine Samariterin, um etwas zu trinken bitten? Die Juden verkehren nämlich nicht mit den Samaritern. 10 Jesus antwortete ihr: Wenn du wüsstest, worin die Gabe Gottes besteht und wer es ist, der zu dir sagt: Gib mir zu trinken!, dann hättest du ihn gebeten und er hätte dir lebendiges Wasser gegeben. 11 Sie sagte zu ihm: Herr, du hast kein Schöpfgefäß und der Brunnen ist tief; woher hast du also das lebendige Wasser? 12 Bist du etwa größer als unser Vater Jakob, der uns den Brunnen gegeben und selbst daraus getrunken hat, wie seine Söhne und seine Herden? 13 Jesus antwortete ihr: Wer von diesem Wasser trinkt, wird wieder Durst bekommen; 14 wer aber von dem Wasser trinkt, das ich ihm geben werde, wird niemals mehr Durst haben; vielmehr wird das Wasser, das ich ihm gebe, in ihm zu einer Quelle werden, deren Wasser ins ewige Leben fließt. 15 Da sagte die Frau zu ihm: Herr, gib mir dieses Wasser, damit ich keinen Durst mehr habe und nicht mehr hierherkommen muss, um Wasser zu schöpfen! 16 Er sagte zu ihr: Geh, ruf deinen Mann und komm wieder her! 17 Die Frau antwortete: Ich habe keinen Mann. Jesus sagte zu ihr: Du hast richtig gesagt: Ich habe keinen Mann. 18 Denn fünf Männer hast du gehabt und der, den du jetzt hast, ist nicht dein Mann. Damit hast du die Wahrheit gesagt. 19 Die Frau sagte zu ihm: Herr, ich sehe, dass du ein Prophet bist. 20 Unsere Väter haben auf diesem Berg Gott angebetet; ihr aber sagt, in Jerusalem sei die Stätte, wo man anbeten muss. 21 Jesus sprach zu ihr: Glaube mir, Frau, die Stunde kommt, zu der ihr weder auf diesem Berg noch in Jerusalem den Vater anbeten werdet. 22 Ihr betet an,

*was ihr nicht kennt, wir beten an, was wir kennen; denn das Heil kommt
von den Juden. 23 Aber die Stunde kommt und sie ist schon da, zu der die
wahren Beter den Vater anbeten werden im Geist und in der Wahrheit;
denn so will der Vater angebetet werden. 24 Gott ist Geist und alle, die ihn
anbeten, müssen im Geist und in der Wahrheit anbeten. 25 Die Frau sagte
zu ihm: Ich weiß, dass der Messias kommt, der Christus heißt. Wenn er
kommt, wird er uns alles verkünden. 26 Da sagte Jesus zu ihr: Ich bin es,
der mit dir spricht. 27 Inzwischen waren seine Jünger zurückgekommen.
Sie wunderten sich, dass er mit einer Frau sprach, doch keiner sagte: Was
suchst du? oder: Was redest du mit ihr? 28 Die Frau ließ ihren Wasserkrug
stehen, kehrte zurück in die Stadt und sagte zu den Leuten: 29 Kommt her,
seht, da ist ein Mensch, der mir alles gesagt hat, was ich getan habe: Ist er
vielleicht der Christus? 30 Da gingen sie aus der Stadt heraus und kamen
zu ihm. 31 Währenddessen baten ihn seine Jünger: Rabbi, iss! 32 Er aber
sagte zu ihnen: Ich habe eine Speise zu essen, die ihr nicht kennt. 33 Da
sagten die Jünger zueinander: Hat ihm jemand etwas zu essen gebracht?
34 Jesus sprach zu ihnen: Meine Speise ist es, den Willen dessen zu tun,
der mich gesandt hat, und sein Werk zu vollenden. 35 Sagt ihr nicht:
Noch vier Monate dauert es bis zur Ernte? Sieh, ich sage euch: Erhebt
eure Augen und seht, dass die Felder schon weiß sind zur Ernte! 36 Schon
empfängt der Schnitter seinen Lohn und sammelt Frucht für das ewige
Leben, sodass sich der Sämann und der Schnitter gemeinsam freuen.
37 Denn hier hat das Sprichwort recht: Einer sät und ein anderer erntet.
38 Ich habe euch gesandt zu ernten, wofür ihr euch nicht abgemüht habt;
andere haben sich abgemüht und euch ist ihre Mühe zugutegekommen.
39 Aus jener Stadt kamen viele Samariter zum Glauben an Jesus auf das
Wort der Frau hin, die bezeugt hatte: Er hat mir alles gesagt, was ich getan habe. 40 Als die Samariter zu ihm kamen, baten sie ihn, bei ihnen zu
bleiben; und er blieb dort zwei Tage. 41 Und noch viel mehr Leute kamen
zum Glauben an ihn aufgrund seiner eigenen Worte. 42 Und zu der Frau
sagten sie: Nicht mehr aufgrund deiner Rede glauben wir, denn wir haben selbst gehört und wissen: Er ist wirklich der Retter der Welt.*

Dieser lange Text kreist um die Motive Lebensdurst und Lebenshunger, also um zentrale Fragen menschlicher Existenz. Die Frau aus Samaria wird durch das Gespräch mit Jesus ein anderer Mensch. Sie begegnet einem Mann, durch den sie eine neue Gottesbeziehung findet. Ihr verwandeltes Lebensgefühl befähigt sie, auch ihre Landsleute zu inspirieren, Jesus als den „Retter der Welt" zu entdecken. Es ist ein Text, in dem sich Existenz- und Glaubensfragen verschränken, also ein sehr moderner, zeitgemäßer Ansatz. Denn die Fragen nach der eigenen Identität und nach dem Ganzen der Welt bedingen sich gegenseitig. In dieser universalen Spannweite und der persönlichen Zentrierung sind unsere Verse nur mit der Versuchungsgeschichte Jesu zu vergleichen. Auch da geht es ums Ganze und um existentielle Grundfragen. Doch was am Jakobsbrunnen ein wahres, befreiendes Gespräch ist, ist in der Wüste eine manipulative Versuchung zu Unfreiheit und Abkehr von Gott. Jesus gibt dem Satan eine klare Abfuhr, er durchschaut seine böse Absicht. Betrachten wir die Versuchungsgeschichte (vgl. Mt 4,1-11) als Kontrastgeschichte zu diesem Gespräch der Freiheit etwas näher.

Der Satan konfrontiert Jesus, der nach 40 Fastentagen Hunger hat, mit drei Versuchungen. Unmittelbar davor lag sein Tauferlebnis. Der göttliche Geist war auf Jesus herabgekommen und die Stimme vom Himmel hatte ihn als „den geliebten Sohn" ausgewiesen (vgl. Mt 3,13-17). Der Versucher knüpft sehr „fromm" und geschickt an dieses innere Erleben Jesu an, an sein Bewusstsein, „der Sohn" zu sein. Dabei argumentiert er drei Mal nach dem Schema „wenn – dann". Als Sohn Gottes müsste er doch aus Steinen Brot machen oder sich unbeschadet vom Tempel herabstürzen können. Bei der dritten Versuchung spricht der Satan Klartext: Er bietet Jesus die Weltherrschaft an, wenn er sich vor ihm niederwirft und ihn anbetet. Das Reden im Wenn-Dann-Schema ist eigentlich kein Gespräch, es ist ein Diktat. Mit der dritten Versuchung entlarvt sich der Satan als widergöttliche Macht, nachdem er vorher unter dem Schein des Frommen Jesus nicht vereinnahmen und verführen konnte.

Am Jakobsbrunnen treffen wir auf ein wahres, sich immer mehr vertiefendes Gespräch. Es ist eine Begegnung von zwei Menschen, die als Mann und Frau, als Samariterin und Jude, eigentlich gar nicht ins Gespräch kommen dürften. Die Frau rechnet mit dieser Kluft und fragt überrascht: „Wie kannst du als Jude mich, eine Samariterin, um etwas zu trinken bitten?" Doch auf Jesu Initiative hin finden sich beide mehr und mehr auf Augenhöhe. Vielleicht trifft auf keine biblische Stelle Martin Bubers berühmter Satz so sehr zu wie hier: „Alles wirkliche Leben ist Begegnung."

Das Gespräch setzt an bei den materiellen, physischen Bedürfnissen, bei der Bitte um einen Schluck Wasser, und führt dann immer mehr in die Tiefe, über das Emotionale, die menschlichen Beziehungen bis hin zum Religiösen. Es gibt im ganzen Neuen Testament kein längeres und ausführlicheres Gespräch als bei dieser denkwürdigen Begegnung. Einzigartig ist auch, dass sich Jesus dieser Frau gegenüber sehr offen über sein Messiasgeheimnis äußert. „Ich bin es...", sagt er ganz schlicht. Im persönlich-intimen Gespräch kann er seine Identität als Messias offenbaren. Im öffentlichen Raum verbietet er sogar, von ihm als Messias zu reden. – Halten wir als ersten großen Unterschied zwischen unserer Szene und der Versuchungsgeschichte fest: Wenn es um Christus, wenn es um den Glauben geht, dann nie in der Form eines Wenn-Dann-Diktats. Glaubensvermittlung geschieht immer in Form eines Dialogs auf Augenhöhe. Dabei werden mehr und mehr Dimensionen des Menschseins aufgetan und mit einbezogen. Glaube ist ein Gang in die eigene Tiefe und Weite.

Betrachten wir jetzt das Menschenbild, das hinter den beiden Kontrastgeschichten steht. In der ersten Versuchung – Steine zu Brot – reduziert der Teufel den Menschen auf seine materiellen und physischen Bedürfnisse. Sind diese befriedigt, so suggeriert der Versucher, ist der Mensch zufriedengestellt. Die zweite Versuchung – der spektakuläre Sturz vom Tempel – sieht den Menschen lediglich als Teil einer Menge, die durch Sensationen unterhalten und manipuliert wird. „Panem et circenses", „Brot und Spiele" war schon im alten Rom die Devise, um die Massen bei Laune und in Schach zu halten. Die Leitfigur, die vorne steht, und die Masse befinden sich in einem gegenseitigen Abhängigkeitsverhältnis. In der dritten Versuchung lässt der Teufel die Maske der Verstellung fallen: Es geht einzig und allein um die Macht, die Jesus angetragen wird, wenn er sich dem Versucher unterwirft. Doch dann wäre Jesus nicht mehr als der Agent des Bösen. Er würde seine Mitmenschen zu willenlosen Objekten oder zu Untertanen machen und wäre letztlich selbst der Untertänige. Johannes führt in seiner Jesusgeschichte das Ineinander dieser drei Versuchungen im 6. Kapitel vor Augen: Die Landsleute Jesu wollen ihn nach der Brotvermehrung zum König machen. Sie würden sich diesem wundertätigen Führer bedingungslos unterwerfen, weil er sie satt gemacht und damit ihre materiellen Bedürfnisse gestillt hat. Die Freiheit bliebe dabei auf der Strecke.

Hinter den Versuchungen steckt ein Menschenbild nach dem Muster: Der Mensch ist nicht mehr als…z. B. die Summe seiner materiellen, physischen, psychischen oder sonstigen Bedürfnisse. Jedes wissenschaftliche oder gesellschaftliche System, das den Menschen eingrenzen, „definieren" will, verfehlt das biblische Menschenbild. Im täglichen Leben taxieren wir andere ständig und stecken sie in Schubladen. Dabei geht das wahrhaft Menschliche verloren. Die

Bibel sieht den Menschen als Geschöpf und Ebenbild Gottes. Gott hat ihm den Lebensatem eingehaucht und damit jedem Menschen eine einzigartige Würde gegeben. Der Mensch hat teil am Geheimnis Gottes und ist damit selbst Geheimnis und deshalb von unantastbarer Würde.

Jesus bekennt sich in der Versuchungsgeschichte sehr klar zu seiner Gottesbeziehung. Natürlich ist und bleibt er ein sterblicher Mensch. Er hat Hunger und Durst, die physischen Bedürfnisse gehören zu ihm. Jesus wird in unserer Szene als ein Mensch in Beziehung gezeichnet. Er sucht und braucht das Gespräch, er ist angewiesen auf die Hilfe seiner Mitmenschen. Er lebt wie jeder Mensch von der Zugehörigkeit zu seinen Mitmenschen, doch lässt sich Jesus nicht auf seine sozial, psychisch, kulturell oder religiös festgelegten Muster eingrenzen. Er ist frei, er durchbricht gängige Erwartungen und widersteht allen Reduktionen. Auch wendet er sich jedem Menschen als einem Wesen zu, das erst im Geheimnis Gottes zur wahren Identität und Freiheit findet. Der Mensch ist für ihn ein nach oben hin offenes Integral. Die Gottesbeziehung gibt dem Menschen seine Würde, gibt ihm Wert und Weite.

Bedenken wir noch einen dritten, indirekt immer schon angesprochenen Aspekt: Der Teufel will kein freies Gegenüber, sondern Unterwerfung. Jesus dagegen eröffnet am Jakobsbrunnen einen Raum der Freiheit. Er lockt aus dieser Frau heraus, was in ihr steckt. Das fortschreitende Gespräch durchläuft die wichtigsten Stadien der menschlichen Bedürfnispyramide: von den materiellen über die emotionalen Bedürfnisse bis hin zu jener Spitze, wo sich die Frau zu ihrem Glauben und damit zu ihrer Gottesbeziehung bekennt. Durch die Begegnung mit Jesus wandelt und vertieft sich ihr Gottesglaube: Dieser ist nun viel stärker existentiell fundiert und sie erkennt Christus als neuen Weg zu Gott. Deshalb kann sie jetzt auch andere animieren: „Kommt her, seht, da ist ein Mensch, der mir alles gesagt hat, was ich getan habe: Ist er vielleicht der Christus?" Diese nicht mit Namen genannte Frau ist die erste Missionarin Jesu und für unsere Zeit ein Leitbild für die Verkündigung des Evangeliums. Ihre „Predigt" ist persönliches Lebenszeugnis und gleichzeitig eine offene, einladende Frage, ein Appell an die Entscheidungsfreiheit ihrer Mitmenschen.

In diesem exemplarischen Gespräch geht es um Freiheit, auch um Freiheit von gewachsenen religiösen Traditionen. Die johanneische Gemeinde hat offensichtlich die konfessionelle Abgrenzung zwischen der Anbetung in Jerusalem oder auf dem Berg Garizim hinter sich gelassen. Es gibt keinen innerweltlichen Ort, der absolut heilig, auch keine Kirche, die als Institution sakrosankt wäre. Es kommt nur auf Eines an: „Im Geist und in der Wahrheit" sich Gott anzuvertrauen, ihn mit dem Herzen anzubeten. Der Mensch selbst wird zum heiligen Ort, zum Tempel Gottes.

„Brot ist wichtig, Freiheit ist wichtiger, am wichtigsten ist die ungebrochene Treue und die unverratene Anbetung", schrieb Alfred Delp kurz vor seinem gewaltsamen Tod in Berlin-Plötzensee (Gesammelte Schriften, hrsg. von Roman Bleistein, Bd. 4, Frankfurt am Main 1984, S. 236). Er widerstand einem totalitären, diabolischen Regime – im Namen der Freiheit und der Gottbezogenheit des Menschen! Seien wir dankbar für das tägliche Brot! Hüten und entwickeln wir unsere Freiheit und unsere Fähigkeit zum Dialog! In allem Bemühen mögen wir immer mehr erfahren: Unser wahres Menschsein vollendet sich in der Anbetung Gottes!

GLAUBE, DER SATT MACHT

Joh 6, 1-15

1 Danach ging Jesus an das andere Ufer des Sees von Galiläa, der auch
See von Tiberias heißt. 2 Eine große Menschenmenge folgte ihm, weil sie
die Zeichen sahen, die er an den Kranken tat. 3 Jesus stieg auf den Berg
und setzte sich dort mit seinen Jüngern nieder. 4 Das Pascha, das Fest der
Juden, war nahe. 5 Als Jesus aufblickte und sah, dass so viele Menschen
zu ihm kamen, fragte er Philippus: Wo sollen wir Brot kaufen, damit diese
Leute zu essen haben? 6 Das sagte er aber nur, um ihn auf die Probe zu stel-
len; denn er selbst wusste, was er tun wollte. 7 Philippus antwortete ihm:
Brot für zweihundert Denare reicht nicht aus, wenn jeder von ihnen auch
nur ein kleines Stück bekommen soll. 8 Einer seiner Jünger, Andreas, der
Bruder des Simon Petrus, sagte zu ihm: 9 Hier ist ein kleiner Junge, der hat
fünf Gerstenbrote und zwei Fische; doch was ist das für so viele? 10 Jesus
sagte: Lasst die Leute sich setzen! Es gab dort nämlich viel Gras. Da setz-
ten sie sich; es waren etwa fünftausend Männer. 11 Dann nahm Jesus die
Brote, sprach das Dankgebet und teilte an die Leute aus, so viel sie woll-
ten; ebenso machte er es mit den Fischen. 12 Als die Menge satt geworden
war, sagte er zu seinen Jüngern: Sammelt die übrig gebliebenen Brocken,
damit nichts verdirbt! 13 Sie sammelten und füllten zwölf Körbe mit den
Brocken, die von den fünf Gerstenbroten nach dem Essen übrig waren.
14 Als die Menschen das Zeichen sahen, das er getan hatte, sagten sie: Das
ist wirklich der Prophet, der in die Welt kommen soll. 15 Da erkannte Jesus,
dass sie kommen würden, um ihn in ihre Gewalt zu bringen und zum
König zu machen. Daher zog er sich wieder auf den Berg zurück, er allein.

Diese fünfzehn Verse eröffnen das lange 6. Kapitel im Johannesevangelium. Werfen wir zunächst einen Blick auf das ganze Kapitel und seine Stellung im Gesamt des Evangeliums. Die ersten zwölf Kapitel schildern die Offenbarung Christi vor der Welt und sie enden mit einer Bilanz des Unglaubens. Ab dem 13. Kapitel beginnt der zweite Hauptteil: Jesus offenbart sich seinem inneren Jüngerkreis. Unser 6. Kapitel liegt numerisch, aber auch von der inneren Dynamik her genau in der Mitte des ersten Hauptteils. Es bildet den Scheitel- und Wendepunkt, von dem an die Tragödie unaufhaltsam ihren Lauf nimmt. Das Geschehen spitzt sich krisenhaft zu. Es beginnt zunächst ganz harmonisch mit einem Wunder. In der Brotvermehrung werden Mangel und Not behoben. Eine große Menschenmenge wird gesättigt. Doch die kommende Krise deutet sich schon an: Die Leute wollen Jesus ergreifen, um ihn zum König zu machen. Daraufhin zieht er sich zurück. In einer Textvariante heißt es: „Er floh auf den Berg, er allein."

Die Brotvermehrung spielt am heidnischen Ufer des Sees von Tiberias. Während Jesus danach auf dem Berg betet, rudern die Jünger in einer Nachtfahrt hinüber nach Kafarnaum ans jüdische Ufer. Sie geraten in einen furchtbaren Sturm und schreien vor Angst. Da geht Jesus auf den Wellen auf sie zu, gibt sich zu erkennen, ruft ihnen zu, sich nicht zu fürchten – und plötzlich befindet sich ihr Boot in Kafarnaum (vgl. Joh 6,16-21). Die satt gewordenen Menschen stellen am nächsten Tag fest, dass Jesus und seine Jünger nicht mehr da sind. Ihr Boot ist nicht mehr zu sehen. Darum fahren auch sie nach Kafarnaum hinüber und finden ihn dort. In der Synagoge entwickelt sich dann ein langes Streitgespräch.

Jesus hält diesen Leuten entgegen, sie würden ihn nur deshalb suchen, weil sie satt geworden seien. Doch ihm geht es um eine ganz andere Speise. Er selbst sei „das Brot des Lebens" (vgl. Joh 6,35). Daraufhin wenden sich viele von ihm ab. Doch die Krise erfasst auch seine Jünger. Denn Jesus hatte in dem langen Streitgespräch das Bild von ihm als Lebensbrot noch einmal drastisch zugespitzt: „Wenn ihr das Fleisch des Menschensohnes nicht esst und sein Blut nicht trinkt, habt ihr das Leben nicht in euch" (Joh 6,54). Daraufhin wendet sich auch ein Teil der Jünger von ihm ab. Es kommt zur Spaltung.

Am Ende fragt Jesus die Zwölf: „Wollt auch ihr weggehen? Simon Petrus antwortete ihm: Herr, zu wem sollen wir gehen? Du hast Worte ewigen Lebens" (Joh 6,67f.). Die krisenhafte Zuspitzung führt dazu, dass der Rest der Jünger sich zum Glauben an Jesus als den „Heiligen Gottes" bekennt (vgl. Joh 6,69). Diese christologische Konzentration charakterisiert das gesamte Johannesevangelium. Ihn als „Bild des Vaters" (vgl. Joh 14,9), als Offenbarer Gottes schlechthin zu erkennen und mit Thomas zu bekennen „Mein Herr und mein Gott!" (Joh 20,28) – ist der Zielpunkt des Evangeliums. Johannes deutet alles vorösterliche Geschehen vom nachösterlichen Standpunkt aus. Die Schilderungen der drei anderen Evangelien werden vorausgesetzt und in der Perspektive des vierten Evangelisten auf ihren geistlichen und bleibenden Gehalt hin gedeutet – und das immer mit dem Rückverweis auf die jüdische Bibel: Wie Mose mit den 70 Ältesten stieg Jesus zusammen mit seinen Jüngern auf den Berg (vgl. Ex 24,1f.). Wie der Gott Israels lässt er die herbeiströmenden Menschen „auf grünen Auen" lagern. Mit diesen biblischen Anklängen wird das 6. Kapitel eröffnet. Nachdem er wie Gott in der Wüste das Volk mit Manna genährt und seine Jünger weggeschickt hat, zeigt er sich in der Sturmnacht auf dem See als einer, der stärker ist als die Chaoselemente, ähnlich wie Gott, der am Anfang der Schöpfung das Chaos ordnete. Auch wird am Anfang des Kapitels an den zentralen Ritus Israels erinnert: „Das Pascha, das Fest der Juden, war nahe."

Im Laufe des Kapitels wird immer klarer, dass der Evangelist das neue Pascha, das „Herrenmahl", auf das zentrale Motiv des eucharistischen Brotes hin ausdeutet. Das Krisengespräch findet in einer jüdischen Synagoge statt, doch das Geschehen begann mit der Brotvermehrung am heidnischen Ufer. Mit diesen Ortsangaben deutet sich schon an: Die Krise in Israel wird zur Gemeinde aus Juden und Heiden führen. Nur mit dieser hintergründig aufscheinenden Entwicklung der Jesusbewegung ist dieses Kapitel zu verstehen. Der äußere Hergang muss immer von seinem geistlich-symbolischen Sinn her gelesen werden.

Nehmen wir z. B. die 5000 Männer, die satt wurden, und zählen wir noch die Frauen und Kinder dazu. Der Text betont, Jesus habe allein das Brot und den Fisch ausgeteilt. Stellen Sie sich bitte einmal vor, bei einem Freiluftessen von etwa 8000 Leuten wäre nur eine einzige Bedienung da. Sie könnte das nie schaffen! Geistlich gelesen wird hier gesagt: Jesus reicht und gibt sich selbst, und zwar für sehr viele. „Das bin ich!", müsste man sinngemäß übersetzen, wenn Christus im Abendmahlsaal beim Brotbrechen sagt: „Das ist mein Leib." Mit diesem Wort hat Jesus das jüdische Pascha neu gedeutet und auf sich und seine Lebenshingabe bezogen. Im neuen Pascha, das die ersten Gemeinden „Herrenmahl" oder „Brotbrechen" nannten, wurde die reale Präsenz des Auferstandenen gefeiert. Der erhöhte Herr war der Gastgeber, der sich selbst im geteilten Brot und im Kelch des erneuerten Bundes seiner Gemeinde schenkte. „Dann nahm Jesus die Brote, sprach das Dankgebet und teilte an die Leute aus...", hieß es in unserem Abschnitt. „Eucharistie", die heute geläufige Bezeichnung für das „Herrenmahl", wird hier ganz bewusst mit dem griechischen Partizip „eucharistésas" schon am Anfang des Kapitels zitiert. Die eucharistischen Anklänge werden sich gegen Ende der Rede häufen. Die Mahlfeier für Juden und Heiden wurde als Neudeutung und Vollendung des jüdischen Pascha zum zentralen Ritus in der Urgemeinde. Das vierte Evangelium betont eigens, dass Jesus zu der Stunde am Kreuz stirbt, als im Tempel die Paschalämmer geschlachtet wurden.

Das erste Zeugnis über ihn ist der Hinweis des Täufers an zwei seiner Jünger: „Seht, das Lamm Gottes!“ (Joh 1,36). Die Eucharistie ist, wie das Zweite Vatikanische Konzil in „Lumen Gentium“ (Nr. 11) betont, „Quelle und Höhepunkt des ganzen christlichen Lebens“. Das liegt ganz auf der Linie des Johannesevangeliums.

Doch diese zentrale christliche Feier lebt vom Glauben an Christus. Das ganze 6. Kapitel behandelt die Krise und die Zumutung dieses Glaubens. Im Schlussdialog mit Petrus, dem Sprecher des Jüngerkreises, wird das sehr klar: „Herr, zu wem sollen wir gehen? Du hast Worte des ewigen Lebens“ (Joh 6,69). Petrus entscheidet sich für Jesus. Christlicher Glaube ist eine durch Krisen hindurch gereifte Bindung an Christus. Diese Verbindung mit ihm führt zu Erfahrungen, die von innen her satt machen und bleibende Wirkungen entfalten. Die Summe dieser Erfahrungen führt in die Entscheidung zur Nachfolge.

Glaube ist kein kurzfristiges, oberflächliches Sattwerden, kein Wellness-Gefühl, das sich verliert und immer wieder neue Befriedigung braucht. Glaube meint auch nicht, einem Charismatiker oder Wunderheiler nachzulaufen und ihm ergeben zu sein. Es meint erst recht nicht die Unterordnung unter einen König und Führer. Das alles wäre nicht jene Freiheit, die Christus den Seinen verspricht (vgl. Joh 8,36).

Die krisenhafte Zuspitzung im 6. Kapitel fordert von Petrus als Repräsentanten aller Glaubenden eine Entschiedenheit, die auch durch Stürme und Angst hindurchgeht. Die Grundhaltung des Glaubens wird in diesem Kapitel mit verschiedenen Motiven beschrieben und vertieft. Immer geht es darum, Jesus mit seiner ganzen Existenz in sich aufzunehmen, ihn gleichsam zu „essen“ und so „satt“ zu werden. Aus tiefer Verbundenheit mit dem lebendigen

Christus können Wunder geschehen, können sich unerwartet neue Lebensmöglichkeiten auftun: Leben vermehrt sich. Aus dem Innern des Menschen kann ein schier unerschöpflicher Quell lebendigen Wassers entspringen, wenn man sich ganz auf Jesus einlässt (vgl. Joh 7,38). Dabei ist sich ein gläubiger Mensch sehr wohl bewusst, dass alles ein Geschenk Gottes ist. Das betont Jesus auf dem Höhepunkt des Krisengesprächs mit seinen Jüngern: „Niemand kann zu mir kommen, wenn es ihm nicht vom Vater gegeben ist" (Joh 6,65). So gesehen ist der vertrauende Glaube reine Gnade.

Ein letzter Zug unseres heutigen Abschnitts ist bemerkenswert: Die Jünger „sammelten und füllten zwölf Körbe mit den Brocken, die von den fünf Gerstenbroten nach dem Essen übrig waren". Da werden Tausende wie aus dem Nichts satt und es bleibt noch so viel übrig! Wieder taucht hier das Motiv der Überfülle auf wie beim Weinwunder in Kana (vgl. Joh 2,1-12), wie bei dem Geist, den der Sohn unbegrenzt gibt (vgl. Joh 3,34), und wie bei dem geheimnisvollen Wasser, das der Samaritanerin zugesagt wird (vgl. Joh 4,14). „Ich bin gekommen, damit sie das Leben haben und es in Fülle haben" (Joh 10,10). So bringt es der Gute Hirte auf den Begriff: Überfließende Gnade ist dem Glaubenden verheißen.

Diese Erfahrung des Überschwänglichen kann immer wieder aufblitzen und sich als tragende Lebensvision erweisen. Doch niemand kann in der Dauerekstase leben, auch nicht der glaubende Mensch. Bedrängnisse und Krisen gehören ebenso zum Glauben wie Nüchternheit und Geduld. Das Glaubensleben kennt sowohl paradiesische Seligkeit als auch zermürbende Durststrecken. Dabei können wir hoffentlich immer mit Petrus sagen: „Herr, zu wem sollen wir gehen? Du hast Worte ewigen Lebens. Wir sind zum Glauben gekommen und haben erkannt: Du bist der Heilige Gottes" (Joh 6,68f.).

MEHR ALS BROT

Joh 6, 24-35

24 Als die Leute sahen, dass weder Jesus noch seine Jünger dort waren, stie-
gen sie in die Boote, fuhren nach Kafarnaum und suchten Jesus. 25 Als
sie ihn am anderen Ufer des Sees fanden, fragten sie ihn: Rabbi, wann
bist du hierhergekommen? 26 Jesus antwortete ihnen: Amen, amen, ich
sage euch: Ihr sucht mich nicht, weil ihr Zeichen gesehen habt, sondern
weil ihr von den Broten gegessen habt und satt geworden seid. 27 Müht
euch nicht ab für die Speise, die verdirbt, sondern für die Speise, die für
das ewige Leben bleibt und die der Menschensohn euch geben wird! Denn
ihn hat Gott, der Vater, mit seinem Siegel beglaubigt. 28 Da fragten sie
ihn: Was müssen wir tun, um die Werke Gottes zu vollbringen? 29 Jesus
antwortete ihnen: Das ist das Werk Gottes, dass ihr an den glaubt, den
er gesandt hat. 30 Sie sagten zu ihm: Welches Zeichen tust du denn, damit
wir es sehen und dir glauben? Was für ein Werk tust du? 31 Unsere Väter
haben das Manna in der Wüste gegessen, wie es in der Schrift heißt: Brot
vom Himmel gab er ihnen zu essen. 32 Jesus sagte zu ihnen: Amen, amen,
ich sage euch: Nicht Mose hat euch das Brot vom Himmel gegeben, son-
dern mein Vater gibt euch das wahre Brot vom Himmel. 33 Denn das Brot,
das Gott gibt, kommt vom Himmel herab und gibt der Welt das Leben.
34 Da baten sie ihn: Herr, gib uns immer dieses Brot! 35 Jesus antwortete
ihnen: Ich bin das Brot des Lebens; wer zu mir kommt, wird nie mehr
hungern, und wer an mich glaubt, wird nie mehr Durst haben.

„Amen, amen, ich sage euch: Ihr sucht mich nicht, weil ihr Zeichen gesehen habt, sondern weil ihr von den Broten gegessen habt und satt geworden seid." Diesen Satz hält Jesus den Menschen entgegen, die ihn am Tag nach der Brotvermehrung auf der anderen Seite des Sees in Kafarnaum aufspüren. „Suchen" ist auch das erste Wort Jesu im Johannesevangelium, als Frage an die beiden Johannesjünger gerichtet, die ihm folgten: „Was sucht ihr?" (Joh 1,38). „Suchen" meint in dieser Anfangsszene die religiöse Suche, die Sehnsucht nach Sinn und Erfüllung. Genau die spricht Jesus den Leuten ab, die ihm nach Kafarnaum nachfuhren. Diese Menschen waren bei der Brotvermehrung satt geworden. Was sie suchen, ist der volle Magen. Das doppelte „Amen" gibt dem Satz Jesu besonderes Gewicht und markiert ihn als Offenbarungswort. Von der religiösen Ebene ist diese Art von Suche weit entfernt. Satt zu sein scheint für die Leute in Kafarnaum schon die Antwort auf ihre Lebenssehnsucht zu sein. Dabei werden sie sich wie alle Menschen nach Glück und Erfüllung sehnen. Doch das besteht nach der Diagnose Jesu für sie lediglich in saturierter materieller Zufriedenheit – ein Trugschluss, den es bis heute gibt.

Ein geistiger, religiöser Mehrwert des Lebens kommt da nicht in den Blick. Auf den jedoch kommt es Jesus an. Er will ihnen Speise für das ewige Leben geben. Das Brot, das er ihnen am Tag zuvor geschenkt hatte, sollte ein Zeichen dafür sein, dass er den wahren Lebenshunger stillen will. Jesus lenkt deshalb ihren Blick von der äußeren Gabe auf den Geber: „Ich bin das Brot des Lebens; wer zu mir kommt, wird nie mehr hungern..." Er bringt etwas, was mehr ist als Brot, das den Leib sättigt. In seiner Person bringt er jedem Suchenden und der ganzen Welt Gott selbst nahe. Er repräsentiert die göttliche Weisheit. Es gilt, ihn als Symbol, als lebendiges Zeichen auf Gott hin, zu entdecken.

Das Johannesevangelium knüpft an die jüdische Weisheitstheologie an, die sich in Israel und in der Diaspora seit der Begegnung mit dem Hellenismus entwickelte. Nach den Eroberungen Alexanders des Großen (356-323 v.Chr.) befand sich dieses kleine Volk, das sich in einzigartiger Weise von Gott auserwählt wusste, in einem

Weltreich mit hoch entwickelter Wissenschaft, Infrastruktur und globalen Wirtschaftsbeziehungen, geprägt von verschiedenen Kulturen und religiösen Traditionen. Die aufgeschlossenen jüdischen Theologen sagten: Alle Weisheit dieser Welt ist schon wie ein Keim im Gesetz des Mose enthalten. Das war ein enormer Schritt, um den traditionellen Glauben neu zu deuten. Die Weisheitstheologie entwickelte sich als Antwort auf die Herausforderungen einer neuen Zeit.

Am Übergang vom dritten zum zweiten Jahrhundert war Jesus Sirach ein solcher Weisheitslehrer. Die Weisheit galt in seiner Theologie als die der Welt zugewandte Seite Gottes. Sie durchwaltete die ganze Schöpfung. Oft nahm sie personale Züge als Frau Weisheit an und lud ein: „Kommt zu mir, die ihr mich begehrt und ihr sättigt euch an meinen Früchten" (Sir 24,19). „Die mich essen, werden noch hungern, die mich trinken, werden noch durstig sein" (Sir 24,21). Nach jüdischer Weisheitstheologie stillt das Gesetz nur bedingt den Lebenshunger und -durst. Es bleibt ein ungestilltes Verlangen zurück, denn letzte Sättigung bringt das Gesetz nicht. Die innerste Sehnsucht des Menschen kann nur Gott selbst erfüllen.

Johannes greift das Motiv des Essens der Weisheit Gottes auf, steigert und verdichtet es in der Person Jesu: „Ich bin das Brot des Lebens; wer zu mir kommt, wird nie mehr hungern, und wer an mich glaubt, wird nie mehr Durst haben." Das ist ein atemberaubender Anspruch! Das Bild besagt: Allein die Beziehung zu Jesus kann alle religiöse Sehnsucht erfüllen. Allein der Glaube an ihn stillt den Lebenshunger und -durst. Damit stellt sich jedoch nicht automatisch und auf Dauer ein Gefühl des Glücks ein, zumal Gott nicht einfach der Zielpunkt unserer Wünsche oder Vorstellungen ist. Er ist oft anders als wir ihn uns wünschen.

Der Gott Israels führte z. B. das auserwählte Volk in die Wüste. Da machten sich immer wieder Murren und Überdruss breit. Der Auszug aus Ägypten war ein Ausbruch aus der Sklaverei in die Freiheit. Die Verheißungen Gottes beflügelten die ersten Schritte, doch die Mühen und Entbehrungen des Weges zermürbten die anfängliche Begeisterung. Auch Mose, Anführer und Mittlergestalt des Volkes, vermisste oft schmerzlich den Trost Gottes. Er selbst sah das Land der Verheißung nur von ferne. Die gesamte jüdische Bibel beschreibt das Leben als Weg in ein verheißenes Land. Im Vollsinn wurde es nie erreicht. Der Exodus war im Land Israel nicht einfach vollendet. Nach der Sesshaftwerdung klagten die Propheten ein, dass die soziale Ordnung in Israel den Verheißungen und Weisungen Gottes widersprach. Christen und Juden sind bis heute unterwegs durch die Geschichte wie seinerzeit das pilgernde Gottesvolk in der Wüste. Das „Gelobte Land" ist ein Ziel, das über diese Welt hinausreicht.

Gottes Verheißungen blitzen jedoch in unseren Herzen immer wieder auf. Manchmal spüren wir, wie sich erfüllte Verheißung anfühlt: Wir können das Erfülltsein vom Geist Gottes gleichsam schmecken und kosten. Wir fühlen uns gestärkt und wie neugeboren und finden als Menschen wirklich zueinander. Wir sind eine „neue Schöpfung" (vgl. 2 Kor 5,17). Eine Ahnung von universeller Einheit steigt in uns auf. Solche Erfahrungen von wirklichem inneren Sattsein lassen uns die Verblendungen verkürzter Lebenskonzepte durchschauen. Wir erkennen, dass wir nicht einfach der Vergänglichkeit und Nichtigkeit unterworfen sind, nicht bloß der Spielball unserer Emotionen und Begierden.

Solche erfrischend neuen Lebenserfahrungen waren das Erfolgsrezept für die Verbreitung des christlichen Glaubens im Römischen

Reich. Das Christentum ist groß geworden als „neuer Weg" (vgl. Apg 9,2), als Lebenslehre. Im 4. Jahrhundert wurde es mit dem Sieg Konstantins mehr und mehr zur Staatsreligion. Die Kaiser achteten darauf, dass das Reich durch den einen Glauben zusammengehalten wurde. Schon Konstantin mischte sich massiv in innerkirchliche Belange und Lehrstreitigkeiten ein. So bekam das Christentum eine Schlagseite hin zur Überbetonung der Lehre. Im Grunde stehen wir noch immer im langen Schatten dieser Entwicklung. Die christliche Wahrheit wird an bestimmten Sätzen, an dogmatischen Formeln festgemacht. Wer diese nicht teilt, gehört nicht dazu und muss hinausgedrängt oder ausgeschaltet werden. Keine Frage: Der Glaube muss auch ein sprechender, intellektuell redlicher Glaube sein. Jede Sprache braucht eine Grundgrammatik, sonst kann man sich nicht verständigen. Eine dogmatische Fundierung ist darum notwendig und sinnvoll. Doch welche Bedeutung kommt dem darauf beruhenden Gedankengebäude zu? Die Ausdrucksformen sind immer wandelbar und dem Wechsel der Zeit und der jeweiligen Kultur unterworfen.

Es gab und es gibt in der Katholischen Kirche viele unterschiedliche Richtungen und Gruppierungen. Das ist in sich kein Problem. Nach dem letzten Konzil haben sich jedoch ganze Gruppen innerlich abgewandt oder sich gar getrennt. Die Geschichte des Christentums ist auch eine Geschichte der verlorenen Einheit im Namen einer anderen Lehre. Es bräuchte auch heute Leute wie den weisen Lehrer Gamaliel im Hohen Rat von Jerusalem. Im heftigen Streit um die Jesusanhänger empfahl der weise Mann seinen Kollegen, diese innerjüdische Bewegung nicht auszugrenzen oder zu verfolgen. Auf Dauer werde sich schon zeigen, ob das Ganze von Gott stamme oder nicht. Und gegen Gott sei Widerstand sinnlos (vgl. Apg 5,34-40). Mit dieser Gelassenheit und Geduld hätte man manche

Spaltung verhindern können! Das gelebte Leben, das Wachsen in Glaube, Hoffnung und Liebe entscheidet letztlich, was von Gott kommt oder nicht.

Die christliche Wahrheit ist eine Person, nämlich Jesus Christus. Eine lebendige Beziehung zu ihm führt uns in die Wahrheit und eröffnet uns mehr und mehr den Raum der Freiheit. Wie viele Energien sind in der Kirche durch Abwehrkämpfe gebunden! Gleichzeitig entfremden sich immer mehr Menschen vom kirchlichen Leben. Viele suchen in der Esoterik, im Buddhismus, in Natur- oder selbst gebastelten Religionen nach Hilfe für ein erfülltes Leben. Die Frage muss uns umtreiben, wie die Menschen von heute in einer vernetzten Welt, geprägt von Wissenschaft und säkularem Denken, etwas von dem großen Schatz christlicher Spiritualität erahnen können, um dann nach ihm zu suchen.

Die erste Begegnung Jesu mit beiden Jüngern kann weiterhelfen (vgl. Joh 1,35-39). Auf seine Frage „Was sucht ihr?" fragen die beiden zurück: „Wo wohnst du?" Mit der Aufforderung „Kommt und seht!" lädt Jesus Andreas und den ungenannten Zweiten zu sich ein. „Es war um die zehnte Stunde", wird hier nur knapp angedeutet. Dahinter verbirgt sich ein ganz und gar erfüllter Augenblick, eine Begegnung, die das Leben der Jünger restlos verändern wird. Sie hatten den gefunden, der als Sehnsuchtsgestalt Israels erwartet wurde. Sie wurden „satt" bei einem, der ihnen ewiges Leben vermittelte, der sie durch seine Lebensart mit überirdischem Brot nährte.

Dem Kirchenvater Cyrill von Alexandrien wird das Wort zugeschrieben: „Wenn ich einen zum Christen machen will, lasse ich ihn bei mir wohnen." Diese Anregung kann jeder aufgreifen. Wenn wir wie Jesus Menschen bei uns aufnehmen, in der „Wohnung unserer Augen“, im „Haus unserer Worte“, im „Raum unserer Gesten“, in der innersten „Kammer unseres Herzens“, dann spüren andere intuitiv: In meinem Gegenüber lebt etwas, wonach auch ich mich sehne. Wir reichen anderen durch unsere Zuwendung das Brot des Lebens. Wir leben voneinander! Mehr als wir uns oft eingestehen, sind wir uns gegenseitig Nahrung zum Leben. Wenn viele Christen heute so lebten, dann wäre mir um die Zukunft der Kirchen und des Christentums nicht bange.

CHRISTLICHER GRUNDRITUS

Joh 6, 51-58

Jesus sprach: [51] Ich bin das lebendige Brot, das vom Himmel herabgekommen ist. Wer von diesem Brot isst, wird in Ewigkeit leben. Das Brot, das ich geben werde, ist mein Fleisch für das Leben der Welt. [52] Da stritten sich die Juden und sagten: Wie kann er uns sein Fleisch zu essen geben? [53] Jesus sagte zu ihnen: Amen, amen, ich sage euch: Wenn ihr das Fleisch des Menschensohnes nicht esst und sein Blut nicht trinkt, habt ihr das Leben nicht in euch. [54] Wer mein Fleisch isst und mein Blut trinkt, hat das ewige Leben und ich werde ihn auferwecken am Jüngsten Tag. [55] Denn mein Fleisch ist wahrhaft eine Speise und mein Blut ist wahrhaft ein Trank. [56] Wer mein Fleisch isst und mein Blut trinkt, der bleibt in mir und ich bleibe in ihm. [57] Wie mich der lebendige Vater gesandt hat und wie ich durch den Vater lebe, so wird jeder, der mich isst, durch mich leben. [58] Dies ist das Brot, das vom Himmel herabgekommen ist. Es ist nicht wie das Brot, das die Väter gegessen haben, sie sind gestorben. Wer aber dieses Brot isst, wird leben in Ewigkeit.

Je näher die große Brotrede in der Synagoge von Kafarnaum dem Ende zustrebt, desto deutlicher werden die eucharistischen Bezüge. Jesus mutet seinen Landsleuten und auch uns mit seinen zugespitzten Sätzen einiges zu: Menschenfleisch essen und Menschenblut trinken! Das klingt nach Kannibalismus. Da schreckt jeder zurück, weil ein tiefsitzendes Tabu verletzt wird. Vermutlich sind wir schon zu sehr an diese Texte gewöhnt. Ihre Provokation fällt uns gar nicht mehr auf. – Warum eigentlich drückt sich das Johannesevangelium so provokativ und drastisch aus? Verbinden wir diese Frage mit einer zweiten: Warum verliert Johannes bei der Schilderung des Letzten Mahles Jesu im 13. Kapitel kein Sterbenswörtchen über Jesu Neudeutung des Brotes und des gemeinsamen Kelches auf seinen Leib und sein Blut hin? Wo er doch im 6. Kapitel so deutlich darauf Bezug nimmt!

Gehen wir zunächst der Frage nach, warum der vierte Evangelist eine solch drastische Ausdruckweise wählt: sein „Fleisch essen", sein „Blut trinken". Alles, was Jesus sagt oder tut, ist Ausdruck seiner Grundbotschaft. Sie lautet: Das Reich, die Königsherrschaft Gottes ist so nahe, dass sie hier und jetzt durch meine Verkündigung erfahrbar wird. Jesus war weniger ein Wort- als vielmehr ein Zeichenprophet. Eines der wichtigsten Zeichen war für ihn das gemeinsame Mahl. Die Jesusmähler in Galiläa waren offenbar fröhliche Feste von spürbarer Gottesnähe. Gelöst und heiter feierte man das Miteinander als Volk Gottes, zu dem auch die Ausgegrenzten und Sünder gehören sollten. Wenn alle etwas zum gemeinsamen Mahl beitrugen, dürfte meist noch viel übriggeblieben sein. Diese Mähler mit dem Rabbi Jesus waren prophetische Zeichen, die zum Ausdruck brachten: Gott ist in unserer Mitte, wir feiern im Miteinander seine Gegenwart und die Vollendung bei ihm wird wie ein Festmahl mit feinsten Speisen und edelsten Weinen sein (vgl. Jes 25,6).

Das Letzte Mahl Jesu mit den Jüngern steht in dieser Folge der Jesusmähler, doch lag über ihm nicht nur eine heitere, gelöste Stimmung. Jesus spürte und wusste, was bald auf ihn zukommen wird. Die Jünger ahnten vermutlich nur, dass etwas Besonderes bevorstand. Nach Johannes hat Jesus, was wohl historisch zutrifft, kein Paschamahl gefeiert, sondern ein Freundschaftsmahl. Nach griechischer Sitte lag man in kleinen Gruppen bequem um niedrige Beistelltische. Äußerlich ging es wohl locker zu, doch über diesem Mahl schwebte ein ahnungsvoller Ernst. Am Abend vor dem

Paschafest deutet Jesus im engsten Kreis die von ihm verkündete Nähe Gottes ganz neu. Er nimmt Bezug auf das, was am nächsten Tag im Tempel geschehen wird: Die Lämmer für das Paschamahl werden geschlachtet. Er setzt beim Mahl einen unblutigen Gegenritus, indem er sagt: Das Brot, das ich breche, ist – mein Leib, den ich hingebe als Zeichen des erneuerten Bundes! Dieser Kelch, den wir miteinander teilen, ist – der Neue Bund in meinem Blut. Mit dieser Zeichenhandlung verweist Jesus auf seinen Tod und auf das Mahl der Vollendung. Im Gegensatz zum Schlachten der Lämmer im Tempel deutet er mit einem ganz und gar unblutigen Ritus seinen eigenen Opfertod.

Damit befinden wir uns in einer extremen Spannung: In einem freundschaftlichen Miteinander wird durch Brot und Wein ein grausames, aber freiwilliges Menschenopfer vorweggenommen und gedeutet. Wenige Jahre später hat sich in der jungen Jesusbewegung durchgesetzt, dass man das „Herrenmahl" an jedem Sonntag, dem ersten Tag der jüdischen Woche, als Todesgedächtnis feierte. Wie kann man einen Tabubruch, nämlich ein Menschenopfer, in einem Ritus feiern, der sich Woche für Woche wiederholt? Tabus kann man nicht ständig brechen, sonst verlieren sie ihre provokative Wirkung.

Für die ersten Christen waren Passion und Auferstehung Jesu die Grundbotschaft. Es war der dramatische Höhepunkt seines ganzen Lebens. Die Erinnerung an die Passion wurde schon bald nach dem Geschehen schriftlich festgehalten und überliefert. Die Neudeutung des jüdischen Pascha wurde für die Christen zusammen mit der Taufe zum Grundritus ihrer eigenen Gemeinschaft, die sich im Laufe der Jahrzehnte immer mehr zu einer eigenen Religion entwickelte. Die anderen Evangelien übernahmen deshalb die Pascha-Metaphorik auch für das Letzte Mahl Jesu. Auch Johannes spielt auf das Pascha an, besonders beim Tod Jesu: Er wird gekreuzigt und stirbt genau zu dem Zeitpunkt, an dem die Lämmer im Tempel geschlachtet werden, am Nachmittag vor dem Paschaabend, unserem Karfreitag. Halten wir fest: Das neue christliche Pascha wird gefeiert, weil es der Höhepunkt des Lebens Jesu und die rituelle Mitte der urchristlichen Gemeinden war. Es ist im Vollzug ein völlig unblutiger Ritus mit den alltäglichen Gaben von Brot und Wein, aber es vergegenwärtigt ein blutiges, jedoch freiwilliges Menschenopfer.

Doch diese rituelle Feier erinnert nicht nur die christliche Grunderzählung, sie behandelt auch die Grunddramatik des Menschseins: In uns Menschen steckt als genetischer Code ein tiefsitzender Egoismus mit der Neigung zur Gewalt. In uns lebt jedoch auch eine Ahnung, dass Liebe und Hingabe die stärkeren Grundkräfte im Menschen sind. Als Teil der Natur funktioniert auch die Menschheit nach dem Gesetz von „Fressen und Gefressenwerden". Die blutige Spur von Gewalt, Terror und Krieg spricht eine deutliche Sprache, doch werden auch im normalen Alltag Menschen auf subtile Weise zugrunde gerichtet. Allerdings sehen wir auch leuchtende Zeichen dafür, dass die Spirale von Gewalt und Egoismus durchbrochen wird. Der Mensch trägt in sich diese „zwei Seelen": Ichzentriertheit und Ausrichtung auf das Du, Egoismus und Altruismus. Im positiven Sinn sollte sich beides ergänzen: Denn nur ein autonomes Ich ist fähig zu Liebe und Hingabe.

Die Dramatik der Entscheidung für das wahre Leben wird meines Erachtens in den zugespitzten Formulierungen von „Fleisch essen" und „Blut trinken" hervorgehoben, und zwar von einem, der sich freiwillig ausgeliefert und sein Leben als versöhnendes Opfer dargebracht hat. Jesus wollte den grausamen Hang zur Gewalt im Menschen umcodieren. Durch seinen blutigen Opfertod wollte er Zeugnis geben für das ursprüngliche Bild des Menschen nach dem Willen des Schöpfers: Der Mensch sollte „Brot" sein für andere und den Wein der Freude miteinander teilen. Die ersten Christen feierten die Gemeinschaft der Freien und Gleichen, über Standesunterschiede und ethnische Grenzen hinweg. In der autoritären, von Gewalt geprägten Gesellschaft der Spätantike, die sich mehr und mehr zur Militärdiktatur entwickelte, setzten sie so ein Zeichen, dass eine andere, gerechte, menschliche Welt möglich ist. Sie beriefen sich dabei auf einen Menschen, der wie kein anderer Gott der Welt nahegebracht hatte: durch sein Leben, Leiden und Sterben.

Wohl deshalb wählt Johannes diese drastischen Formulierungen, dass man das Fleisch dieses exemplarischen Menschen immer wieder essen und sein Blut trinken muss, damit in den Glaubenden die Kräfte gestärkt werden, die in einer Welt der Gewalt Gegenakzente der Liebe, der Versöhnung und Einheit setzen. Wer so zu leben versucht, ist mit Christus auferstanden, weil er die Mechanismen der Todeswelt hinter sich gelassen hat. Die ersten Christen wollten Hoffnungszeichen für den Sieg des Lebens über alle Todesmächte sein.

In den johanneischen Gemeinden war man sich bewusst, dass die Feier des Herrenmahles ihren Ursprung im Letzten Mahl Jesu hatte. An jedem ersten Wochentag wurde die Stiftung dieses Ritus gefeiert. Warum dann bei der Schilderung im 13. Kapitel kein explizites Stiftungsgedächtnis? Warum werden die „Einsetzungsworte", wie wir sagen, nicht erwähnt? – Weil Johannes in der Symbolhandlung der Fußwaschung alles zusammenfassen wollte, was das Leben

Jesu ausmachte: Dass es allein auf die Liebe bis zum Letzten ankommt und dass sich diese Liebe als konkreter, alltäglicher Dienst bewähren und bewahrheiten muss (vgl. Joh 13,1-5). Alles andere ist zweitrangig. Durch das nicht explizit erwähnte Stiftungsgedächtnis soll zum Ausdruck kommen: Der allen bekannte Ritus des Herrenmahls ist nur dann sinnvoll, wenn als Frucht daraus echte Dienstgesinnung erwächst. Religiöse Vollzüge haben die Tendenz, sich selbst zu genügen, in sich zu kreisen als heiliges Schauspiel. Symbolische Handlungen mit Transzendenzbezug haben etwas Faszinierend-Erhebendes. Doch die eigentliche „Liturgie" findet im normalen Leben statt, im schlichten Dienst für andere mitten im gewöhnlichen Alltag. Das will der vierte Evangelist durch diese Auslassung wohl betonen.

Schon die alttestamentlichen Propheten hatten das rein Kultische scharf kritisiert und zum Ausdruck gebracht: Wenn nicht die Gerechtigkeit regiert, macht der Kult keinen Sinn. Gott will diese Art von Opfer nicht, er verabscheut sie geradezu. „Denn an Liebe habe ich Gefallen, nicht an Schlachtopfern, an Gotteserkenntnis, nicht an Brandopfern" (Hos 6,6). Auch Paulus geht es um einen „geistigen Gottesdienst", in dem die Christen sich selbst „als lebendiges, heiliges und Gott wohlgefälliges Opfer darbringen" (vgl. Röm 12,1). Die Hingabe im Alltag entscheidet, ob wir im Sinne Jesu Liturgie feiern. Dem Menschensohn folgen bedeutet: sich hinabbeugen, jedem, besonders den Kleinen, Schwachen und Armen, auf Augenhöhe begegnen und ohne großes Aufheben täglich ein Mensch für andere sein. Dienst ist die christliche Formel für Liebe.

Der johanneische Christus muss sich im 6. Kapitel so drastisch ausdrücken, weil wir in einer Welt leben, die meist anderen Mustern folgt, als er es uns vorgelebt hat. Seine Gesinnung wird im 13.

Kapitel durch die Fußwaschung in einem sehr sinnenfälligen Zeichen vor Augen geführt. Die Einleitung „Es war vor dem Paschafest" (Joh 13,1) nimmt Bezug auf den jüdischen Grundritus, den Jesus durch seine Hingabe am Kreuz neu deutete. „Jesus wusste, dass seine Stunde gekommen war, um aus dieser Welt zum Vater hinüberzugehen. Da er die Seinen liebte, liebte er sie bis zur Vollendung" (Joh 13,1). Die Fußwaschung und der nachfolgende Kreuzestod sind Zeichen der „verrückten" Liebe Gottes, die Jesus vorlebte und die er den Seinen ans Herz legte: „Ich habe euch ein Beispiel gegeben, damit auch ihr so handelt, wie ich an euch gehandelt habe" (Joh 13,15).

Die regelmäßige Eucharistie hat das Ziel, dass sich die Feiernden immer mehr dem Vorbild Jesu angleichen: einander zu dienen – im Ernstfall bis zur Hingabe des eigenen Lebens. Die regelmäßige Feier der Eucharistie soll in uns den tief sitzenden Egoismus aufbrechen. Deshalb legt Johannes so großen Wert auf das Zeichen der Fußwaschung im liturgischen Kontext und darum stellt er im 6. Kapitel so drastisch als Ziel des christlichen Glaubens heraus: Dass uns die Gesinnung Jesu mehr und mehr in Fleisch und Blut übergeht und wir in seinem Geist als auferstandene, als „neue Menschen" leben.

SPRUDELNDER LEBENSQUELL

Joh 7, 37-39

[37] Am letzten Tag des Festes, dem großen Tag, stellte sich Jesus hin und rief: Wer Durst hat, komme zu mir und es trinke, [38] wer an mich glaubt! Wie die Schrift sagt: Aus seinem Inneren werden Ströme von lebendigem Wasser fließen. [39] Damit meinte er den Geist, den alle empfangen sollten, die an ihn glauben; denn der Geist war noch nicht gegeben, weil Jesus noch nicht verherrlicht war.

Die Pfingsterzählung der Apostelgeschichte schildert, wie der Heilige Geist mit der Wucht einer Naturgewalt hereinbricht: mit Getöse, Brausen und in Sturm und Feuer. Diese Bilder stehen für Hin- und Mitgerissensein, für lodernde Begeisterung, für Enthusiasmus pur. Dafür dient als Metapher die Urgewalt der Natur. Doch die heutigen Verse aus dem Johannesevangelium stellen uns ein ganz anderes Bild für den Geist vor Augen. Jesus sagt über den geisterfüllten Menschen: „Aus seinem Inneren werden Ströme lebendigen Wassers fließen." Da rauscht kein Wildbach, kein Getöse eines Wasserfalls ist zu hören, vielmehr strömt der Geist wie aus einer stillen, sprudelnden Quelle: Das Bild einer sanften Wellenbewegung, die sich uns mitteilen will, tut sich vor uns auf. Diese Metapher ruft eine völlig andere Stimmung hervor als in der Pfingsterzählung. Und beide gegenläufigen Bilder stehen für ein und denselben Geist!

Unsere Szene spielt auf dem Tempelareal in Jerusalem am letzten Tag des Laubhüttenfestes. Bei diesem Herbstfest dankte Israel für die Ernte des Jahres. Gleichzeitig erinnerte man sich an den Zug durch die Wüste. Die Leute wohnten wieder in Zelten auf den

Dächern der Häuser. Sie aßen und schliefen sieben Tage lang in „Hütten". Den Abschluss des Festes bildete der „große Tag", auf den sich unser Evangelientext bezieht. An diesem Tag formierte sich am Fuß der Davidstadt eine Prozession. Beim Teich Schiloach schöpfte man Wasser und zog damit hinauf zum Tempel. Der Altar wurde umschritten und das mitgebrachte Wasser wurde als Opfer ausgegossen. Jeder schriftkundige Jude fühlte sich dabei an die Tempelvision des Propheten Ezechiel erinnert. Dieser Prophet und Priester wurde im Babylonischen Exil, also in weiter Ferne von Jerusalem, von einer Vision gepackt, die ihm vor Augen führte, dass anstelle des zerstörten Tempels ein neuer Tempel entstehen würde, von dem Ströme lebendigen Wassers ausgehen würden, die das unfruchtbare, salzige Land bis hin zum Toten Meer in eine blühende Oase verwandelten (vgl. Ez 47,1-12).

An diese Vision knüpft Johannes an. Jesus steht auf dem Tempelareal und sagt: „Wer Durst hat, der komme zu mir, und es trinke, wer an mich glaubt!" Jesus selbst ist die neue Tempelquelle. Der Ausgangspunkt des Geistes ist in diesem Fall nicht eine Naturkraft, die Menschen überraschend ergreift und packt, sondern eine konkrete Person mit einem unverwechselbaren Antlitz. Die Worte und wohl auch die Gestik Jesu laden ein, sich in Freiheit auf ihn einzulassen, um in ihm die Wahrheit einer alten Verheißung zu entdecken.

Kräfte, die den Menschen packen und mitreißen, gibt es bis heute, vom Rockkonzert bis hin zu politischen Ideologien. Doch Begeisterungswellen, die oft geschickt inszeniert sind, tragen die große Gefahr in sich, dass der Einzelne als freier Mensch nahezu bedeutungslos wird. Man ist z. B. im Fußballstadion nur noch ein Teil der großen La-Ola-Welle. Es kann sehr verlockend sein und geradezu ekstatisch wirken, mit einer großen Masse von Menschen zu verschmelzen. Wenn uns jedoch ein einzelner Mensch gegenübertritt, empfinden wir uns nicht als Teil einer riesigen Welle, sondern wir fühlen uns ganz persönlich angesprochen. Wir begegnen einem anderen Aug in Auge.

Jesus präsentiert sich auf dem Tempelberg als Individuum und ist als solcher der Quellgrund von Geisterfahrung. Man kann das angeführte Zitat aus der Schrift in einem doppelten Sinn lesen. „Aus seinem Inneren werden Ströme lebendigen Wassers fließen" kann bedeuten: Für den Glaubenden wird Jesus zum immerwährenden Quell lebendigen Wassers. Er ist der Spender des Geistes. Die zweite Lesart: Aus dem Inneren des Glaubenden werden Ströme lebendigen Wassers fließen. So sagte es Jesus der Samariterin am Jakobsbrunnen: „Wer aber von dem Wasser trinkt, das ich ihm geben werde, wird niemals mehr Durst haben; vielmehr wird das Wasser, das ich ihm gebe, in ihm zu einer Quelle werden, deren Wasser ins ewige Leben fließt" (Joh 4,14). Der Evangelist liebt das Spiel mit Doppelsinnigkeiten.

Was Johannes hier anspricht, kennen wir aus eigenen und fremden Liebesgeschichten. Im Verliebtsein fliegt man auf den anderen zu und sagt dem geliebten Menschen: Du und nur du bist für mich der Lebensquell, der Quell meiner ganzen Freude! Ich lebe nur für dich und durch dich! Wer dabei seine Autonomie aufgibt, für den wird irgendwann die Quelle austrocknen. Die Enttäuschung ist schon vorprogrammiert. Ein anderer Mensch kann nie alleiniger Lebensquell sein, es sei denn, dass im Maße der Einheit mit einem Du das eigene Ich an Stärke und Eigenständigkeit zunimmt. Erst mit wachsender Autonomie auf beiden Seiten sind reife Liebe und gereifter Glaube möglich.

Jesus lädt in unserer Szene ein, an ihn als unerschöpflichen Quell lebendigen Wassers zu glauben, und fordert uns gleichzeitig auf, diesen Quell in uns selbst zu entdecken. Erst dann sind wir im Vollsinn Christen, wenn wir aus uns heraus weitergeben, was Christus in uns an Lebenskraft geweckt hat. Erst dann reichen wir dürstenden oder gar ausgebrannten Seelen das Wasser des Lebens. Wir sind gesandt, die Welt mitzuerlösen und wie Christus andere zu animieren, die geheimnisvolle Lebenskraft des Geistes im eigenen Innern aufzuspüren. Solche Geisterlebnisse geschehen leise und sind doch von sanft bezwingender Energie. Das Du-auf-Du mit Christus, ein Leben lang gepflegt, kann in uns jenen Tiefenquell freilegen, aus dem das sprudelnde Wasser des Geistes hervorquillt.

Das Laubhüttenfest verband den Dank für die Ernte des Landes mit der Erinnerung an den Wüstenzug. Das Volk sollte im Wohlstand des verheißenen Landes nicht vergessen: Wir waren in der Wüste am Verdursten, da schlug Mose an den Felsen und es sprudelte Wasser hervor. Dass aus hartem Gestein lebenspendendes Nass entspringt, dass Dürre sich unerwartet in Fülle verwandelt, ist eine Erfahrung des Geistes. Die zarte, bezwingende Macht des Geistes zeigt sich besonders in Umschlagserlebnissen. Das Wunder der Verwandlung schwingt auch im Bild von Jesus als neuer Tempelquelle mit. Solche Wunder geschehen ganz ohne unser Zutun. Aber wie können wir dem Wunder die Bahn bereiten? Die Frage richtet sich an jeden von uns, denn Geisterfahrung ist etwas sehr Persönliches.

Hast du schon einmal gebetet und das Gebet durchgehalten, auch wenn es furchtbar trocken war? Bist du drangeblieben an der Hinwendung zu Gott, auch wenn du den Eindruck hattest, ich kann und mag nicht beten? Vielleicht stellst du gerade nach einer harten, scheinbar fruchtlosen Gebetszeit im Lauf des Tages fest, dass eine innere Kraft dich trägt und dir Überraschendes gelingt! Hast du schon einmal verziehen, wo du den Eindruck hattest, meine Versöhnungsbereitschaft stößt auf taube Ohren und verschlossene Herzen, und hast du trotzdem an der Bereitschaft zu vergeben festgehalten? Hast du schon einmal einen kleinen Akt, eine Geste der Liebe gewagt, auch wenn dich überhaupt keine Woge der Begeisterung getragen hat? Einfach aus der tiefen Überzeugung heraus, dass du jetzt so handeln musst?

Wenn wir das alles versucht haben und immer neu versuchen, dann können wir erfahren: Selbst aus hartem Felsen kann das Wasser des Geistes sprudeln. Diese Geisterfahrung ist uns allen verheißen und zugesagt. Manchmal kommt der Geist Gottes mitreißend und lodernd daher und packt uns! Manchmal nähert er sich uns mit sanft bezwingender Kraft, die sich anfühlt wie ein Geschenk aus der Stille. Dieser geheimnisvolle Zuwachs an Geisteskraft wirkt weiter in unserem Leben. Geisterfahrung kann auch die Beigabe echter Begegnungen sein: mit Menschen, die uns Lebensmut spenden oder denen wir wie ein Lebensquell sind. Immer dort, wo in unserer menschlichen Armut die Fülle Gottes hervorbricht, unsere Schwäche sich in Stärke, wo unsere Traurigkeit sich in Freude wandelt, da ist ein und derselbe Geist am Werk. Dieser Geist durchwaltet alles. Er wirkt hin auf das große Ziel, dass einmal der eine Gott in allen und in allem ist.

FEINGEFÜHL UND BARMHERZIGKEIT

Joh 8, 1-11

[1] Jesus ging zum Ölberg. [2] Am frühen Morgen begab er sich wieder in den Tempel. Alles Volk kam zu ihm. Er setzte sich und lehrte es. [3] Da brachten die Schriftgelehrten und die Pharisäer eine Frau, die beim Ehebruch ertappt worden war. Sie stellten sie in die Mitte [4] und sagten zu ihm: Meister, diese Frau wurde beim Ehebruch auf frischer Tat ertappt. [5] Mose hat uns im Gesetz vorgeschrieben, solche Frauen zu steinigen. Was sagst du? [6] Mit diesen Worten wollten sie ihn auf die Probe stellen, um einen Grund zu haben, ihn anzuklagen. Jesus aber bückte sich und schrieb mit dem Finger auf die Erde. [7] Als sie hartnäckig weiterfragten, richtete er sich auf und sagte zu ihnen: Wer von euch ohne Sünde ist, werfe als Erster einen Stein auf sie. [8] Und er bückte sich wieder und schrieb auf die Erde. [9] Als sie das gehört hatten, ging einer nach dem anderen fort, zuerst die Ältesten. Jesus blieb allein zurück mit der Frau, die noch in der Mitte stand. [10] Er richtete sich auf und sagte zu ihr: Frau, wo sind sie geblieben? Hat dich keiner verurteilt? [11] Sie antwortete: Keiner, Herr. Da sagte Jesus zu ihr: Auch ich verurteile dich nicht. Geh und sündige von jetzt an nicht mehr!

Diese Szene ist eine der bewegendsten Stellen im Neuen Testament. Der Text lässt offen, was Jesus auf den Boden schreibt und warum er das tut. Dennoch wüssten wir gerne: Warum gerade diese Geste und was hat er da geschrieben? Darüber wollen wir nachdenken.

Werfen wir zunächst einen Blick auf den Hergang der Szene: Sie spielt auf dem großen Plateau des Tempelbergs, vielleicht irgendwo in einer Ecke. Ein jüdischer Rabbi saß, wenn er lehrte; hier auf einem Mäuerchen oder einfach auf der Erde. Um ihn herum scharen sich ein paar Leute. Da stürmt eine Männergruppe herbei und stellt eine Frau in die Mitte, die beim Ehebruch ertappt worden war. Jesus steht auf und zeigt den Männern seine „frons", seine Stirn. Er blickt sie wortlos an, erhascht einen Blick der Frau, die, in die Mitte geschubst, mit gesenktem Kopf dasteht. Jesus hat wohl in Sekundenschnelle die Lage erfasst, hat das Zittern der Frau und die scheinheilige Erregung der Männer wahrgenommen. Er durchschaut ihr falsches Spiel samt dem Kalkül, ihn bloßzustellen, um ihn ausschalten zu können.

Nach einem langen Blick auf seine Gegner geht er in die Hocke, bückt sich und schreibt mit dem Finger auf die Erde. Will er Zeit gewinnen, um zu überlegen, wie er aus der Falle herauskommt? Im Johannesevangelium steht das Wort Jesu: „Der Sohn kann nichts von sich aus tun, sondern nur, wenn er den Vater etwas tun sieht. Was nämlich der Vater tut, das tut in gleicher Weise der Sohn" (Joh 5,19). Jesus handelt nie ohne Zwiesprache mit dem Vater. So könnte er gebetet haben: Lieber Abba, ich habe in diese verzerrten Gesichter geschaut, habe gesehen, wie künstlich erregt sie taten. Es geht ihnen nicht um diese verschreckte Frau! Sie wollen mich vernichten! Vater, diese Frau hat mich panisch-hilfesuchend angeschaut. Das hat mich ins Herz getroffen. Was soll ich tun? Gib mir bitte die Worte in den Mund, um im Angesicht dieser gierigen Löwen das Richtige zu sagen! Jesus lässt sich diese Zeit, er hält inne und von innen her wächst ihm die Antwort zu.

Dann, so stelle ich es mir vor, richtet er sich langsam auf, nachdem er vorher der geballten Aggressivität seinen Rücken hingehalten, sich klein und wehrlos gemacht hatte. Jetzt steht er in voller Größe da und konfrontiert die Männer mit dem Satz: „Wer von euch ohne Sünde ist, der werfe als Erster einen Stein auf sie." Dann bückt er sich wieder und schreibt nochmals auf die Erde. Ich vermute, dieses erneute Schreiben muss etwas mit dem Wort zu tun haben, das er gerade den Männern entgegengehalten hat. Die Geste soll seine Worte durch eine Zeichenhandlung ausdeuten. Er hat diese Leute mit sich selbst konfrontiert, und zwar mit einer zentralen Dimension ihres Menschseins: mit ihrer eigenen Sexualität und dem scheinheiligen Spiel, das sie aufführten. Er hat sie gezwungen, innezuhalten und wieder auf seinen wehrlosen Rücken, auf die Erde und seine rätselhaften Schreibbewegungen zu schauen.

Wenn ein frommer Jude bewusst auf den Erdboden blickte, dann musste sich bei ihm die Erinnerung an die Schöpfungsgeschichte einstellen: Dass alle vom Erdboden genommen sind, dass die Menschen, ob Männer oder Frauen, allesamt „Erdklumpen" (hebr. adamáh = Adam) sind, denen Gott das Leben eingehaucht hat (vgl. Gen 2,4-7). Jesus will, so vermute ich, die aufgebrachten Männer an ihre erdenhafte Herkunft und vor allem an den Anhauch Gottes erinnern. Als Zeichenprophet führt er ihnen vor Augen: In euer Menschsein mit seinen Sehnsüchten, Grundtrieben und Emotionen ist die Handschrift Gottes eingeschrieben! Ihr seid „belebter Staub"! Ebenso wie diese Frau, die ihr hergeschleppt und vorgeführt habt! Jesus will den verzerrten Blick dieser aufgebrachten Männer auf ihr eigenes Mensch- und Geschaffensein lenken, das sie mit dieser Frau teilen. Er will das starre Wahrnehmungsmuster von gesetzlicher Buchstabenfrömmigkeit und klarer Sanktion gerade in Bezug auf Sexualität aufbrechen. Jesus weitet den Blick auf den ganzen Menschen hin. Er will diese Männer den Balken im eigenen Auge erkennen lassen und sie aus ihrer Blindheit sich selbst gegenüber herausführen.

Betrachten wir diesen Ansatz Jesu näher. Nach der Schöpfungsgeschichte ist dem Menschen als Mann und Frau von Gott die Sehnsucht nach Vereinigung und damit die sexuelle Urkraft ins eigene Wesen eingeschrieben. Mit „Sexualität" verbinden wir „Erregung", „Leidenschaft", „Ekstase". Alles ekstatische Erleben erhebt uns über Raum und Zeit und damit über uns selbst hinaus. Diese Ursehnsucht ist in uns Menschen hineingelegt. „Sexualität" im engeren Sinn meint die körperliche Liebe, die Vereinigung der Körper, in der letztlich die Entgrenzung des Ich auf das Du hin gesucht wird. Darin zeigt sich die Ursehnsucht nach der totalen Geborgenheit, wie sie beim Embryo im Mutterschoß als symbiotische Erfahrung grundgelegt ist. In der reifen Liebe kann es dagegen nicht mehr nur um Symbiose gehen. Hier begegnet ein abgegrenztes Ich einem anderen Ich. Sexuelles Erleben soll die Verbundenheit von zwei unverwechselbaren Individuen stärken: Ich werde mehr und mehr ich selbst, indem ich mich an ein Du in Liebe verschenke. Die Bibel nennt die körperliche Vereinigung treffend: einen anderen „erkennen". Das geliebte Du von Grund auf zu erkennen und dabei selbst von innen her erkannt zu werden, ist die schönste Frucht der Liebe.

Ein zentraler Aspekt ist die Unverfügbarkeit des sexuell-erotischen Erlebens. Die sprichwörtlichen Schmetterlinge im Bauch sind urplötzlich da. Sie regen sich, ohne dass man genau weiß und sagen kann, warum ist es gerade dieser Mann oder diese Frau ist, die einen fasziniert und nicht mehr loslässt. Die sexuelle Vereinigung mit einem geliebten Menschen wird zu einem herausgehobenen Gipfelerlebnis. Doch solche Empfindungen und Hochgefühle sind nie auf Dauer durchzuhalten. Niemand kann in einer Dauerekstase leben. Im sexuellen Erleben liegt eine Verheißung verborgen. Deshalb bindet man sich an den geliebten Menschen. All diese

Worte wie „Ekstase", Sehnsucht nach „Einheit" und „Geborgenheit", nach eigener „Identität", sich dem „Unverfügbaren" überlassen, einer „Lebensverheißung" folgen und sich dauerhaft für einen „Bund" mit einem Menschen entscheiden, haben sehr starke religiöse Anklänge. Sie zeigen uns, dass sich in der Sexualität Urmenschliches und Göttliches berühren. Deshalb ist es geboten, mit Feingefühl und Ehrfurcht an dieses Thema herangehen, zumal jeder Mensch in der Sexualität als reiner Hingabe seine verletzliche Seite offenbart.

Nicht von ungefähr zelebrierte man in antiken Religionen die „Heilige Hochzeit", was manchmal zu schnell als „Tempelprostitution" herabgewürdigt wurde. Das Sexuelle rührt an das Heilige. Missbrauch in Sachen Sexualität ist deshalb eine Schändung des Heiligen. Die Missbrauchskrise in unserer Kirche rückt diesen Sachverhalt in ein grelles Licht. Bei aller klaren Verurteilung von sexueller Gewalt sollten wir allerdings nie vergessen: Es gibt vielleicht keine komplexere Ausdruckshandlung als die sexuelle. Sexuelles Verhalten, auch Fehlverhalten, ist nie nur von außen zu beurteilen. Auch verändert sich die Ausgestaltung der Sexualität mit den Zeiten und Kulturen. In unserer westlichen Kultur haben wir in den vergangenen Jahrzehnten auf diesem Gebiet einen rasanten Wandel erlebt.

Bei der Generation meiner Eltern, beide Jahrgang 1921, konnte man als Kind und Jugendlicher den Eindruck gewinnen, als ob es nur Sünden im Sechsten Gebot gäbe. Das blieb so bis in die 50er Jahre, besonders in der Katholischen Kirche und in der religiösen Erziehung. Über diese verengte Sichtweise brach ab Mitte der 1960er Jahre die „sexuelle Revolution" herein. Auf einmal war alles möglich! Von den alten Verklemmtheiten sollte man sich emanzipieren! Die „freie Liebe", bis hin zu Sex mit Kindern, wurde ausgerufen! Wir wissen heute, welch schreckliche Verirrungen das zur Folge hatte. Zwei bis drei Jahrzehnte später, um die Jahrtausendwende, war Sex längst zum Konsumgut verkommen. Natürlich war eine „feste Beziehung" irgendwie hilfreich. Von einem Seitensprung nach dem anderen konnte man auf Dauer auch nicht leben. Neueste Untersuchungen bei Jugendlichen zeigen, dass die mit Sex und Porno überfütterte junge Generation wieder mehr echte Freundschaft und dauerhafte Liebe sucht, statt sich im freien Ausleben der Sexualität zu verbrauchen. Dabei ist neben dem allgemeinen kulturellen Wandel immer auch die persönliche Lebensgeschichte zu bedenken. Sexualität ist mit zwölf, mit zwanzig, mit fünfundvierzig oder fünfundsiebzig Jahren jeweils etwas sehr Unterschiedliches. Deshalb müsste man viel differenzierter darüber sprechen und nicht einfach alles mit dem pauschalen Wort „Sexualität" oder mit dem Schlagwort „Sex" zudecken.

In unserer Szene durchschaut Jesus die Komplexität von sexuellem Verhalten. Deutlich wird das in seinem Wort: „Auch ich verurteile dich nicht." Damit wird das Verhalten der Frau nicht einfach gutgeheißen. Allerdings wird sie in ihrer Würde ernst genommen und auf sich selbst und ihre zugrundeliegenden Motive verwiesen: „Geh und sündige von jetzt an nicht mehr!" In dieser Äußerung liegt Konfrontation und Ermutigung zugleich. Für Jesus gehören sexuelle und religiöse Urkraft zusammen. Sie sollten zur gegenseitigen Integration und Steigerung finden und so die personale Identität stärken. Für ihn ist Gott das von allen ersehnte „Du", das dem Menschen auch nach einem Fehlverhalten hilft, neu zu sich selbst zu finden und beziehungsfähig zu sein.

Angestoßen durch die Missbrauchsfälle muss unsere Kirche heute zukunftsfähige Wege suchen, wie eine verantwortete Sexualität, ein Miteinander von Männern und Frauen, eine „Spiritualität des Leibes“, die Menschen neu zum Glauben finden lässt. Die Zeit ist längst über viele kirchliche Gebote hinweggegangen. Es wären heute ehrliche Auswege aus kirchlichen Sackgassen zu suchen und Wege auf Zukunft hin zu bahnen. Dabei sollte man nicht von vorneherein jegliches Abweichen von der sexuellen Mann-Frau-Norm verurteilen, weil es anscheinend dem Schöpfungswillen Gottes widerspricht. Heutzutage ist dem kirchlichen Lehramt zu raten, auf wissenschaftliche Erkenntnisse und auf die konkreten Erfahrungen von Menschen zu hören und beides vom Gesamtsinn der Schrift her zu werten. Vor allem sollte man nicht offene Fragen der Sexualmoral zwingend mit dem Zentrum des Glaubens verbinden. Zurückhaltung bei Fragen der Sexualmoral wäre angesagt!

Der heilige Augustinus hat über unsere Szene eine bewegende Predigt gehalten. Der ehemalige Rhetoriklehrer, der die labyrinthischen Wege der erotischen Liebe kannte, beendete sie mit einem Wortspiel. Am Ende blieben zwei übrig: „misera et misericordia“, die Elende, Erbarmenswürdige, und das Erbarmen, die göttliche Barmherzigkeit. Das deutsche Wort „Barmherzigkeit“ schöpft aus dem gleichen Bildschatz wie das lateinische „misericordia“: Gott hat ein Herz, ein „cor“, mit der „misera“, mit dieser Frau, die sich „miserabel“ und elend fühlt. Im Namen Gottes hat sich Jesus in dieser Szene aufgerichtet, nachdem er zuvor seinen Rücken für die Erbarmenswürdige hingehalten hat. Frei stehend und mit konfrontierendem Blick auf die Gruppe der Männer hin sagte er das kraftvolle, entscheidende Wort: „Wer von euch ohne Sünde ist, der werfe als Erster einen Stein auf sie.“ Nach diesem Appell an die Ankläger, selbst barmherzig zu sein, geht er wieder in die wehrlose Geste nach unten. Er trifft seine Gegner an ihrer verletzlichsten Stelle. Sie fühlen sich in ihrem eigenen Menschsein angesprochen. Alles Sexuelle berührt den ganzen Menschen, besonders seine zarten und verwundbaren Seiten. In diesem Sinne sind wir alle „miser" oder „misera" und auf Gottes Erbarmen angewiesen. Diese Szene bei Johannes ermutigt uns, gerade auf dem sensiblen Gebiet der Sexualität mit dem barmherzigen Gott zu rechnen. In diesem Vertrauen können wir unser Lebensziel erreichen: mit Leib und Seele immer mehr Liebe werden!

GLAUBE AUS ERFAHRUNG

Joh 9, 1-41

1 Unterwegs sah Jesus einen Mann, der seit seiner Geburt blind war. 2 Da
fragten ihn seine Jünger: Rabbi, wer hat gesündigt? Er selbst oder seine Eltern, sodass er blind geboren wurde? 3 Jesus antwortete: Weder er noch seine
Eltern haben gesündigt, sondern die Werke Gottes sollen an ihm offenbar
werden. 4 Wir müssen, solange es Tag ist, die Werke dessen vollbringen, der
mich gesandt hat; es kommt die Nacht, in der niemand mehr wirken kann.
5 Solange ich in der Welt bin, bin ich das Licht der Welt. 6 Als er dies gesagt
hatte, spuckte er auf die Erde; dann machte er mit dem Speichel einen Teig,
strich ihn dem Blinden auf die Augen 7 und sagte zu ihm: Geh und wasch
dich in dem Teich Schiloach! Das heißt übersetzt: der Gesandte. Der Mann
ging fort und wusch sich. Und als er zurückkam, konnte er sehen. 8 Die
Nachbarn und jene, die ihn früher als Bettler gesehen hatten, sagten: Ist
das nicht der Mann, der dasaß und bettelte? 9 Einige sagten: Er ist es. Andere sagten: Nein, er sieht ihm nur ähnlich. Er selbst aber sagte: Ich bin es.
10 Da fragten sie ihn: Wie sind deine Augen geöffnet worden? 11 Er antwortete: Der Mann, der Jesus heißt, machte einen Teig, bestrich damit meine
Augen und sagte zu mir: Geh zum Schiloach und wasch dich! Ich ging hin,
wusch mich und konnte sehen. 12 Sie fragten ihn: Wo ist er? Er sagte: Ich
weiß es nicht. 13 Da brachten sie den Mann, der blind gewesen war, zu den
Pharisäern. 14 Es war aber Sabbat an dem Tag, als Jesus den Teig gemacht
und ihm die Augen geöffnet hatte. 15 Auch die Pharisäer fragten ihn, wie
er sehend geworden sei. Er antwortete ihnen: Er legte mir einen Teig auf
die Augen und ich wusch mich und jetzt sehe ich. 16 Einige der Pharisäer
sagten: Dieser Mensch ist nicht von Gott, weil er den Sabbat nicht hält.
Andere aber sagten: Wie kann ein sündiger Mensch solche Zeichen tun?
So entstand eine Spaltung unter ihnen. 17 Da fragten sie den Blinden noch
einmal: Was sagst du selbst über ihn? Er hat doch deine Augen geöffnet.
Der Mann sagte: Er ist ein Prophet. 18 Die Juden aber wollten nicht glauben, dass er blind gewesen und sehend geworden war. Daher riefen sie die
Eltern des von der Blindheit Geheilten 19 und fragten sie: Ist das euer Sohn,

von dem ihr sagt, dass er blind geboren wurde? Wie kommt es, dass er jetzt sieht? 20 Seine Eltern antworteten: Wir wissen, dass er unser Sohn ist und dass er blind geboren wurde. 21 Wie es kommt, dass er jetzt sieht, das wissen wir nicht. Und wer seine Augen geöffnet hat, das wissen wir auch nicht. Fragt doch ihn selbst, er ist alt genug und kann selbst für sich sprechen! 22 Das sagten seine Eltern, weil sie sich vor den Juden fürchteten; denn die Juden hatten schon beschlossen, jeden, der ihn als den Christus bekenne, aus der Synagoge auszustoßen. 23 Deswegen sagten seine Eltern: Er ist alt genug, fragt ihn selbst! 24 Da riefen die Pharisäer den Mann, der blind gewesen war, zum zweiten Mal und sagten zu ihm: Gib Gott die Ehre! Wir wissen, dass dieser Mensch ein Sünder ist. 25 Er antwortete: Ob er ein Sünder ist, weiß ich nicht. Nur das eine weiß ich, dass ich blind war und jetzt sehe. 26 Sie fragten ihn: Was hat er mit dir gemacht? Wie hat er deine Augen geöffnet? 27 Er antwortete ihnen: Ich habe es euch bereits gesagt, aber ihr habt nicht gehört. Warum wollt ihr es noch einmal hören? Wollt etwa auch ihr seine Jünger werden? 28 Da beschimpften sie ihn: Du bist ein Jünger dieses Menschen; wir aber sind Jünger des Mose. 29 Wir wissen, dass zu Mose Gott gesprochen hat; aber von dem da wissen wir nicht, woher er kommt. 30 Der Mensch antwortete ihnen: Darin liegt ja das Erstaunliche, dass ihr nicht wisst, woher er kommt; dabei hat er doch meine Augen geöffnet. 31 Wir wissen, dass Gott Sünder nicht erhört; wer aber Gott fürchtet und seinen Willen tut, den erhört er. 32 Noch nie hat man gehört, dass jemand die Augen eines Blindgeborenen geöffnet hat. 33 Wenn dieser nicht von Gott wäre, dann hätte er gewiss nichts ausrichten können. 34 Sie entgegneten ihm: Du bist ganz und gar in Sünden geboren und du willst uns belehren? Und sie stießen ihn hinaus. 35 Jesus hörte, dass sie ihn hinausgestoßen hatten, und als er ihn traf, sagte er zu ihm: Glaubst du an den Menschensohn? 36 Da antwortete jener und sagte: Wer ist das, Herr, damit ich an ihn glaube? 37 Jesus sagte zu ihm: Du hast ihn bereits gesehen; er, der mit dir redet, ist es. 38 Er aber sagte: Ich glaube, Herr! Und er warf sich vor ihm nieder. 39 Da sprach Jesus: Um zu richten, bin ich in diese Welt gekommen: damit die nicht Sehenden sehen und die Sehenden blind werden. 40 Einige Pharisäer, die bei ihm waren, hörten dies. Und sie fragten ihn: Sind etwa auch wir blind? 41 Jesus sagte zu ihnen: Wenn ihr blind wärt, hättet ihr keine Sünde. Jetzt aber sagt ihr: Wir sehen. Darum bleibt eure Sünde.

In diesem Evangelium kommt ein Ausdruck vor, das es innerhalb des Neuen Testaments nur bei Johannes gibt, nämlich „aus der Synagoge ausstoßen“. Das bedeutete nicht einfach nur, vom Gottesdienst am Sabbat ausgeschlossen zu sein. Jemanden aus der Synagoge ausschließen hieß, ihn gesellschaftlich ächten, bei ihm nicht mehr einkaufen, ihn total isolieren. Solche Sanktionen gegen einen Anhänger Jesu waren während der Zeit seines öffentlichen Auftretens undenkbar. Jesus bewegte sich als geachteter, wenn auch umstrittener Rabbi inmitten seiner Religionsgemeinschaft. Er besuchte regelmäßig den Synagogengottesdienst und pilgerte immer wieder nach Jerusalem. Sein engerer Kreis oder gar seine Sympathisanten hatten einen Synagogenausschluss nicht im Geringsten zu befürchten.

Eine solch drastische Ausgrenzung war erst nach dem Jüdischen Krieg und der Zerstörung Jerusalems im Jahre 70 möglich. Jerusalem wurde vier Wochen lang unter Führung des Kaisersohnes Titus belagert. Zwei Schülern gelang es, ihren verehrten Rabbi Johanan ben Zakkai, der sich totstellte, in einem Sarg aus der Stadt zu schmuggeln. Dieser Rabbi wandte sich danach mit einer Petition an General Vespasian, den Kaiser. Er bat darum, in dem kleinen Ort Jabne an der Küste, dem heutigen Jaffa, ein jüdisches Lehrhaus zu gründen. Dieses Lehrhaus wurde zum Anfang des erneuerten rabbinischen Judentums pharisäischer Prägung. Nach der Katastrophe des Jüdischen Krieges waren die restlichen Gruppierungen des Judentums aufgelöst. Die Aristokratie, die Sadduzäer, hatte ihr wirtschaftliches und ideologisches Zentrum, den Tempel, verloren. Die Gemeinde von Qumran bestand nicht mehr. Es blieb nur noch die pharisäische Richtung als Mehrheitsjudentum übrig.

Die Pharisäer konnten daran anknüpfen, dass sie immer schon die kultische Frömmigkeit, die rituellen Waschungen im Tempel, mit der religiösen Praxis im Alltag verbinden wollten. Im Spätjudentum pharisäischer Prägung war nicht mehr der zerstörte Tempel, sondern die Tora der Bezugspunkt. Rabbi Jochanan versuchte mit seiner Schule, die unterschiedlichen jüdischen Strömungen zu einen. Wer so etwas in der angespannten, offenen Situation nach Kriegsende versuchte, musste bei aller Toleranz streng gegen innerjüdische Abweichler vorgehen. Die Jesusbewegung war solch eine Außenseitergruppe und so wurden die johanneischen Gemeinden zu einer vom Mehrheitsjudentum bedrängten Minderheit. Diese Verhältnisse spiegeln sich in unserem Text wider.

Man muss die Beweggründe des Mehrheitsjudentums verstehen. Gerade hatten die Römer Jerusalem und den jüdischen Reststaat nahezu ausgelöscht, da konnte man jetzt nicht eine „messianischen Bewegung" integrieren. „Messianische Aufbrüche" waren in Israel immer politische Bewegungen. 60 Jahre nach dem Jüdischen Krieg flammte der letzte große Aufstand unter Bar Kochba auf, den Rabbi Akiba zum „Messias" proklamiert hatte. Diese letzte große Revolte wurde wiederum niedergeschlagen. Die römische Provinz Judäa wurde in „Syria Palaestina" umbenannt. Juden wurden zur Minderheit in ihrem Land, ihre Religionsausübung teilweise stark eingeschränkt. Die Skepsis gegenüber messianischen Bewegungen war also mehr als verständlich.

Auf das zweite Argument der pharisäischen Richtung gegen die Jesusbewegung trifft man bis heute: Mit dem Erscheinen des Messias sollte sichtbar die Erlösung Israels und der ganzen Welt hereinbrechen. Doch der Messias Jesus endete am Schandpfahl des Kreuzes und die Welt wurde weiterhin von den stärkeren Waffen regiert. Es hatte sich doch nichts grundlegend geändert! Die Messiasvorstellung der johanneischen Gemeinden war mit den in Israel vorgeprägten Erwartungen nicht zu vereinen. Deshalb durchzieht das johanneische Schrifttum der dringende Appell, in der Liebe Christi zu „bleiben". Der Sog zurück zum pharisäischen Mehrheitsjudentum, im vierten Evangelium generell „die Juden" genannt, muss den johanneischen Gruppen sehr zugesetzt haben. Manche Gemeindemitglieder hatten sich wieder getrennt und waren zur Mehrheit zurückgekehrt.

Die johanneische Theologie sieht alle Verheißungen Gottes an das Volk Israel im „Sohn" erfüllt. Er ist das endgültige Sprachrohr Gottes, der Offenbarer schlechthin. Auf ihn hin ist das Sprechen Gottes in seiner gesamten Schöpfung ausgerichtet. Wer zu Jesus gehört, ist deshalb selbst der Anfang einer neuen Schöpfung. Denn im „Sohn", der im Tod zum Vater heimgekehrt ist und als „Paraklet", als Heiliger Geist, in der Gemeinde gegenwärtig ist, hat Gott seine verborgene Wahrheit der ganzen Welt mitgeteilt. Das war der messianische Glaube der johanneischen Gemeinden. Die Jesusbewegung löste sich deshalb mehr und mehr aus dem jüdischen Religionsverband pharisäischer Prägung heraus.

Werfen wir jetzt einen Blick auf unsere heutige Situation. Der traditionell kirchliche Glaube schwindet. Die Mehrheit der Bevölkerung lebt mit einem rein säkularen Grundgefühl oder bastelt sich eine individuelle Weltanschauung mit Versatzstücken aus verschiedenen Konfessionen und Religionen zusammen. Dennoch regt sich da und dort eine breite Sehnsucht nach erfahrbarer Spiritualität und Sinndeutung des Lebens. Der blindgeborene junge Mann kann zu einem Typus werden, wie Menschen heute zum Glauben finden und wie die Weitergabe des Glaubens vor sich gehen könnte. Er bekennt am Ende: „Ich glaube, Herr!" Durch seine Begegnung mit Christus findet er zum persönlichen Glauben. Als Geheilter hat er eine solch einschneidende Erfahrung gemacht, dass er gar nicht anders kann, als sich vor Jesus niederzuwerfen.

Glaube kann in unserer Zeit nur neu wachsen und erblühen, wenn Menschen Erfahrungen machen, die sie zu diesem Schritt, zu diesem Sprung des Glaubens ermutigen. Aus „Blindheit" herauskommen, die Welt mit neuen Augen sehen, Lebensweisheit gewinnen, die Sinn und Halt gibt, das suchen heutzutage viele Menschen. Leiberfahrungen, tieferes Verstehen der eigenen Lebensgeschichte, vor allem Begegnung mit dem lebendigen Christus, auch durch überzeugende Christen, können wichtige Hilfestellungen sein, um den Glauben zu entdecken. Wahrer Glaube an Gott zeigt sich darin, dass ein neuer und freier, ein selbstbewusster und liebender Mensch geboren wird.

Ein bezeichnender Zug unserer Verse ist: Der geheilte junge Mann wird gegenüber den Pharisäern immer „frecher". Er kann mit Ironie auf sie reagieren, weil er sein wahres Selbst erkannt hat. Wir können im Verlauf dieser Heilungsgeschichte verfolgen, wie ein erwachsenes Ich geboren wird. Der Blindgeborene geht sehenden Auges mit den offiziellen Autoritäten sehr selbstbewusst um und deckt ihre Widersprüche auf. Glaube zeigt sich bei ihm als neu gewonnene, souveräne Ichstärke. Im Glauben sich selbst zu finden, vertieft „ich" sagen zu können, müsste auch heute Menschen überzeugen. Aufgrund dieser inneren Stärke erkennt der Blindgeborene in Jesus, dass Gott an ihm gehandelt hat. Durch Christus findet er die Antwort auf die Frage nach dem Sinn seines Lebens. Das ist christlicher Glaube bis heute: In Jesus Antwort auf die große Lebensfrage zu finden. Glaube war für die johanneischen Gemeinden die existentielle Entdeckung der grenzenlosen Liebe Gottes durch die Art, wie sie Jesus geoffenbart hatte. Durch die Auferstehung des Messias Jesus war für die Glaubenden die Todesgrenze überwunden. Der Einbruch ewigen Lebens wurde erfahrbar in der gegenseitigen Liebe (vgl. 1 Joh 3,14).

Viele Menschen tun sich in diesen Zeiten der Pandemie schwer, es mit sich und den engsten Angehörigen auszuhalten. Außerdem greifen Einsamkeit und das Gefühl der Verlorenheit um sich. Diese Corona-Zeit bringt ans Licht, was wir auch unter normalen Lebensumständen immer üben sollten: sich dem eigenen Ich zu stellen, sich auszuhalten in Stille, manchmal auch in Dunkelheit und Anfechtung. So kann die Krise zur Chance werden, dass wir neu zu sehen lernen. Als Glaubende sollten wir von innen her erneuerte, „erleuchtete“ Menschen sein, die sich dem Leben mit seinen Höhen und Tiefen stellen. Erfahrung und Ichwerdung sind Grundvoraussetzungen, um den Sprung des Glaubens zu wagen.

DIE TÜR ZUM WAHREN SELBST

Joh 10, 1-10

1 Amen, amen, ich sage euch: Wer in den Schafstall nicht durch die Tür
hineingeht, sondern anderswo einsteigt, der ist ein Dieb und ein Räuber.
2 Wer aber durch die Tür hineingeht, ist der Hirt der Schafe. 3 Ihm öffnet
der Türhüter und die Schafe hören auf seine Stimme; er ruft die Scha-
fe, die ihm gehören, einzeln beim Namen und führt sie hinaus. 4 Wenn
er alle seine Schafe hinausgetrieben hat, geht er ihnen voraus und die
Schafe folgen ihm; denn sie kennen seine Stimme. 5 Einem Fremden aber
werden sie nicht folgen, sondern sie werden vor ihm fliehen, weil sie die
Stimme der Fremden nicht kennen. 6 Dieses Gleichnis erzählte ihnen Je-
sus; aber sie verstanden nicht den Sinn dessen, was er ihnen gesagt hatte.
7 Weiter sagte Jesus zu ihnen: Amen, amen, ich sage euch: Ich bin die
Tür zu den Schafen. 8 Alle, die vor mir kamen, sind Diebe und Räuber;
aber die Schafe haben nicht auf sie gehört. 9 Ich bin die Tür; wer durch
mich hineingeht, wird gerettet werden; er wird ein- und ausgehen und
Weide finden. 10 Der Dieb kommt nur, um zu stehlen, zu schlachten und
zu vernichten; ich bin gekommen, damit sie das Leben haben und es in
Fülle haben.

„Alle, die vor mir kamen, sind Diebe und Räuber... Der Dieb kommt nur, um zu stehlen, zu schlachten und zu vernichten..." Diese scharfen, polemischen Sätze wirken verstörend, zumal innerhalb eines solch innigen Textes. Es erhebt sich die Frage: Wer ist damit gemeint? Es können wohl nicht die alttestamentlichen Propheten sein, auf die Jesus sich immer wieder beruft. Der letzte Prophet, Johannes der Täufer, hatte ihm sogar die ersten Jünger zugeführt! Es können auch nicht „reißende Wölfe" (Apg 20,29), also innergemeindliche Pseudopropheten sein, welche wie Räuber in die Herde einbrechen oder sie in die Irre führen.

Der Blick in den Kontext hilft weiter. Das 10. Kapitel bildet eine Einheit mit dem vorhergehenden 9. Kapitel. Da wurde die Geschichte des Blindgeborenen erzählt, der durch viele Widerstände hindurch zum sehenden Glauben fand. Unmittelbar darauf lesen wir Verse, die sich wie ein Resümee der Blindenheilung anhören: „Da sprach Jesus: Um zu richten bin ich in diese Welt gekommen: damit die nicht Sehenden sehen und die Sehenden blind werden. Einige Pharisäer, die bei ihm waren, hörten dies. Und sie fragten ihn: Sind etwa auch wir blind? Jesus sagte zu ihnen: Wenn ihr blind wärt, hättet ihr keine Sünde. Jetzt aber sagt ihr: Wir sehen. Darum bleibt eure Sünde" (Joh 9,39-41). An diese Pharisäer gerichtet schließt sich unser Text unmittelbar an: „Amen, amen, ich sage euch: Wer in den Schafstall nicht durch die Tür hineingeht, sondern anderswo einsteigt, der ist ein Dieb und ein Räuber. Wer aber durch die Tür hineingeht, ist der Hirt der Schafe." Diesen blinden Pharisäern gegenüber charakterisiert Jesus sich selbst als der „Gute Hirt" und als „Tür zu den Schafen".

Zu Lebzeiten stand Jesus mit seiner Botschaft der Gruppe der Pharisäer geistig am nächsten. Wie sie wollte er den Glauben mit dem Alltag verbinden. Diese Pharisäer sollen nach Johannes die „Diebe" und „Räuber" sein? Wir kommen in dieser Frage nur weiter, wenn wir die scharfe Polemik von der Zeit des Evangelisten her zu verstehen suchen. Denn gegen Ende des ersten Jahrhunderts kam es immer mehr zum Riss zwischen dem Judentum pharisäischer Prägung und der Jesusbewegung, die als innerjüdische Erneuerungsbewegung begonnen hatte. Der Streit um das richtige Verständnis der jüdischen Heilsgeschichte, die für die johanneische Gemeinde auf den Messias Jesus zulief, entzweite das Mehrheitsjudentum und die Minderheit der Jesusbewegung. Ab dem zweiten Jahrhundert entwickelten sich zwei verschiedene Religionen, das Spätjudentum und das Christentum. Dieser Bruderzwist steht im Hintergrund unseres Textes.

Doch warum werden solch polemische Töne angeschlagen? Muss man die Gegenseite gleich als „Dieb und Räuber" abstempeln? Keine Frage, Lehrstreitigkeiten innerhalb des Judentums wurden oft mit scharfer Klinge ausgefochten, zumal in einer Situation des Neuanfangs nach der furchtbaren Katastrophe des Jüdischen Krieges. Die johanneischen Gemeinden warfen dem pharisäisch geprägten Mehrheitsjudentum vor, ihren Glauben an den Messias Jesus „zu stehlen, zu schlachten und zu vernichten". Sie selbst wurden bedrängt, bedroht und verfolgt. Deshalb reagierten sie mit heftiger Polemik und unterstellten dem Mehrheitsjudentum, dass es den jüdischen Glauben an den „Wolf" bzw. die „Wölfin", das römische Wappentier, ausgeliefert hatte. Schließlich war das jüdische Lehrhaus in Jabne von Roms Gnaden eröffnet worden.

In der Passionsgeschichte stellt der Evangelist vor allem in der Szenenfolge vor Pilatus heraus, dass die jüdische Tempelaristokratie zusammen mit der römischen Besatzungsmacht für den Tod Jesu verantwortlich war (vgl. Joh 18,28-19,16). Durch dieses Zusammenspiel wird offenkundig: Sowohl die jüdische Oberschicht als auch der römische Statthalter gehören zur „Welt", die sich in blindem Unglauben dem Licht verweigert. In der Sicht des vierten Evangelisten versündigten sich die führenden sadduzäischen Kreise Jerusalems mit der Verurteilung Jesu an der Geschichte Gottes mit seinem Volk. Das pharisäisch geprägte Spätjudentum, das sich nach dem Jüdischen Krieg formierte, wurde im vierten Evangelium mit demselben Vorwurf konfrontiert: Mit der Ablehnung Jesu als Messias und Offenbarer verfehlt und verratet ihr die jüdische Heilsgeschichte.

Doch diese scharfe Polemik ist nicht die ganze Wahrheit des Johannesevangeliums. Jesus betet vor seiner Passion um die Einheit seiner Herde, „damit die Welt glaubt, dass du mich gesandt hast"

(Joh 17,21). Ziel der Sendung Jesu ist die Rettung aller, auch die Rettung derjenigen, die als verblendete „Welt" sich der Offenbarung in Christus verweigern. Dennoch muss bedacht werden: Die johanneische Gemeinde stand als bedrohte Minderheit in einem Abwehrkampf, in dem es um ihr physisches und geistiges Überleben ging. Da überzeichnet man leicht die Gegenposition und verfällt in Polemik. Davon zeugt unser Text. Die Jesusanhänger wurden innerhalb Israels sozial ausgegrenzt und geächtet. Deshalb dürfte die alte Überlieferung zutreffen, dass diese bedrängte Gemeinde aus dem Heimatland auswanderte und in der Nähe von Ephesus eine neue Bleibe in heidnischer Umgebung fand.

Wie ging es weiter? Die anfangs verfolgten Jesusanhänger gehörten ab dem vierten Jahrhundert zu einer zunächst tolerierten und später privilegierten Religionsgemeinschaft. Ab dieser Zeit sind christliche Übergriffe gegen die jüdische Glaubensgemeinschaft bezeugt. Die Geschichte des Bruderzwists setzte sich fort, aber nicht mehr als innerjüdische Kontroverse. Es entwickelte sich der christliche Antijudaismus, der den Boden bereitete für den mörderischen Antisemitismus des letzten Jahrhunderts. Wegen dieser furchtbaren Nachgeschichte müssen wir uns diesen polemischen Sätzen im vierten Evangelium stellen. Jedoch sollten wir dabei immer beachten: Im Verständnis des Evangelisten ging es um innerjüdische Polemik, die erst im christlich-jüdischen Kontext diese tödliche Dynamik entwickelte.

Um harte Religionskontroversen zu verstehen, sollte man bedenken: Immer wenn sich Menschen in ihren zentralen Wertvorstellungen bedroht fühlen, kommt es zu scharfen Abgrenzungen und Verurteilungen. Das gilt schon auf der rein menschlichen Ebene: Wenn z. B. Eltern das Wohl ihrer Kinder bedroht sehen, werden sie mit aller Kraft abwehren und abwerten, was den Kindern schaden könnte. Da werden auch scharfe Worte fallen. Wir sollten jedoch auch hinter die polemischen Äußerungen blicken. Denn Lehrstreitigkeiten bilden nur die Außenseite. Bei religiösen Konflikten mit Reformgruppen geht es nie nur um theologische Positionen, es sind immer auch Ressentiments, Ängste, Verletzungen, Neid und vor allem handfeste egoistische Interessen mit im Spiel. Soziale Konflikte werden oft religiös überhöht und damit verbrämt und verschärft. Abweichler werden zu Sündenböcken gemacht. In dieser Rolle fühlten sich wohl die johanneischen Gemeinden.

Hinter unserem Text stehen also heftige Emotionen und Verurteilungen vonseiten der jüdischen Mehrheit. Deshalb reagiert die bedrängte Minderheit mit überzeichneten Bildern. Es geht dem Evangelisten um die innerste Wahrheit Gottes: Dass Jesus der Messias Israels ist, der allen Menschen den Weg zu Gott gezeigt und vorgelebt hat. Dieser „Gute Hirte" hebt sich ab von denen, die sich in der Sicht des Johannes nur als Hirten Israels aufspielen, doch in Wirklichkeit die Herde in die Irre führen. Unser Text folgt hier einem Muster, das beim Exilspropheten Ezechiel vorgebildet ist. Dieser Prophet polemisierte am Nullpunkt jüdischer Geschichte gegen die vermeintlich guten irdischen Hirten, die Israel in den Abgrund geführt hatten. Er vertraute dabei auf den Gott, der Israels einziger und wahrer Hirte ist. Gott musste als Hirte eingreifen, weil die irdischen Hirten die Herde vernachlässigt, ausgenutzt und ausgebeutet hatten (vgl. Ez 34). Eine ähnliche Wortwahl finden wir hier bei Johannes.

Doch die Polemik gegen die Pharisäer ist im Sinne des Evangeliums nie nur nach außen gerichtet. Wer mit seinem Zeigefinger auf andere weist, deutet immer schon mit drei Fingern auf sich selbst. Die Worte gegen die falschen Hirten sind in diesem Sinn auch ein Weckruf innerhalb der Gemeinde. In der Geschichte des Christentums gab es immer wieder Hirten, die mehr ihr eigenes Wohl im Blick hatten und nicht das Wohl der Herde. Geistliche Macht verführt leicht zu Machtmissbrauch!

Unser Text verdeutlicht im Bild der Tür, was geistliche Führerschaft sein sollte: Jesus führt durch die Tür zum Ureigenen eines Menschen, nicht in die Entfremdung. Letzteres tut der „Fremde", der die Schafe nicht kennt und liebt. Jesus ist mit den Seinen durch die persönliche Namens-Anrede innig verbunden. Der Gute Hirte führt seine Schafe in die Identität und Freiheit, sodass sie „ein- und ausgehen und Weide finden". Wahre Autorität vermehrt „Leben". Ich fragte einmal eine Biochemikerin: Wie definiert ihr eigentlich „Leben"? Sie sagte mir, man könne nicht exakt definieren, was „Leben" sei. Es gehörten allerdings immer zwei Aspekte dazu, nämlich Stoffwechselvorgänge und Fortpflanzung. Auf der übertragenen Ebene heißt das: Kommunikation und Fruchtbarkeit sind Kennzeichen des Lebens. „Fruchtbarkeit" reicht vom Zeugen, Gebären und Erziehen von Kindern bis hin zur geistigen und geistlichen Fruchtbarkeit, als Erzieherinnen und Lehrer, als Priester oder Ordensfrau. Wahre Autoritätspersonen sind beziehungsfähig und führen durch Dialog die Menschen zu wahrer Identität. Auf diese Weise wecken sie die Kräfte des Lebens, die in jedem schlummern. „Leben", sogar „Leben in Fülle" zu bringen, ist das Herzensanliegen Jesu.

Schärfen wir auch heute unsere Augen, damit wir nicht blind sind gegenüber den bedrohlichen Kräften in Gesellschaft und Welt, damit wir sehen, woran heute die Seelen der Menschen Schaden nehmen und zugrunde gehen. Doch bemühen wir uns vor allem, Jesus Christus als die Tür zu unserem wahren Selbst zu entdecken, damit wir durch ihn gute Weide finden, von innen her leben, immer mehr aufleben und andere teilhaben lassen am „Leben in Fülle".

HINGABE

Joh 10, 11-18

[11] Ich bin der gute Hirt. Der gute Hirt gibt sein Leben hin für die Schafe. [12] Der bezahlte Knecht aber, der nicht Hirt ist und dem die Schafe nicht gehören, sieht den Wolf kommen, lässt die Schafe im Stich und flieht; und der Wolf reißt sie und zerstreut sie. Er flieht, [13] weil er nur ein bezahlter Knecht ist und ihm an den Schafen nichts liegt. [14] Ich bin der gute Hirt; ich kenne die Meinen und die Meinen kennen mich, [15] wie mich der Vater kennt und ich den Vater kenne; und ich gebe mein Leben hin für die Schafe. [16] Ich habe noch andere Schafe, die nicht aus diesem Stall sind; auch sie muss ich führen und sie werden auf meine Stimme hören; dann wird es nur eine Herde geben und einen Hirten. [17] Deshalb liebt mich der Vater, weil ich mein Leben hingebe, um es wieder zu nehmen. [18] Niemand entreißt es mir, sondern ich gebe es von mir aus hin. Ich habe Macht, es hinzugeben, und ich habe Macht, es wieder zu nehmen. Diesen Auftrag habe ich von meinem Vater empfangen.

Wozu dient Religion, sofern sie diesen Namen wirklich verdient? Ihr Sinn und Zweck lässt sich in einem Wort zusammenfassen: Religion dient der Lebenssteigerung. Jedenfalls sollte das so sein, und zwar in einer doppelten Richtung: einmal zur Entdeckung des inneren Lebens, denn wahre Innerlichkeit birgt einen großen Reichtum. Auf der anderen Seite stärkt Religion jene Kräfte, die nach außen gerichtet sind, mit denen wir uns engagieren und entfalten. Unmittelbar vor unserem Text spricht Jesus den denkwürdigen Satz: „Ich bin gekommen, damit sie das Leben haben und es in Fülle haben" (Joh 10,10). In unseren Versen verdeutlicht Jesus, was für ihn gesteigertes Leben bedeutet. Unser Text gibt wie immer in einer Kurzformel eine klare Antwort: Wahres, erfülltes Leben ist ein

Leben der „Hingabe". Dieser Begriff zieht sich wie ein Leitmotiv durch unseren Abschnitt.

Ich habe zu diesem Motiv ein Kinderbild von mir vor Augen. Mit etwa fünf Jahren hatte ich zu Weihnachten einen Holzbaukasten bekommen und liebte es, mit den Holzklötzchen Fassaden, Häuser und Brücken zu bauen. Das Foto zeigt mich, wie ich auf einen Bogen oben ein Holzklötzchen drauflege, ganz versunken und ganz bei der Sache. Das ist „Hingabe": Wir vergessen uns selbst und geben uns ganz in etwas hinein, z. B. in ein Spiel. Hingabe ist immer zweckfrei. Ich tue einfach das, was mich erfüllt und gehe darin auf.

Man kann nicht ewig Kind bleiben und ein Leben lang mit Holzklötzchen spielen. Doch oft meldet sich im spielenden Kind schon der künftige Beruf. Einer meiner ersten Traumberufe war „Baumeister", wie man damals sagte. Wer einen ersehnten Beruf anstrebt, der muss lernen. Die Traumerfüllung fällt nicht vom Himmel. Ausbildung, Ausdauer und Arbeit sind nötig. Doch die Mühe belastet nicht, wenn man mit Hingabe einem Lebenstraum folgt und dieser allmählich Gestalt annimmt. „Hingabe" verleiht auch dem Miteinander von Menschen einen eigenen Glanz. Ob das Kind mit Papa und Mama kuschelt, ob Freund und Freundin sich in ein Gespräch vertiefen oder schweigend auf eine Landschaft schauen, ob Mann und Frau sich körperlich nahe sind, immer ist es die selbstvergessene Hingabe, die uns glücklich macht, erfüllt und uns über uns selbst hinaushebt.

Unser Text warnt davor, dieses hingebungsvolle Tun einzugrenzen. Der Gute Hirt ist zwar für seine Herde, für seine Gemeinde da, aber er hat auch noch andere Schafe außerhalb der umgrenzten Hürde. Die johanneischen Gemeinden waren von außen betrachtet eine kleine jüdische Splittergruppe. Doch sie wussten als Minderheit um ihren universalen Auftrag, der ganzen Welt die Liebe Gottes zu bringen und vorzuleben. Das Bild vom Hirten war in der Antike eine Metapher für den König. Die johanneischen Christen verstanden sich als Vorhut einer neuen Menschheit und wussten den König der ganzen Schöpfung in ihrer Mitte.

Das Gegenbild zum Guten Hirten ist der Mietling, der seinen Job macht, um Geld zu verdienen. Dieses Muster „ich tue etwas, um... zu..." unterwirft uns einem fruchtlosen Mechanismus: Ich arbeite, um mir bestimmte Dinge leisten zu können. Sobald ich das Gewünschte habe, bin ich gleich wieder unzufrieden und muss deshalb noch mehr verdienen. Diese Gier treibt viele Menschen an. Schlimmer und unmoralischer wird es, wenn man Menschen benutzt „um...zu...". Jeder Mensch ist „Zweck an sich selbst" (Immanuel Kant). Doch auch die Sehnsucht nach der selbstvergessenen Hingabe ist tief in unser Wesen eingeschrieben, ob als Hingabe an Menschen oder an eine Aufgabe. Wir wollen uns etwas Größerem hingeben. Wir suchen das, was uns übersteigt und gleichzeitig umgibt und trägt. Letztlich ist es die Sehnsucht nach Gott, die Menschen umtreibt.

„Der Gute Hirt gibt sein Leben hin für die Schafe", sagt Jesus. Wir sollten das zunächst in einem ganz alltäglichen Sinn verstehen: Ein Hirt sorgt für seine Herde. Er schützt sie, er kümmert sich um gute Weideplätze, er führt sie und übernimmt die Verantwortung für Starke und Schwache, für Gesunde und Kranke. Diese tägliche Sorge ist keine romantische Idylle, sondern harte Arbeit; aber es bindet Hirt und Herde zusammen. Der innere Pulsschlag dieses Miteinander ist eine selbstverständliche Vertrautheit, ein intimes Wissen umeinander. Diese Art von Nähe ist das schönste

Geschenk für hingebungsvolle Menschen, sei es in der Familie oder im Beruf. Doch die Hingabe Jesu geht weit darüber hinaus – bis zur Preisgabe seines eigenen Lebens. Denn er weiß sich von seinem Abba gesandt, der den Seinen mit der ganzen Leidenschaft seines Wesens zugetan ist. Diesen leidenschaftlich-liebenden und zartfühlenden Gott will Jesus den Menschen durch seine Hingabebereitschaft nahebringen. Damit setzte er sich dem Unverständnis und der Ablehnung der Welt aus. Sein Leiden und Sterben werden zum Preis seiner Liebe. Hingabe bis zur Preisgabe macht wehrlos und verwundbar.

In jeder Eucharistie feiern wir mit Dank und Lobpreis die Lebenshingabe Jesu. Nach Johannes übergab er im Tod seinen Geist an Maria und den Lieblingsjünger, die als Anfang einer neuen Menschheit unter dem Kreuz stehen. Der Geist Jesu will jeden Menschen von innen her verwandeln und zu einem Leben der Hingabe ermutigen: hingegeben an die Aufgaben, auch wenn sie schwierig und lästig sind; vor allem aber hingegeben an die Menschen, die uns anvertraut sind. Auch für uns sollte es da keine Grenze geben: Wenn wir uns zuerst für unsere Allernächsten einsetzen, hat unsere Hingabe zugleich immer eine größere, ja allumfassende Dimension. „Wer ein Leben rettet, rettet die ganze Welt", lautet ein Spruch aus dem Talmud. „Hingabe für das Leben der Welt" war die große Vision Jesu.

Sollte Sie einmal jemand sehr persönlich fragen: Warum gehst du in den Gottesdienst, warum glaubst du, warum bist du in der Kirche? Darauf sollten wir ebenso persönlich antworten. Ich selbst würde sagen: Ich glaube, um zu leben! Ich glaube, weil es mein Leben intensiver, liebevoller, inniger und kraftvoller, geduldiger, reicher und fruchtbarer macht. Die Weltformel lautet: Wahres Leben ist Hingabe!

ZAUBERWORT „DU“

Joh 10, 27-30

[27] Meine Schafe hören auf meine Stimme; ich kenne sie und sie folgen mir.
[28] Ich gebe ihnen ewiges Leben. Sie werden niemals zugrunde gehen und
niemand wird sie meiner Hand entreißen. [29] Mein Vater, der sie mir gab,
ist größer als alle und niemand kann sie der Hand meines Vaters entrei-
ßen. [30] Ich und der Vater sind eins.

„Schläft ein Lied in allen Dingen, die da träumen fort und fort, und die Welt hebt an zu singen, triffst du nur das Zauberwort." So lautet ein berühmter Vers von Joseph von Eichendorff. Das biblische Zauberwort heißt: „Du". Jüdische Spiritualität geht über eine vage religiöse Ahnung, auch über das bloße Ergriffensein von der geheimnisvollen Aura des Göttlichen hinaus. Die Bibel sagt: Gott ist ein „Du", und durch die Ausrichtung auf dieses göttliche Du, durch das lebenslange Gespräch mit ihm, wirst du erst wahrhaft Mensch. In der biblischen Tradition heißt Religion: mit Gott auf Du-und-Du leben und sich ihm anvertrauen. Martin Buber hat uns ein wunderbares Gedicht aus der chassidischen Tradition überliefert. Jede Strophe endet mit: „Du, Du, Du". Im Fortgang des Gedichts wendet sich das sprechende Ich in alle Himmelsrichtungen, spielt alle Wechselfälle des Lebens durch und kommt immer zu dem Schluss: Alles ist umfangen und getragen von diesem geheimnisvoll anwesenden, göttlichen Du. Deshalb mündet jede Strophe des Gedichts in den Refrain „Du, Du, Du".

Für dieses unfassbare Du hinter und in allem Geschehen hat Israel Bilder gefunden und geformt, die aus seiner Lebensweise und Kultur erwachsen sind. Ein zentrales Bild für das Gegenüber Gottes ist der Hirte, wie ihn Psalm 23 schildert. Das Volk Israel entstand über Jahrhunderte aus verschiedenen Nomadensippen. In deren Alltag spielte der Hirte eine zentrale Rolle. Für eine Herde ist der Hirte lebensnotwendig. Er sorgt für Weideplätze, er leitet und beschützt die Herde, er führt sie durch Gefahrenzonen. So schildert es der besagte Psalm und am Ende wandelt sich seine Bildwelt: Der gute Hirt wird zum großzügigen Wirt. Er deckt den Seinen den Tisch. Auch dieses Bild aus Psalm 23 ist eine Metapher für Gott; für jenen Gott, der das Verlangen des Menschen nach Leben und Glück stillt. In diesen Bildern erfährt Israel seinen Gott: Als „Gott-mit-uns", als unergründliches Du, das mitgeht, das jeden Einzelnen auf seinem Lebensweg begleitet und das ganze Volk durch die Höhen und Tiefen der Geschichte führt. Israel wusste sich im „Bund" mit einem Gott, der seinem Volk eine Lebens- und Schicksalsgemeinschaft angeboten hatte und treu zu seiner Zusage stand.

Der Evangelist verleiht in unseren Versen Jesus, dem Offenbarer Gottes, die Rolle, die eigentlich Gott zusteht. Christus ist der Hirt der Seinen. So hatten es die ersten Jüngerinnen und Jünger erfahren. Er hatte sie in seine Nähe gerufen und mit ihnen als Wanderprophet zusammengelebt. Er hatte sie belehrt, beschützt und geleitet. Mit den Einladungen zu üppigen Gastmählern und mit den täglich erbettelten Gaben bereitete er ihnen den Tisch. Sie erlebten mit ihm ein Übermaß an Gottesnähe, aber auch eine furchtbare Krise an seinem Lebensende. Es schien, als ob alles vorbei und umsonst war. Der Hirte wurde gewaltsam getötet, die Herde zerstreut.

Doch dann das unerwartete Eingreifen Gottes mit der Auferweckung des Gekreuzigten. Der Gott Israels stand zu seinem Gesalbten, der ein Leben lang nichts anderes sein wollte, als Sprachrohr

Gottes zu sein. Seine Worte und Taten wurden durch die Auferstehung bestätigt. Nach und nach begriffen die engsten Anhänger: Wir können künftig nicht mehr vom Gott Israels reden, ohne von diesem geheimnisvollen Menschen zu reden. Er hatte ihnen den unfassbaren Gott auf eine ganz und gar menschliche Weise nahebracht. Er wurde als menschliches Antlitz Gottes erkannt. Der Gott, den kein Bild fassen konnte, hatte sich in den Worten und Gesten, in der Gestalt und im Geschick eines Menschen der ganzen Welt geoffenbart. Diese Erfahrungen verwandelten und erneuerten ihren jüdischen Glauben. Der Glaube an Christus, den „Erhöhten", bildete sich seit der Auferstehung heraus und führte durch den „Beistand" des Geistes zum späteren Christentum. Im Johannesevangelium erklingt immer die Stimme des „Erhöhten" an seine Gemeinde.

„Meine Schafe hören auf meine Stimme." So spricht der Auferstandene zum Einzelnen und zur Gemeinschaft der Glaubenden. Mit vertrauten und geliebten Menschen sind wir ganzmenschlich verbunden durch sinnenhafte Eindrücke: durch den Klang ihrer Stimme, durch Zwischentöne, sogar durch Nichtgesagtes, besonders durch ihre Mimik und Gestik und nicht zuletzt durch den Geruchsinn. Die ersten Jüngerinnen und Jünger haben intuitiv gespürt, dass sie Jesus nicht nur aufgrund seiner Worte und Taten vertrauen konnten, sondern aufgrund seines inneren Wesens: Weil er ihnen zum Gott Israels, den er sehr vertraut mit „Abba" anredete, einen ganz neuen Zugang eröffnet hatte. Nach der Auferstehung wurde mehr und mehr klar: Diese intime Gottesnähe Jesu ist nicht nur für Israel, sondern für alle Menschen der Zugang zu Gott. Jesus rückte als „Tür", als „Weg", als „Bild" des Vaters immer mehr ins Zentrum des Glaubens. Mit dem verherrlichten Christus und durch ihn mit Gott eins zu sein, gab den ersten Christen einen gewaltigen Identitätsschub: Sie erfuhren die „Macht, Kinder Gottes zu werden" (Joh 1,12). Christlicher Glaube ist Teilhabe am Gottesverhältnis Jesu, durch das wir mit hineingenommen sind in das innerste Geheimnis Gottes.

In dem Satz „Ich und der Vater sind eins" blitzt dieses Geheimnis auf. Jesus, der Gute Hirt, zieht die Seinen mit seiner Stimme hinein in ein Gespräch, in eine Melodie, die aus dem Ich-Du-Geheimnis Gottes kommt. Durch den Sohn, der ein Leben lang mit dem Vater im innigen Gespräch verbunden war, wird offenbar: Gott ist in sich ein ewiges Gespräch, ist Liebe und Gemeinschaft. Sein Wesen ist in die gesamte Schöpfung wie ein verborgenes Lied hineingelegt. Sein Wort ist in einem Menschen aus Fleisch und Blut sichtbar, berührbar und hörbar geworden. Man konnte dieses Wort zu Jesu Lebzeiten mit allen menschlichen Sinnen und man kann es über die Zeiten hinweg heute mit geistlich wachen Sinnen wahrnehmen, aufnehmen, sich davon durchdringen und in ein neues Leben führen lassen.

„Ich gebe ihnen ewiges Leben", sagt der gegenwärtige Herr zu den Seinen. Das Hingegebensein an die Stimme des Auferstandenen macht christliche Identität aus. Seine Stimme nimmt uns mit hinein in das Gespräch des Dreifaltigen Gottes. Daraus bildet sich unsere ureigene Stimme, entströmt unsere Lebensmelodie. Dadurch gewinnen wir Bestimmtheit und erkennen unsere Bestimmung als Christen in dieser Welt. Im Grunde haben wir nur eine Lebensaufgabe: Im Hören auf die göttliche Stimme „das in allem verborgene Lied" zu entdecken und den göttlichen Gesang so hörbar zu machen, dass andere Menschen davon angerührt werden und einstimmen möchten. Ist das nicht eine große, eine wunderbare Botschaft, dass wir die Melodie Gottes aufnehmen und mit unserer eigenen Stimme ausgestalten können?

LAZARUS IN UNS

Joh 11, 1-45

1 Ein Mann war krank, Lazarus aus Betanien, dem Dorf der Maria und ihrer Schwester Marta. 2 Maria war jene, die den Herrn mit Öl gesalbt und seine Füße mit ihren Haaren abgetrocknet hatte; deren Bruder Lazarus war krank. 3 Daher sandten die Schwestern Jesus die Nachricht: Herr, sieh: Der, den du liebst, er ist krank. 4 Als Jesus das hörte, sagte er: Diese Krankheit führt nicht zum Tod, sondern dient der Verherrlichung Gottes. Durch sie soll der Sohn Gottes verherrlicht werden. 5 Jesus liebte aber Marta, ihre Schwester und Lazarus. 6 Als er hörte, dass Lazarus krank war, blieb er noch zwei Tage an dem Ort, wo er sich aufhielt. 7 Danach sagte er zu den Jüngern: Lasst uns wieder nach Judäa gehen. 8 Die Jünger sagten zu ihm: Rabbi, eben noch suchten dich die Juden zu steinigen und du gehst wieder dorthin? 9 Jesus antwortete: Hat der Tag nicht zwölf Stunden? Wenn jemand am Tag umhergeht, stößt er nicht an, weil er das Licht dieser Welt sieht; 10 wenn aber jemand in der Nacht umhergeht, stößt er an, weil das Licht nicht in ihm ist. 11 So sprach er. Dann sagte er zu ihnen: Lazarus, unser Freund, schläft; aber ich gehe hin, um ihn aufzuwecken. 12 Da sagten die Jünger zu ihm: Herr, wenn er schläft, dann wird er gesund werden. 13 Jesus hatte aber von seinem Tod gesprochen, während sie meinten, er spreche von dem gewöhnlichen Schlaf. 14 Darauf sagte ihnen Jesus unverhüllt: Lazarus ist gestorben. 15 Und ich freue mich für euch, dass ich nicht dort war; denn ich will, dass ihr glaubt. Doch wir wollen zu ihm gehen. 16 Da sagte Thomas, genannt Didymus, zu den anderen Jüngern: Lasst uns mit ihm gehen, um mit ihm zu sterben! 17 Als Jesus ankam, fand er Lazarus schon vier Tage im Grab liegen. 18 Betanien war nahe bei Jerusalem, etwa fünfzehn Stadien entfernt. 19 Viele Juden waren zu Marta und Maria gekommen, um sie wegen ihres Bruders zu trösten. 20 Als Marta hörte, dass Jesus komme, ging sie ihm entgegen, Maria aber blieb im Haus sitzen. 21 Marta sagte zu Jesus: Herr, wärst du hier gewesen, dann wäre mein Bruder nicht gestorben. 22 Aber auch jetzt weiß ich: Alles, worum du Gott bittest, wird Gott dir geben. 23 Jesus sagte zu ihr: Dein Bruder wird auferstehen. 24 Marta sagte zu ihm: Ich weiß, dass

er auferstehen wird bei der Auferstehung am Jüngsten Tag. [25] Jesus sagte zu
ihr: Ich bin die Auferstehung und das Leben. Wer an mich glaubt, wird
leben, auch wenn er stirbt, [26] und jeder, der lebt und an mich glaubt, wird
auf ewig nicht sterben. Glaubst du das? [27] Marta sagte zu ihm: Ja, Herr, ich
glaube, dass du der Christus bist, der Sohn Gottes, der in die Welt kommen
soll. [28] Nach diesen Worten ging sie weg, rief heimlich ihre Schwester Maria
und sagte zu ihr: Der Meister ist da und lässt dich rufen. [29] Als Maria das
hörte, stand sie sofort auf und ging zu ihm. [30] Denn Jesus war noch nicht
in das Dorf gekommen; er war noch dort, wo ihn Marta getroffen hatte.
[31] Die Juden, die bei Maria im Haus waren und sie trösteten, sahen, dass
sie plötzlich aufstand und hinausging. Da folgten sie ihr, weil sie meinten,
sie gehe zum Grab, um dort zu weinen. [32] Als Maria dorthin kam, wo Jesus
war, und ihn sah, fiel sie ihm zu Füßen und sagte zu ihm: Herr, wärst du
hier gewesen, dann wäre mein Bruder nicht gestorben. [33] Als Jesus sah, wie
sie weinte und wie auch die Juden weinten, die mit ihr gekommen waren,
war er im Innersten erregt und erschüttert. [34] Er sagte: Wo habt ihr ihn be-
stattet? Sie sagten zu ihm: Herr, komm und sieh! [35] Da weinte Jesus. [36] Die
Juden sagten: Seht, wie lieb er ihn hatte! [37] Einige aber sagten: Wenn er dem
Blinden die Augen geöffnet hat, hätte er dann nicht auch verhindern kön-
nen, dass dieser hier starb? [38] Da wurde Jesus wiederum innerlich erregt und
er ging zum Grab. Es war eine Höhle, die mit einem Stein verschlossen war.
[39] Jesus sagte: Nehmt den Stein weg! Marta, die Schwester des Verstorbenen,
sagte zu ihm: Herr, er riecht aber schon, denn es ist bereits der vierte Tag.
[40] Jesus sagte zu ihr: Habe ich dir nicht gesagt: Wenn du glaubst, wirst du
die Herrlichkeit Gottes sehen? [41] Da nahmen sie den Stein weg. Jesus aber
erhob seine Augen und sprach: Vater, ich danke dir, dass du mich erhört
hast. [42] Ich wusste, dass du mich immer erhörst; aber wegen der Menge,
die um mich herumsteht, habe ich es gesagt, damit sie glauben, dass du
mich gesandt hast. [43] Nachdem er dies gesagt hatte, rief er mit lauter Stim-
me: Lazarus, komm heraus! [44] Da kam der Verstorbene heraus; seine Füße
und Hände waren mit Binden umwickelt und sein Gesicht war mit einem
Schweißtuch verhüllt. Jesus sagte zu ihnen: Löst ihm die Binden und lasst
ihn weggehen! [45] Viele der Juden, die zu Maria gekommen waren und gese-
hen hatten, was Jesus getan hatte, kamen zum Glauben an ihn.

Johannes hat vermutlich die drei anderen Evangelien gekannt, ihre Erzählungen aufgegriffen, in sein Werk verwoben, umgestaltet und neu gedeutet. Beim Stichwort „Lazarus" kommt einem Bibelkenner sofort die Beispielgeschichte vom armen Lazarus und dem reichen Prasser in den Sinn (vgl. Lk 16,19-31). Dort bat der verstorbene Reiche, wieder in die Welt zurückkehren zu dürfen. Der johanneische Lazarus kehrt tatsächlich ins irdische Leben zurück. Zudem fühlt man sich durch diese johanneische Geschichte an die Totenerweckungen des jungen Mannes aus Nain und der Tochter des Jairus erinnert (vgl. Lk 7,11-17; Mk 5,21-23.35-43). Lazarus und seine Schwestern waren nach Johannes mit Jesus befreundet. Wir kennen die beiden Frauen aus dem Lukasevangelium in der Rolle der geschäftigen Marta und der exemplarischen Jüngerin Maria, die zu Füßen Jesu sitzt (vgl. Lk 10,38-42). Das Freundschaftsmotiv verbinden wir vor allem mit dem Lieblingsjünger. Er ist für die johanneische Gemeinde der Hauptzeuge für die Wahrheit des Evangeliums (vgl. Joh 19,35; 21,24). Zwischen den synoptischen Evangelien und Johannes lassen sich viele Berührungspunkte erkennen, aber auch zahlreiche Verbindungen mit anderen Stellen des vierten Evangeliums. Aus überlieferten Motiven gestaltet Johannes ein neues Gewebe.

Was steckt hinter der johanneischen Neudeutung der synoptischen Tradition? In den Abschiedsreden bezeichnet sich Jesus als Freund der Seinen (vgl. Joh 15,14). Das ganze Johannesevangelium ist eine Einweisung in die Freundschaft mit dem Auferstandenen – bis hin zur dritten Frage an Petrus am Schluss des Evangeliums „Willst du mein Freund sein?" (griech.: philêis me; Joh 21,17). Gewährsmann für die freundschaftliche Verbundenheit mit Jesus ist der Lieblingsjünger. Er liegt beim letzten Abendmahl in gleicher Vertrautheit an der Brust Jesu, wie der Menschensohn an der

Brust des Vaters ruhte (vgl. Joh 1,18; 13,23). Dadurch wird er zum exemplarisch Glaubenden, der als Urzeuge durch sein Evangelium andere in die Gottesfreundschaft führen will. Deshalb muss bei diesem größten und detailreich geschilderten Wunder Jesu auch dem Freund Lazarus eine tragende und bespielhafte Rolle für alle Glaubenden zukommen. Im 1. Johannesbrief lautet die entscheidende Botschaft: „Wir wissen, dass wir aus dem Tod in das Leben hinübergegangen sind, weil wir die Brüder lieben" (1 Joh 3,14). Freundschaftliche, innige Verbundenheit innerhalb der Gemeinde sollte das hervortretende Kennzeichen johanneischer Gemeinden sein. Mit der Auferweckung des Freundes Lazarus wird der Gemeinde plastisch-dramatisch das neu geschenkte Leben der Freundschaft mit Jesus vor Augen geführt. Auch bei Paulus lautet die befreiende Grundbotschaft: In Christus, dem Auferstandenen, ist uns neues Leben geschenkt (vgl. 2 Kor 5,17): Der Glaube gleicht einer Neu-Schöpfung. Das vorherige Leben fühlt sich wie tot an. Um diese geistliche Sicht von Glauben geht es auch in der Lazarusgeschichte.

Im Gespräch mit Jesus bekennt Marta als fromme Jüdin ihren Glauben: „Ich weiß, dass er (Lazarus) auferstehen wird bei der Auferstehung am Jüngsten Tag. Jesus sagte zu ihr: Ich bin die Auferstehung und das Leben." Der entscheidende Punkt ist für den Evangelisten Johannes: Die Zukunftserwartung Israels, wie sie in der pharisäischen Frömmigkeit geglaubt wurde, wird mit der Person Jesu Christi ganz und gar Gegenwart. Aus der Freundschaft mit dem erhöhten Herrn zu leben und einander zu lieben, ist für die johanneische Gemeinde die Erfüllung aller Verheißungen Israels. In einem Leben der Liebe ist das Reich Gottes bereits angebrochen. Das ist ein ungeheurer Anspruch, an dem die johanneischen Gemeinden letztlich gescheitert sind. Sie brachen auseinander, wie es die Johannesbriefe offenlegen und das vierte Evangelium mit den dringenden Appellen zum „Bleiben" und zur „Einheit" andeutet. Gegenwärtig erlebtes Heil kann für uns Menschen auf Dauer eine „Überforderung" sein. Die Geschichte der gespaltenen Christenheit spricht da eine deutliche Sprache.

Doch ist alles, was wir in der Liturgie feiern, nichts anderes als Vergegenwärtigung von etwas Vergangenem, in dem unsere Zukunft liegt. Auch davon handelt die Lazarusgeschichte. Sie ist ein Vorspiel zur Passion Jesu. Weil viele aufgrund der Auferweckung des Lazarus an Jesus glaubten, fassten die Hohenpriester den Beschluss, auch Lazarus umzubringen (vgl. Joh 12,10). Einen Freund Jesu kann leicht das gleiche Geschick ereilen wie den Meister. Unser Leben als Christen, sei es auch noch so hochgemut und voller Seligkeit, ist immer ein Teilhaben am Todesgeschick Jesu. Denn auf den Tod Jesu getauft sein, bedeutet, dass auch unser Leben auf Hingabe bis zum Letzten hin angelegt ist. Gerade die höchsten Ideale wie ein Leben in Freundschaft und Liebe müssen sich der widerständigen Realität stellen – der Widerstände in uns selbst und um uns herum. Auch eine enthusiastische Gemeinde wie die johanneische musste das Leidensgeschick Jesu erleben und die Erfahrung machen: Der Weg zur Auferstehung führt immer durch das „Leiden am Wirklichen" (S. Kierkegaard), im Extremfall bis hin zum Kreuz.

Wir haben anfangs danach gefragt, was hinter der radikalen Neudeutung von Episoden und Figuren steckt, die wir von den drei anderen Evangelisten kennen. Vermutlich hat Johannes von der Gottesfreundschaft als seiner Grundintuition her die alten Erzählungen neu geformt. Hat er sich dabei zu viele Freiheiten erlaubt? Wir sollten bei dieser Frage bedenken, dass es seit Jahrhunderten ein Charakteristikum jüdischen Nachdenkens über Gott ist, alte

Geschichten im Lichte neuer Erfahrungen weiterzuschreiben und auch umzudeuten. Weiterhin sollten wir uns bewusst machen: Wenn wir heute die Schrift geistlich meditieren, dann fragen wir zunächst nicht nach dem historischen Geschehen, als ob wir eine exakte Nacherzählung rekonstruieren müssten, sondern wir lassen eine Geschichte spontan auf uns wirken, lassen uns vielleicht von einem einzelnen Wort aus der Geschichte persönlich ansprechen. Wenn z. B. ein vertrauter Mensch aus unserer nächsten Umgebung gestorben ist, könnte uns der folgende Satz berühren: „Da weinte Jesus."

Was tun wir in der Schriftmeditation? Wir vergegenwärtigen die Impulse der Schrift, indem wir sie existentiell-geistlich auslegen und auf uns beziehen. Genau das tut auch der vierte Evangelist. Er stellt die Gestalt Jesu mit langen Redekompositionen unmittelbar vor den Leser des Evangeliums. Dieses vierte Evangelium ist im Unterschied zu den drei anderen der literarischen Form nach ein Drama. Die Sprache des Dramas hat appellativen Charakter wie auf der Bühne. Sie zieht uns mit allen Emotionen ins Geschehen hinein und konfrontiert uns direkt mit den handelnden Personen. Wie in der Lazarusgeschichte spricht uns der Erhöhte im gesamten Johannesevangelium sehr unmittelbar an und fordert uns auf, herauszukommen aus der Todeswelt unseres Ego und ihm zu vertrauen.

In diesem Sinn sind wir alle „Lazarus", und dieser Name heißt wörtlich „Gott hat geholfen". Wir tragen im Grunde alle den Taufnamen „Gotthilf" im Herzen. Diese exemplarische Lazarusgeschichte ermutigt uns, daran zu glauben, dass Gott immer an unserer Seite ist, uns täglich vom Tod ins Leben führen und unsere Schwäche mit seiner Stärke überkleiden will. Gottes Heil ist schon da, aber es weist auch über sich hinaus auf ein „Noch-Nicht". Leben vor und Leben nach dem Tod ist uns zugesagt. Seien wir dankbar, dass wir alle durch unsere Taufe den Namen „Gotthilf" tragen. Seien wir dankbar und froh, dass uns der erhöhte Herr schon heute in die Einheit von Vater und Sohn mit hineinnimmt und uns täglich seinen Geist als Beistand schenkt – und einmal das ewige Leben.

REICH GOTTES, NEU GEDEUTET

Joh 12, 20-33

20 Unter den Pilgern, die beim Fest Gott anbeten wollten, gab es auch
einige Griechen. 21 Diese traten an Philippus heran, der aus Betsaida in
Galiläa stammte, und baten ihn: Herr, wir möchten Jesus sehen. 22 Phi-
lippus ging und sagte es Andreas; Andreas und Philippus gingen und
sagten es Jesus. 23 Jesus aber antwortete ihnen: Die Stunde ist gekommen,
dass der Menschensohn verherrlicht wird. 24 Amen, amen, ich sage euch:
Wenn das Weizenkorn nicht in die Erde fällt und stirbt, bleibt es allein;
wenn es aber stirbt, bringt es reiche Frucht. 25 Wer sein Leben liebt, verliert
es; wer aber sein Leben in dieser Welt gering achtet, wird es bewahren bis
ins ewige Leben. 26 Wenn einer mir dienen will, folge er mir nach; und
wo ich bin, dort wird auch mein Diener sein. Wenn einer mir dient,
wird der Vater ihn ehren. 27 Jetzt ist meine Seele erschüttert. Was soll ich
sagen: Vater, rette mich aus dieser Stunde? Aber deshalb bin ich in die-
se Stunde gekommen. 28 Vater, verherrliche deinen Namen! Da kam eine
Stimme vom Himmel: Ich habe ihn schon verherrlicht und werde ihn
wieder verherrlichen. 29 Die Menge, die dabeistand und das hörte, sagte:
Es hat gedonnert. Andere sagten: Ein Engel hat zu ihm geredet. 30 Jesus
antwortete und sagte: Nicht mir galt diese Stimme, sondern euch. 31 Jetzt
wird Gericht gehalten über diese Welt; jetzt wird der Herrscher dieser Welt
hinausgeworfen werden. 32 Und ich, wenn ich über die Erde erhöht bin,
werde alle zu mir ziehen. 33 Das sagte er, um anzudeuten, auf welche
Weise er sterben werde.

Die gesamte Botschaft Jesu ist am Anfang des Markusevangeliums in einem Satz zusammengefasst: „Das Reich Gottes ist nahe" (Mk 1,15). Alles, was Jesus sagt und tut, seine Machttaten – Wunder genannt – , seine Mahlgemeinschaften, seine Gleichnisse und Reden wollen nur diese eine Aussage verdeutlichen: Die Königsherrschaft Gottes ist jetzt zum Greifen nah. Es kommt einzig darauf an, sich hinzukehren zum Gott Israels, der in Jesus überraschend neu auf sein Volk zukommt.

Der Begriff „Reich Gottes", besser „Königsherrschaft Gottes", taucht im vierten Evangelium gar nicht auf. Er wird lediglich einmal im Gespräch mit Nikodemus nebenbei erwähnt (vgl. Joh 3,3). Der historische Jesus hat die Nähe des Reiches in vielen Gleichnissen ausgelegt. Das war der Kernbestand seiner Verkündigung nach den drei synoptischen Evangelien. Bei Johannes dagegen kommt der Gleichniserzähler Jesus erstaunlicherweise nicht vor. Dieser Evangelist hat in großer Freiheit aus der Verkündigung des historischen Jesus vieles ausgespart, manches anders überliefert oder kreativ neu gestaltet. Wie ist das zu erklären?

Das vierte Evangelium ist für eine Gemeinde in einer völlig veränderten Welt geschrieben. Der Begriff „Reich Gottes" weckte im Israel der Jahre 27 bis 30 während des öffentlichen Auftretens Jesu die messianischen Erwartungen auf ein erneuertes Gottesvolk. Die politisch-messianischen Träume waren nach dem Jahr 70 in dem vom Krieg verwüsteten Land ausgeträumt. Ein jüdisches Staatswesen gab es nur noch in Restbeständen. Die johanneische Gemeinde wurde in dem sich neu formierenden Judentum zur ausgegrenzten Minderheit. Vielleicht ist sie um die Jahrhundertwende aus dem Land Israel in die Nähe von Ephesus ausgewandert. Sie hatte sich auch für Heiden geöffnet. Die ursprüngliche Botschaft Jesu musste von den zeitbedingten Vorstellungen und Erwartungen des Wortes „Königsherrschaft Gottes" befreit und vertieft auf die neue Gemeindesituation hin gedeutet werden. So schufen die Redaktoren des vierten Evangeliums ein Werk von ganz eigener Originalität und Qualität. Es gelang ihnen, die Botschaft Jesu durch

Konzentration, Reduktion und zeitgemäße Transformation neu zu deuten.

Der Begriff „Reich Gottes“ traf bei den Gemeinden aus Juden und Heiden um die Jahrhundertwende keinen Nerv. Die zentrale Botschaft Jesu wurde jetzt mit Begriffen wie „Leben“, „Leben in Fülle“, „ewiges Leben“ und „Gotteserkenntnis“ umschrieben. Darum ging es letztlich auch dem historischen Jesus: Menschen aller Schichten sehr unmittelbar für die Begegnung mit Gott zu öffnen und seine Nähe erfahrbar zu machen. Er wollte das ganze Volk und jeden Einzelnen ermutigen, inmitten der bestehenden, oft desolaten Verhältnisse die befreiende Kraft des nahen Gottes zu erfahren. Beseelt von der Botschaft Jesu sollten alle ihr Leben im Vertrauen auf den barmherzigen Gott jetzt in die Hand nehmen und erfüllt ihren Alltag leben. Jesus sah seinen Lebenstraum nicht in kurzfristigen politischen Utopien. Auf lange Sicht ging es ihm schon um die Verwandlung der Welt aus dem Glauben an Gott, was dann natürlich auch eine neue gesellschaftliche Ordnung nach sich gezogen hätte.

Der Rabbi aus Nazaret hatte durch viele Wachstumsgleichnisse die Landbevölkerung in Galiläa in seinen Bann gezogen. Meist erzählte er von Kulturpflanzen, bei denen der Mensch und die Natur zusammenwirkten. So konnte er das geheimnisvolle Zusammenwirken von Gott und Mensch seinen Zuhörern nahebringen. Bei Johannes ist das reichhaltige Repertoire der Gleichnisse Jesu völlig ausgespart, doch in einem Bildwort aus dem heutigen Evangelium fasst er wie in einem Brennglas alle Gleichnisse Jesu zusammen: „Amen, amen, ich sage euch: Wenn das Weizenkorn nicht in die Erde fällt und stirbt, bleibt es allein; wenn es aber stirbt, bringt es reiche Frucht.“

Dieses Bild besagt: Der Gleichniserzähler Jesus ist mit seiner Lebenshingabe bis in den Tod *das* Gleichnis Gottes für diese Welt. Er ist das Reich Gottes in Person. Das vierte Evangelium legt damit den inneren Kern der Reich-Gottes-Botschaft frei. Die zentrale Botschaft Jesu wird von der äußeren Schale der politischen Erwartungen so freigelegt, dass in diesem Bildwort das eigentliche Anliegen der Verkündigung Jesu zum Vorschein kommt. Es ging ihm nicht primär um das politische Wiedererstehen Israels, sondern um innerlich erneuertes Leben. Johannes rückt nicht einfach die Botschaft Jesu, sondern vor allem seine Person ins Licht der Auferstehungserfahrung. Seit Ostern wurde der Verkündiger zum Verkündigten, wurde der Bote zur Botschaft. Das ganze Evangelium nach Johannes lebt von dieser christologischen Konzentration. In Christus ist die Königsherrschaft Gottes über die Zeiten hinweg da, erfahrbar im Glauben innerhalb der Gemeinde. Der Auferstandene verbürgt die Nähe des Reiches Gottes. Wie soll man nach dem vierten Evangelisten diese Nähe verstehen? Wie kann man sie konkret erfahren?

Das 12. Kapitel, zu dem unsere heutige Szene gehört, beschreibt den Abschluss des Wirkens Jesu vor der Welt (Kap. 1-12). Dieser erste Hauptteil des Evangeliums endet mit einer enttäuschenden Bilanz des Unglaubens (vgl. Joh 12,37-43). Schon der Prolog hatte dies lapidar vorweggenommen: „...aber die Welt erkannte ihn nicht" (Joh 1,10). Deshalb setzt das Evangelium im 13. Kapitel neu an: Jetzt, vor seinem Heimgang, führt Jesus im Abendmahlsaal die Seinen in sein Lebensgeheimnis ein (vgl. Kap. 13-16). Er lässt sie nicht als Waisen zurück. Er verheißt ihnen den „Beistand", der den abwesenden Jesus vertritt und er bittet im abschließenden Gebet um die Einheit mit und unter den Seinen (vgl. Joh 17). Jesus geht als der souveräne Offenbarer bewusst in seine Passion (vgl. Kap.

18-19). Sein Gebetskampf am Ölberg wird bei Johannes ausgespart. Er ist in unserem Evangelienabschnitt nur angedeutet: „Jetzt ist meine Seele erschüttert. Was soll ich sagen: Vater, rette mich aus dieser Stunde? Aber deshalb bin ich in diese Stunde gekommen." Auch bei Johannes ist Jesus nicht der über die Erde wandelnde, verkleidete Gott, der seinen schweren Weg unberührt von Todesangst geht.

Der johanneische Christus ist ganz Mensch und kennt die kreatürliche Angst, die ihn vor dem gewaltsamen Tod zurückschrecken lässt. Er übergibt sich jedoch in seiner Erschütterung dem Vater. „Vater, verherrliche deinen Namen! Da kam eine Stimme vom Himmel: Ich habe ihn schon verherrlicht und werde ihn wieder verherrlichen." Der Vater erhört ihn in seiner Angst und stärkt ihn auf seinem letzten Weg. Am Ende seiner langen Abschiedsrede legt Jesus seinen Jüngern das erhörungsgewisse Bitten „in seinem Namen" ans Herz (vgl. Joh 16,23f.). Im vertrauensvollen Bittgebet, so seine Verheißung, wird inmitten der Bedrängnis die Nähe Gottes erfahrbar. Das verwandelte, gestärkte und gotterfüllte Herz ist die Frucht dieses Betens. In solchem Beten bleibt er gegenwärtig und führt die Seinen zur vollkommenen Freude. Der Appell zum Bittgebet ist das Vermächtnis Jesu an künftige Generationen.

Was ist dann im johanneischen Sinn das Reich Gottes? Reich Gottes ist da, wo der Geist Gottes einen Menschen in seiner Angst so verwandelt, dass er im Vertrauen auf die Treue Gottes sein Leben hingeben kann – sogar bis in den Tod. Die Lebenshingabe für die Freunde ist die höchste Form der Liebe (vgl. Joh 15,13). Wenn Gott seine Herrschaft antritt, ist die Welt nicht wie mit einem Zauberstab verwandelt. Das war die traditionelle jüdische Erwartung des „Reiches Gottes". Im Sinne Jesu kann jedoch die Welt nur anders werden durch Menschen, die ihn und seinen verwandelnden Geist in ihr Inneres aufnehmen und danach handeln. „Wer die Wahrheit tut, kommt zum Licht…" (Joh 3,21). Christen sind berufen, ein „alter Christus", ein „anderer Christus", zu sein, wie die Kirchenväter sagen.

Von den biblischen Autoren hat keiner so eindrucksvoll wie der heilige Paulus diese existentielle Umschmelzung der eigenen Person beschrieben. Die Wucht seiner Begegnung mit dem Auferstandenen vor Damaskus ist das innere Glutzentrum seines gesamten Lebens und Wirkens. Er hat die Herrlichkeit des neuen Lebens in Christus hymnisch beschrieben, hat aber auch die Enttäuschungen, die Bedrängnis, den Schmerz und das Leiden als wesentlichen Teil seiner Berufung angenommen. Er weckte in seinen Gemeinden einen mitreißenden Enthusiasmus für Christus, musste sie aber auch auf das „Wort vom Kreuz" verweisen (vgl. 1 Kor 1,18), auf die Widerständigkeit des Alltäglichen und allzu Menschlichen. Nach der ersten Phase der Bekehrung und Begeisterung kamen in seinen Gemeinden die alten Verhaltensmuster wieder an den Tag. Paulus bekennt von sich: „Christus will ich erkennen und die Macht seiner Auferstehung und die Gemeinschaft mit seinen Leiden, indem ich seinem Tod gleichgestaltet werde. So hoffe ich, auch zur Auferstehung von den Toten zu gelangen" (Phil 3,10-11). Damit betont er: Niemand kann am Kreuz, am täglichen Sterben, an den Ängsten und Nöten vorbei die neue Wirklichkeit der Auferstehung erfahren. An dieses Geheimnis von Kreuz und Auferstehung musste er die allzu Begeisterten unter seinen frisch bekehrten Gemeindemitgliedern immer wieder erinnern.

Die Einheit mit dem Erhöhten ist für die johanneische Gemeinde das „Reich Gottes" und diese Einheit ist ein Hoffnungsgut: Auf der einen Seite ist sie schon ganz und gar erfüllte Gegenwart, „vollkommene Freude“ (vgl. Joh 15,11), auf der anderen Seite ist sie nur inmitten der Bedrängnis zu erfahren: „In der Welt seid ihr in Bedrängnis; aber habt Mut: Ich habe die Welt besiegt“ (Joh 16,33). Das erhörungsgewisse Gebet soll immer neu den Trost des Glaubens und der Hoffnung schenken. Wer sich als schwacher, allseits angefochtener Mensch unermüdlich für den Geist Gottes öffnet, der nimmt Christus und seine Kraft in sich auf. Lassen wir uns sagen: Nur in dieser Gebetshaltung haben auch wir Anteil am Reich Gottes, das uns in der Person des erhöhten Herrn ganz nahe ist. Bei Christus bleiben, ja, in ihm sein, ist auch für uns heute das „Reich Gottes“.

DAS VERMÄCHTNIS JESU

Joh 13, 1-15

1 Es war vor dem Paschafest. Jesus wusste, dass seine Stunde gekommen war, um aus dieser Welt zum Vater hinüberzugehen. Da er die Seinen liebte, die in der Welt waren, liebte er sie bis zur Vollendung. 2 Es fand ein Mahl statt und der Teufel hatte Judas, dem Sohn des Simon Iskariot, schon ins Herz gegeben, ihn auszuliefern. 3 Jesus, der wusste, dass ihm der Vater alles in die Hand gegeben hatte und dass er von Gott gekommen war und zu Gott zurückkehrte, 4 stand vom Mahl auf, legte sein Gewand ab und umgürtete sich mit einem Leinentuch. 5 Dann goss er Wasser in eine Schüssel und begann, den Jüngern die Füße zu waschen und mit dem Leinentuch abzutrocknen, mit dem er umgürtet war. 6 Als er zu Simon Petrus kam, sagte dieser zu ihm: Du, Herr, willst mir die Füße waschen? 7 Jesus sagte zu ihm: Was ich tue, verstehst du jetzt noch nicht; doch später wirst du es begreifen. 8 Petrus entgegnete ihm: Niemals sollst du mir die Füße waschen! Jesus erwiderte ihm: Wenn ich dich nicht wasche, hast du keinen Anteil an mir. 9 Da sagte Simon Petrus zu ihm: Herr, dann nicht nur meine Füße, sondern auch die Hände und das Haupt. 10 Jesus sagte zu ihm: Wer vom Bad kommt, ist ganz rein und braucht sich nur noch die Füße zu waschen. Auch ihr seid rein, aber nicht alle. 11 Er wusste nämlich, wer ihn ausliefern würde; darum sagte er: Ihr seid nicht alle rein. 12 Als er ihnen die Füße gewaschen, sein Gewand wieder angelegt und Platz genommen hatte, sagte er zu ihnen: Begreift ihr, was ich an euch getan habe? 13 Ihr sagt zu mir Meister und Herr und ihr nennt mich mit Recht so; denn ich bin es. 14 Wenn nun ich, der Herr und Meister, euch die Füße gewaschen habe, dann müsst auch ihr einander die Füße waschen. 15 Ich habe euch ein Beispiel gegeben, damit auch ihr so handelt, wie ich an euch gehandelt habe.

Das Zweite Vatikanische Konzil nennt die Eucharistie „Quelle und Höhepunkt des kirchlichen Lebens" (Lumen Gentium 11). Deshalb können wir nicht oft genug darüber nachdenken, was wir in jeder Heiligen Messe feiern. Zunächst einmal folgen wir einem klaren Auftrag Jesu: „Tut dies zu meinem Gedächtnis" (1 Kor 11,24), sagt er im Abendmahlsaal. Wer diesen Satz unvoreingenommen hört, dem werden bestimmte Gedenktage in den Sinn kommen. Die Erinnerung an ein denkwürdiges Geschehen, ob schrecklich oder befreiend, wird durch Gedenkfeiern wachgehalten. Doch eine solche Vorstellung wäre in Bezug auf die Eucharistie ein grobes Missverständnis. Wir feiern kein Erinnerungsmahl im Blick auf ein vergangenes Geschehen. Das griechische Wort „anámnesis" ist mit „Gedächtnis" unzureichend übersetzt. „Anámnesis" meint, etwas Vergangenes wird Gegenwart. In dieser Vergegenwärtigung wird sogar Zukünftiges präsent. Indem der erhöhte Herr mitten unter den Seinen gegenwärtig ist, bricht Endgültiges ins Vorläufige ein. In der Eucharistie als „Quelle und Höhepunkt" wird die dahinfließende Zeit zu einem Stück Ewigkeit.

Wir denken also nicht einfach zurück, wir richten uns auf Christus, den Gegenwärtigen, hin aus. Das ist gute jüdische Tradition. Joseph Ratzinger hatte schon vor Jahrzehnten geschrieben: „Der Kult Israels ist wesenhaft Gedächtnis, das Gegenwart schafft." In seinem Buch „Der Geist der Liturgie" heißt es: „Die Eucharistie ist Hineingerissen-Werden in die Gleichzeitigkeit mit dem Pascha-Mysterium Christi." Wir hören auf dem Höhepunkt jeder Heiligen Messe den Satz „Tut dies zu meinem Gedächtnis!". Wir sollten dabei immer heraushören: Tut dies, indem ihr euch vergegenwärtigt: Ich bin da! Ich bin in eurer Mitte!

Wie ist diese Gegenwart Jesu zu verstehen? Wir haben gelernt, dass er real gegenwärtig ist in den eucharistischen Gaben von Brot und Wein. Schauen wir jedoch genauer in die Texte! Bei einem Lob- und Dankgebet vor Tisch brach Jesus als Hausvater beim letzten

Abendmahl den Brotfladen und sagte dazu: „Dies ist mein Leib!" Er tat das innerhalb eines Freundschaftsmahles, wo man nach hellenistischer Sitte auf kleinen Sofas lag. Die Jünger hatten neben ihrer Liege kleine Beistelltische, auf denen die Speisen und Getränke standen. Mit der Geste des Brotbrechens sagte Jesus: Das bin ich! So bin ich für euch! In einer symbolischen Handlung drückte er sein Wesen aus. Die Eucharistie ist das Vermächtnis seiner bleibenden Gegenwart in dieser Zeichenhandlung, die er selbst deutet.

Das Demonstrativpronomen „dies" meint nicht nur das Brot, das nach der klassischen Theologie mit den Wandlungsworten substantiell verwandelt wird. Wer alles allein auf das materielle Zeichen fokussiert, gerät in einen verengten Streit um die sogenannte Realpräsenz. Stellen wir uns den Auftrag Jesu dreidimensional vor! Er bricht das Brot und sagt dazu, indem er es weiterreicht: Das bin ich! So bin ich! Im „dies" steckt die Abfolge all seiner Gesten und Worte, steckt der gesamte Ritus, natürlich bezogen auf das materielle Symbol Brot. Er teilt sich selbst in diesem Symbol mit. Er sagt: Das ist mein Wesen! Ich verteile mich an euch wie gebrochenes Brot. Ich gebe mich hin und werde als „lebendiges Brot" eure Nahrung! Ich stärke eure wahren Lebenskräfte! Das Mahl am Abend vor seinem Leiden und Sterben war jener Augenblick, in dem sich sein gesamtes Leben wie in einem Brennpunkt verdichtete. Die Feier im engsten Kreis seiner Jünger dürfte wohl auch von bangen Ahnungen des Bevorstehenden überschattet gewesen sein. Doch Jesus wird vermutlich wie bei einem Paschamahl üblich vor allem über Gott und sein befreiendes Handeln an Israel und über seine eigene Sendung im Namen Gottes gesprochen haben.

Zum Abschluss eines ausgedehnten Freundschaftsmahles sprach der Hausvater gewöhnlich ein Segensgebet über den Becher mit

Wein. Auch diesen Ritus deutete Jesus neu. Er sagte nicht „Das ist mein Blut", sondern: „Dieser Kelch ist der Neue Bund in meinem Blut", wie es Paulus und Lukas überliefern (1 Kor 11,25; Lk 22,20). Mit ihm spielt Jesus auf den „neuen Bund" an, den Jeremia vorhergesagt hat (vgl. Jer 31,31-37), und macht auf diese Weise deutlich, dass seine freiwillige Lebenshingabe das Zeichen des erneuerten Bundes ist. Die eucharistischen Texte, die uns im Neuen Testament überliefert sind, waren zur Zeit ihrer Niederschrift bereits durch jahrelange liturgische Praxis geprägt und modifiziert. Bei Markus und Matthäus wird beim Wort über dem Becher auf den Bundesschluss am Sinai verwiesen, der mit Tieropfern besiegelt wurde. „Dies ist mein Blut des Bundes", heißt es dort (Mt 26,28; Mk 14,24). „Blut" galt als Sitz des Lebens und Gott war Ursprung und Garant jeden Lebens. Das Blut der geschlachteten Tiere wurde am Altar vergossen, denn es gehörte Gott. Auch das Volk wurde mit diesem Blut besprengt, um die Versöhnung und Einheit mit Gott auszudrücken (vgl. Ex 24,1-11). Das Bundesblut vom Sinai wurde in dieser Neudeutung zu Jesu eigenem Blut. Seine Hingabe in einem freiwilligen Menschenopfer sollte den unwiderruflichen Bund Gottes mit den Menschen besiegeln. In einem völlig unblutigen Freundschaftsmahl sollte diese Lebenshingabe Jesu immer neu gegenwärtig bleiben.

„Leib" und „Blut" sind in diesem Ritus nicht additiv zu verstehen. Mit beiden Symbolen drückt Jesus aus: Das bin ganz und gar ich selbst! Das ist meine Hingabe für euch bis zum Letzten! Und er blickt auch über seinen Tod hinaus. „Von nun an werde ich nicht mehr von der Frucht des Weinstocks trinken, bis das Reich Gottes kommt" (Lk 22,18). Das gegenwärtige Mahl ist schon Vorwegnahme des endgültigen Mahles. Mit diesem Ausblick auf die Zukunft Gottes feierten die ersten Christen in den Häusern das Herrenmahl

„in Freude und Lauterkeit des Herzens“ (Apg 3,46). Sie wussten den in ihrer Mitte, der an der Seite des Vaters lebt und der dafür bürgt, dass die Zukunft Gott gehört.

Diesen Ritus des „Brotbrechens“ oder „Herrenmahls“ kannte und feierte man natürlich auch in der johanneischen Gemeinde. Doch gibt der Evangelist der Schilderung des letzten Mahles eine ganz eigene Wendung. Mit keiner Silbe erwähnt er die eucharistischen Gaben von Brot und Wein samt den deutenden Worten Jesu. Er konzentriert alles in der Geste der Fußwaschung (vgl. Joh 13,3-17). In dieser Symbolhandlung sieht er sein gesamtes Leben und seine ganze Sendung zusammengefasst. So gesehen ist die Fußwaschung auch ein Sakrament, ein Zeichen der Zuwendung Gottes. „Denn auch der Menschensohn ist nicht gekommen, sich dienen zu lassen, sondern um zu dienen und sein Leben hinzugeben als Lösegeld für viele“ (Mk 10,45). Was sich als verwandelte Wirklichkeit in den sakramentalen Zeichen von Brot und Wein vollzogen hatte, sollte sich erweisen im täglichen Dienst für andere. Das Vorbild Jesu führte den Seinen vor Augen: Das gelebte Leben zählt! Die Eucharistie ist kein in sich kreisender Ritus, sie vollendet sich in der tätigen Dienstgesinnung und Liebe.

Dass die johanneischen Gemeinden die eucharistische Gegenwart des Herrn sehr ernst nahmen, wird im 6. Kapitel in Jesu Brotrede deutlich. Deshalb musste seine reale Präsenz in Brot und Wein bei der Schilderung des Letzten Mahles nicht noch einmal betont werden. Für die Gemeinde des Johannes war offenbar eine andere Akzentsetzung angesagt. Wir wissen aus den Johannesbriefen, dass diese Gemeinde auseinanderbrach. Oft sind es ganz gewöhnliche Konflikte, Auseinandersetzungen und Egoismen, die zu Trennungen führen. Auch in der Geschichte der Christenheit sollte man die rational ausgetragenen Kontroversen über die rechte Lehre nicht überbewerten. Meist mangelte es da an Versöhnungsbereitschaft, Demut und Dienstgesinnung. Im Streit der Konfessionen blieb man oft in Rechthabereien, Blindheit und Machtansprüchen stecken.

Zwischen den Zeilen lautet die Botschaft des vierten Evangeliums: Feiert bitte keinen abgehobenen Ritus, sondern begeht das Herrenmahl so, dass dadurch eure Dienstgesinnung und Versöhnungsbereitschaft dauernd gestärkt werden – ganz nach dem Vorbild Jesu. Nachsinnen über die Eucharistie heißt deshalb immer, sich ganz einzulassen auf die Selbsthingabe Jesu – in der liturgischen Feier wie im realen Leben. Deshalb war das Konzil gut beraten, die Eucharistie „Quelle und Höhepunkt kirchlichen Lebens" zu nennen. „Ich habe euch ein Beispiel gegeben, damit auch ihr so handelt, wie ich an euch gehandelt habe." Nehmen wir diesen Appell Jesu, nehmen wir dieses sein Vermächtnis immer mehr in unser Herz auf!

EIN NEUES GEBOT?

Joh 13, 31-35

[31] Als Judas hinausgegangen war, sagte Jesus: Jetzt ist der Menschensohn verherrlicht und Gott ist in ihm verherrlicht. [32] Wenn Gott in ihm verherrlicht ist, wird auch Gott ihn in sich verherrlichen und er wird ihn bald verherrlichen. [33] Meine Kinder, ich bin nur noch kurze Zeit bei euch. Ihr werdet mich suchen, und was ich den Juden gesagt habe, sage ich jetzt auch euch: Wohin ich gehe, dorthin könnt ihr nicht gelangen. [34] Ein neues Gebot gebe ich euch: Liebt einander! Wie ich euch geliebt habe, so sollt auch ihr einander lieben. [35] Daran werden alle erkennen, dass ihr meine Jünger seid: wenn ihr einander liebt.

„Ein neues Gebot gebe ich euch: Liebt einander!" Das hört sich an wie das Testament Jesu, ausgesprochen im Abendmahlsaal am Vorabend seines Todes. Man fragt sich: Ist dieses Gebot wirklich neu? Alle großen humanistischen und religiösen Traditionen bekennen sich zur Menschenwürde, zur Achtung vor anderen und zur Gerechtigkeit, die gesellschaftliche Varianten von Liebe und Mitmenschlichkeit sind. „Lieben und Geliebtwerden" – danach sehnt sich doch jeder Mensch! Auch kreist alle Kunst um diese beiden Themen: Liebe und Tod. Selbst die letzte Schnulze trällert von der Liebe. Was ist an der Liebe, von der Jesus spricht, so anders, dass er sein Gebot ein „neues Gebot" nennen kann?

Werfen wir zunächst einen Blick auf die drei anderen Evangelisten. Bei allen taucht die Frage nach dem Hauptgebot auf. Die Antwort, die Jesus dort gibt oder als richtig bestätigt, ist immer die gleiche: Gott und den Nächsten zu lieben (vgl. Mt 22,37-40; Mk 12,29-31;

Lk 10,27-30). Das Doppelgebot der Gottes- und Nächstenliebe ist die pulsierende Mitte des jüdischen Gesetzes und aller echten Religiosität. Der vierte Evangelist erwähnt die Gottesliebe jedoch gar nicht. Warum wird sie ausgespart? Ist denn mit dem Verweis auf die gegenseitige Liebe schon alles gesagt? Außerdem wird dieses neue Gebot nicht aus der jüdischen Bibel begründet. Es kommt allein aus der Autorität Jesu: Ich gebe euch ein neues Gebot, sagt er. Dieser Anspruch ist unerhört: Jesus erlässt aus eigener Souveränität das neue Hauptgebot.

Wie kann er das tun? Und was ist daran so neu? Der springende Punkt ist der Vergleichspartikel „wie". „Wie ich euch geliebt habe, so sollt auch ihr einander lieben." Das entsprechende griechische Wort (kathós) drückt nicht nur einen Vergleichspunkt aus, man könnte es auch kausal mit „weil" übersetzen. Das gesamte Johannesevangelium ist auf die Liebe Jesu hin ausgerichtet, weil in ihr die unendliche Liebe Gottes geoffenbart wird. „Denn so sehr liebte Gott die Welt, dass er den Sohn, den einziggezeugten, gab" (Joh 3,16; Übersetzung Münchner Neues Testament). Nach Johannes ist das Geschenk der Liebe Gottes im Sohn der einzige Sinn der Offenbarung. Der Sohn ist der Maßstab für die göttliche Liebe.

Dieser Sohn, der in Einheit mit dem Vater wirkt (vgl. Joh 10,30), wendet ein vorgeprägtes Bild für den Gott Israels auf sich an und sagt: „Der gute Hirt gibt sein Leben für die Schafe" (Joh 10,11). Unmittelbar vor unserem Abschnitt wird die Szene von der Fußwaschung erzählt (vgl. Joh 13,3-17). Jesus tut einen Dienst, der Kindern, Sklaven und Frauen vorbehalten war. Das ist das erregend Neue: Gott führt dem Menschen in Jesus vor Augen, dass sein göttliches Wesen in Dienst und Hingabe besteht. Der Offenbarer Gottes vollzieht mit dieser Geste einen Statuswechsel: Er, der Meister und Herr, beugt sich tief hinab. Er geht, wenn es sein muss, in seiner Hingabebereitschaft bis zur Preisgabe des eigenen Lebens. Erst durch dieses Vorbild Jesu wird offenbar, was wahre Liebe ist.

Hier taucht eine neue Frage auf. In den ersten zwölf Kapiteln des Johannesevangeliums geht es um die Offenbarung Gottes vor der Welt. Vom Liebesgebot ist da nie die Rede. Ab dem 13. Kapitel wendet sich Jesus seinen Jüngern und damit der Gemeinde der Gläubigen zu und unterweist sie. „Liebt einander!" bedeutet also: Pflegt die gegenseitige Liebe in der Gemeinde! Wird da nicht die Spitzenbotschaft der Bergpredigt verengt und zurückgenommen? Denn Jesus weitet dort die Liebe bis hin zu den Feinden und Verfolgern aus (vgl. Mt 5,43-48). Ist diese Liebe unter Gleichgesinnten nicht sehr selbstbezogen? Kann man das überhaupt Liebe nennen? Es könnte der Verdacht aufkommen, dass hier einer abgeschotteten Sektenmentalität das Wort geredet wird.

Ein solches Missverständnis lässt sich nur vom Gesamtduktus der Abschiedsreden her entkräften. Im ersten Teil der Reden und Wechselgespräche mit den Jüngern (Kap. 14) wird der liebende Blick auf das Vorbild Jesu vertieft: Wer ihn liebt, wird auch vom Vater geliebt werden. Beide, Vater und Sohn, werden im Herzen eines Christus liebenden Menschen einwohnen. Nach dem Heimgang Jesu wird der Vater den Geist als Beistand senden. Dieser wird an die Stelle des irdischen Jesus treten. Das ist die mystische Vision des vierten Evangeliums: Die Liebe erfließt aus der Einwohnung des dreifaltigen Gottes im Menschen. In der zweiten, monologischen Abschiedsrede (Kap. 15-16) überwiegt der dringende Appell: „Bleibt in meiner Liebe!" (Joh 15,9). Die große Redekomposition wird im abschließenden Teil (Kap.17) auf die Ebene des

Gebets um Einheit mit Gott und untereinander erhoben. „Wie du, Vater, in mir bist und ich in dir bin, sollen auch sie in uns sein, damit die Welt glaubt, dass du mich gesandt hast" (Joh 17,21). Die Welt ist nicht nur das Gegenüber und der Adressat der Liebe Gottes, sondern auch der Liebe der Gemeinde. Wie Israel Zeichen und Einladung für alle Völker sein sollte, so sollte durch die Gemeinde Jesu exemplarisch gelebte Liebe ausstrahlen und die ganze Welt zum Glauben und zur Liebe führen. Die Gemeinde darf gerade nicht auf sich selbst bezogen bleiben, sondern sollte der Menschheit eine gegenseitige Liebe vor Augen führen, die überzeugt, andere anzieht und so bis in Ewigkeit bleiben wird.

Das ist die atemberaubende Vision von christlicher Gemeinschaft: mit missionarischer Ausstrahlung den Glauben und die Liebe vorleben! Die Zukunftsfrage der Menschheit ist heute, dass die großen Weltreligionen und die säkularen humanistischen Traditionen zusammenwirken für die Eine Welt. Für dieses Ziel führt der Streit um die Existenz Gottes oder über verschiedene Gottesvorstellungen nicht weiter. Der gemeinsame Ansatz muss die gelebte Liebe sein! Im Dialog mit Atheisten wäre z. B. darüber nachzudenken: Was tust du eigentlich, wenn du deine Kinder liebst? Stehst du damit nicht vor dem universellen Anspruch, alle Kinder dieser Welt zu lieben? Gelebte Liebe hat immer eine Dynamik auf das Ganze hin – als Grundhaltung des ganzen Menschen und mit dem Bezug auf die Gesamtheit der Wirklichkeit.

Wenn ein säkularer Humanist die Liebe engagiert lebt, dann könnte man ihm die Rückfrage stellen: Spürst du nicht, dass du von einer größeren Liebe umfangen, geleitet und gestützt bist? Im tastenden Gespräch würden sich weitere Fragen ergeben wie z. B.: Ist es lediglich eine biologische Anlage, dass wir grenzenlos lieben wollen? Empfinden wir nicht eine unbedingte Verantwortung dem anderen Menschen gegenüber? Taucht dahinter nicht ein größeres, geheimnisvolles Du auf? Mit unseren agnostischen Zeitgenossen sollten wir uns der Gottesfrage von der Tiefendimension erfahrener Liebe her nähern.

Ähnlich fragend und suchend könnten wir auch das Gespräch mit den anderen Offenbarungsreligionen führen: Kann ein Buch oder ein Mensch letzte Gottesgewissheit vermitteln? Ist es nicht der größte Erweis von Wahrheit, wenn Gott uns seine Liebe selbst vorlebt – als „einer von uns" (vgl. Phil 2,7)? Brauchen wir nicht alle, um die Wechselfälle des Lebens zu bestehen, ein lebendiges Gegenüber? Ein solidarisches Du, das uns auch nach Brüchen und Katastrophen aufhilft und weiterführt? Mit solchen Fragen könnten wir deutlich machen, warum für uns Christen hinter aller Wortoffenbarung die Gestalt eines göttlichen Offenbarers auftaucht. Wir sagen mit dem Johannesevangelium: Der Sohn Gottes ist das in die Welt hinein ausgesprochene lebendige und ewige Wort des Vaters. Gott selbst bürgt dafür, dass die Worte und Taten des Offenbarers Jesus Christus aus Gott kommen.

Die großen Religionen und humanistischen Traditionen wollen Gerechtigkeit und Menschlichkeit fördern und auf diese Weise dem Leben dienen. Für solches Engagement braucht es den Geist der Hoffnung; einen Geist, der uns beisteht und tröstet, einen Gottesgeist, der uns einwohnt und weiterführt, „…denn die Liebe Gottes ist ausgegossen in unsere Herzen durch den Heiligen Geist, der uns gegeben ist" (Röm 5,56). Mit der Bitte um diesen alles verwandelnden Geist klingen die Abschiedsreden Jesu aus. In diesem großen Erzählbogen gewinnt Jesu neues Gebot der gegenseitigen Liebe Kontur, Weite und Tiefe.

Nach alter Tradition lebte die johanneische Gemeinde nach der Auswanderung aus der Heimat in der Nähe von Ephesus. In dieser Gemeinde gab es einen Presbyter Johannes, der von manchen mit dem Evangelisten identifiziert wird. Dieser Johannes habe bis über die Jahrhundertgrenze hinaus gelebt. Der uralte Mann, so sagt eine Legende, habe von sich aus die Gemeindeversammlungen nicht mehr besuchen können. Deshalb habe man ihn auf einer Bahre herbeigetragen. Der ehrwürdige Presbyter habe immer nur einen Satz gesagt, der dem Ersten Johannesbrief entlehnt ist: „Kindlein, liebet einander!" Da er diesen Satz immer wiederholte, fragten ihn die Gemeindemitglieder: „Warum sagst du das immer und immer wieder?" Seine Antwort: „Weil es das Gebot des Herrn ist. Wenn ihr dieses Gebot erfüllt, dann habt ihr alles erfüllt." Was kann ein Prediger dann anderes sagen, als sich dem alten Mann anzuschließen und der Gemeinde heute ans Herz zu legen: „Kindlein, liebet einander!"

GRÖSSERES TUN ALS JESUS?

Joh 14,1-12

Jesus sprach zu seinen Jüngern: 1 Euer Herz lasse sich nicht verwirren. Glaubt an Gott und glaubt an mich! 2 Im Haus meines Vaters gibt es viele Wohnungen. Wenn es nicht so wäre, hätte ich euch dann gesagt: Ich gehe, um einen Platz für euch vorzubereiten? 3 Wenn ich gegangen bin und einen Platz für euch vorbereitet habe, komme ich wieder und werde euch zu mir holen, damit auch ihr dort seid, wo ich bin. 4 Und wohin ich gehe – den Weg dorthin kennt ihr. 5 Thomas sagte zu ihm: Herr, wir wissen nicht, wohin du gehst. Wie können wir dann den Weg kennen? 6 Jesus sagte zu ihm: Ich bin der Weg und die Wahrheit und das Leben; niemand kommt zum Vater außer durch mich. 7 Wenn ihr mich erkannt habt, werdet ihr auch meinen Vater erkennen. Schon jetzt kennt ihr ihn und habt ihn gesehen. 8 Philippus sagte zu ihm: Herr, zeig uns den Vater; das genügt uns. 9 Jesus sagte zu ihm: Schon so lange bin ich bei euch und du hast mich nicht erkannt, Philippus? Wer mich gesehen hat, hat den Vater gesehen. Wie kannst du sagen: Zeig uns den Vater? 10 Glaubst du nicht, dass ich im Vater bin und dass der Vater in mir ist? Die Worte, die ich zu euch sage, habe ich nicht aus mir selbst. Der Vater, der in mir bleibt, vollbringt seine Werke. 11 Glaubt mir doch, dass ich im Vater bin und dass der Vater in mir ist; wenn nicht, dann glaubt aufgrund eben dieser Werke! 12 Amen, amen, ich sage euch: Wer an mich glaubt, wird die Werke, die ich vollbringe, auch vollbringen und er wird noch größere als diese vollbringen, denn ich gehe zum Vater.

„Wer an mich glaubt, wird die Werke, die ich vollbringe, auch vollbringen und er wird noch größere als diese vollbringen, denn ich gehe zum Vater." Größere Werke als Christus vollbringen? Das lässt aufhorchen und macht stutzig! Wenige Verse vorher hatte Jesus über sich gesagt: „Wer mich gesehen hat, hat den Vater gesehen." Wer sind wir denn, dass wir beanspruchen könnten, den Menschen zu übertreffen, der das lebendige Abbild Gottes für die Welt ist?

Nach dem verwunderten ersten Hören sollten wir genauer in den Text schauen. Es hieß am Anfang: „Wer an mich glaubt...", der wird noch Größeres als ich vollbringen. Die Kraft zum größeren Werk kommt nicht aus uns, sondern aus der glaubenden Verbindung mit Jesus. Außerdem begründet er, warum die Glaubenden an seiner Stelle größere Werke vollbringen werden: „...denn ich gehe zum Vater." Er redet also von seinen Werken während seiner irdischen Lebenszeit. Die Werke der Glaubenden jedoch geschehen in der Kraft des Auferstandenen, der unter den Seinen gegenwärtig bleibt. Im weiteren Verlauf der Abschiedsrede wird Jesus sein Weiterwirken in den Glaubenden verdeutlichen: „Wann aber jener kommt, der Geist der Wahrheit, einweisen wird er euch in die ganze Wahrheit..." (Joh 16,13; Übersetzung Münchner Neues Testament). Der scheidende Jesus sagt den Seinen, dass sich in seinem irdischen Wirken noch nicht die ganze Wahrheit gezeigt hat. Deshalb kündigt er das Größere an, das noch folgen wird – durch die Glaubenden.

Was könnte damit gemeint sein? Nehmen wir als Beispiel den heiligen Paulus. Was ihm vor Damaskus widerfuhr, war ein umwerfendes Bekehrungserlebnis, war Begegnung mit dem Auferstandenen, die ihn bis ins Innerste erschütterte und umformte; und es war gleichzeitig seine Berufung zum Heidenmissionar. Er erkannte den lebendigen Christus als die menschgewordene Liebe Gottes, die allen Menschen gilt. Deshalb musste er rastlos in der ganzen damaligen Welt unterwegs sein, Gemeinden aus Juden und Heiden gründen und ihnen die Gegenwart des Auferstandenen verkünden. Jesus selbst war kein Heidenmissionar, auch wenn er einzelne Heiden heilte und anerkennend von ihrem Glauben sprach. Er fühlte sich zu den verlorenen Schafen des Hauses Israel gesandt (vgl. Mt 10,5), durchaus mit der Perspektive, dass sich nach der Bekehrung Israels durch das Vorbild des jüdischen Volkes auch die Heiden zum Gott Israels bekehren würden. Doch was Paulus tat, war etwas ganz Neues, etwas „Größeres", nämlich das Evangelium direkt in die griechisch-römische Welt hineinzutragen.

An diesem Übergang von Jesus zu Paulus erkennt man eine grundlegende Struktur des christlichen Glaubens. Wir sind nicht von vorneherein auf etwas Fixiertes, z.B. etwas Geschriebenes, festgelegt, wir haben Vorgegebenes nicht einfach buchstabengetreu auszuführen. Vielmehr stehen wir in Beziehung zu einer lebendigen Person und stellen uns im Geist des Auferstandenen den Herausforderungen der Zeit. Christen sind ins Offene hinein gesandt. Glaube heißt: auf den Anruf des geschichtlichen Augenblicks und die Stimme des Auferstandenen hören, sich auf die Gegenwart einlassen und sie auf Zukunft hin gestalten. Der christliche Glaube ist rückgebunden an eine historische Person, an Jesus von Nazaret, dessen lebendige Präsenz im Geist uns ermutigt, voller Hoffnung kreativ nach vorne zu leben.

Glaube hat wie alles Leben eine evolutive Grundstruktur. Lebendiges bleibt sich selbst nur treu, wenn es sich weiterentwickelt. Wenn wir den Glauben unserer Großeltern genau nachahmen wollten, könnten wir ihn nicht mit dem Heute verbinden. Schauen wir doch auf unsere eigene Lebensgeschichte! Keiner von uns wird mehr so wie vor 20, 30 oder 50 Jahren glauben. Das wäre fatal! In der berühmten letzten Keuner-Geschichte von Bert Brecht traf Herr K. einen Mann, der ihn schon lange nicht mehr gesehen hatte. Der Mann begrüßte ihn mit den Worten: „Sie haben sich gar nicht verändert." „Oh, sagte Herr K., und erbleichte." In der Tat: Sich nicht verändern wollen, den Wandlungsprozessen des Lebens ausweichen, wäre ein Grund zu erbleichen. Ohne Transformationen erkaltet und stirbt etwas in uns.

Papst Paul VI. hatte schon in den 1960er Jahren diagnostiziert, dass die Kluft zwischen der Kultur und dem Evangelium das große Problem der Gegenwart sei. Das gilt besonders für unsere westliche Welt. Es ist unser aller Aufgabe, diese Kluft zu überwinden. In unserer globalisierten Welt, in einer Zeit enormer Beschleunigung, in einer Epoche, die durch Demokratisierung, aber auch durch autokratische und nationalistische Tendenzen, durch Klimabedrohung und die Kluft zwischen Arm und Reich geprägt ist – noch dazu in einem gesellschaftlichen Umfeld, wo Sinnleere und vielfältige Sinnsuche zu beobachten sind –, muss der christliche Glaube neue Antworten in kreativer Weise suchen und finden.

Der Auferstandene ermutigt uns, im Heute Werke zu vollbringen, die aus der Inspiration des Anfangs neue Horizonte erschließen. In früheren Jahrhunderten waren die großen Religionen auf verschiedene Regionen der Erde verteilt. Heute leben in jeder deutschen Stadt viele Religionen und Bekenntnisse unmittelbar nebeneinander. Das Verhältnis der Religionen untereinander ist eine der großen Herausforderungen unserer Tage. Dieses Miteinander kann nur im Geist des Dialogs und der Geschwisterlichkeit gelingen, wie es Papst Franziskus immer wieder betont. Gerade Religionen mit einem universellen Wahrheitsanspruch dürfen nicht auf Vereinnahmung oder gar Gewalt setzen. Fundamentalistische Abschottung wäre auch eine Sackgasse. Im Interesse der Einen Welt und der Erhaltung des Planeten sind wir alle aufeinander angewiesen.

Auf die Frage des Apostels Thomas, wohin Jesus denn gehe, antwortete der Meister: „Ich bin der Weg und die Wahrheit und das Leben; niemand kommt zum Vater außer durch mich." Das ist ein gewaltiger Anspruch! Der letzte Satzteil wirkt abgrenzend und mag manche sogar abschrecken. Doch die exklusive Aussage muss inklusiv zusammen mit dem ersten Teil des Satzes gedeutet werden. Und dort geht es um die Frage: Wie kann ich, wie kann jeder Mensch erfüllt und glücklich leben? Dieser tiefen Sehnsucht nach dem guten Leben – der Religiösen und der Religionslosen – gilt das dreifache Bildwort Jesu. Von gläubigen Christen müsste vorgelebt werden, dass im Geist Jesu der Lebensweg gelingen kann, weil man mehr und mehr die tiefere Wahrheit der eigenen Existenz entdeckt und sich in einem fraglos-vertrauenden, gesteigerten Leben zeigt, dass der exemplarische Weg Jesu zu einem erfüllten Leben führt. Allein das Zeugnis gelebten Lebens überzeugt und lädt andere Menschen zum Glauben ein. Es ist oft weiser und zielführender, nicht durch Worte zu verkünden, sondern durch das Zeugnis des eigenen erlösten Daseins.

Nur im Dialog und in der Achtung vor der Freiheit des andern – was in der Vergangenheit von Christen nicht immer praktiziert oder systematisch verhindert wurde – kann es gelingen, dass auch Anders- oder Nichtgläubige entdecken können, wie auch in ihnen die Sehnsucht nach einem Gottmenschen lebt, der auf sie zukommt und ihnen das Geheimnis des Lebens erschließt. „Der im Hinduismus verborgene Christus" lautet der Titel eines Buches von einem indischen Jesuiten. Natürlich hören wir in den Nachrichten eher von fundamentalistischen Gewaltausbrüchen, sowohl von einem nationalistisch missbrauchten Hinduismus wie von einem politisch manipulierten Islam. Doch verbergen sich dahinter meist massive soziale Probleme, die durch pseudoreligiöse Ideologien überhöht und gleichzeitig verdeckt werden. Da heißt es, den langen Atem der Hoffnung nicht verlieren! Christliche Hoffnung lebt vom Vorbild Christi – von diesem exemplarischen Menschen, der Weg, Wahrheit und Leben für alle ist, weil er in seiner Person der Welt den menschlichen, liebenden Gott nahegebracht hat.

Karl Rahner hat immer wieder betont, dass die Mitte christlicher Theologie die Selbstmitteilung Gottes in Jesus von Nazaret ist: Gott, der Geheimnis bleibt, teilt sich in seinem menschgewordenen Sohn aller Kreatur mit. Das ist die große und zentrale Wahrheit des Christentums. Jesus steht im Verbund mit allen Weisen der Menschheitsgeschichte, mit allen Gottergriffenen und Propheten, doch sein Leben und seine Hingabe bis in den Tod vereinen und bündeln für uns Christen alles Licht, das auch von anderen religiösen Deutungen dieser Welt ausgeht. So können wir immer nur bitten: Herr, hilf, dass wir dich immer mehr als den Weg entdecken, durch den uns die Wahrheit unseres Lebens aufleuchtet und durch den wir von innen her lebendig werden! Bitten wir Gott, dass immer mehr Menschen Jesus Christus als Weg, Wahrheit und Leben entdecken!

WAHRE SPIRITUALITÄT

Joh 14, 15-21

Jesus sprach im Abendmahlsaal zu seinen Jüngern: 15 Wenn ihr mich liebt, werdet ihr meine Gebote halten. 16 Und ich werde den Vater bitten und er wird euch einen anderen Beistand geben, der für immer bei euch bleiben soll, 17 den Geist der Wahrheit, den die Welt nicht empfangen kann, weil sie ihn nicht sieht und nicht kennt. Ihr aber kennt ihn, weil er bei euch bleibt und in euch sein wird. 18 Ich werde euch nicht als Waisen zurücklassen, ich komme zu euch. 19 Nur noch kurze Zeit und die Welt sieht mich nicht mehr; ihr aber seht mich, weil ich lebe und auch ihr leben werdet. 20 An jenem Tag werdet ihr erkennen: Ich bin in meinem Vater, ihr seid in mir und ich bin in euch. 21 Wer meine Gebote hat und sie hält, der ist es, der mich liebt; wer mich aber liebt, wird von meinem Vater geliebt werden und auch ich werde ihn lieben und mich ihm offenbaren.

„Spiritualität" ist heute ein Sehnsuchtswort, aber auch ein Container-Begriff, in den man alles Mögliche hineinpackt. Gestresste Manager, Sinnsucher, von der Kirche Enttäuschte, esoterisch Angehauchte – alle führen sie dieses Zauberwort im Mund.

Was man heute „Spiritualität" nennt, hieß im zweiten nachchristlichen Jahrhundert „Gnosis". Die Spätantike war religionspluralistisch und synkretistisch geprägt: Man kombinierte die Göttergeschichten aus verschiedenen Kulturen miteinander. Dieses Gemisch aus eigenen und fremden Traditionen wurde in die römisch-hellenistische Universalkultur integriert. In der Öffentlichkeit wurde eine Art Staatsreligion inszeniert und gepflegt. Doch viele Leute spürten: Hinter der Vielfalt gesellschaftlich zelebrierter Religiosität muss es doch noch etwas anderes geben, etwas, das jeden Menschen ganz persönlich betrifft und anspricht. Diese Bewegung persönlicher Sinnsuche nannte man „Gnosis", zu Deutsch „Erkenntnis". Worum ging es? Der Einzelne sollte durch Versenkung nach innen sein tieferes, bisher unentdecktes Selbst erspüren und ergründen. Durch die Tiefenerkenntnis des eigenen Selbst würde man durch „Gnosis" hinter den vielen Göttergestalten den einen unbekannten Gott finden. „Selbstfindung", „Selbstverwirklichung" sind auch Schlagwörter unserer Zeit.

Im Johannesevangelium begegnen uns viele Formulierungen, die sehr gnostisch klingen, auch in unserem Text. Die „Welt" „erkennt" nicht „den Geist der Wahrheit", wohl aber die Jesusgemeinde. Sie wird Jesus „sehen" und teilhaben am inneren Wesen der Gottheit. Der Auferstandene nimmt sie mit hinein in seine eigene Einheit mit dem Vater. Das hört sich an wie eine christliche Variante der Gnosis-Bewegung. War das Christentum damit auf der Höhe der Zeit angelangt? Das Gegenteil war der Fall! Die Begegnung mit der Gnosis führte das junge Christentum in eine tiefe Krise. Offenbar meinten manche Gemeindemitglieder, vielleicht gerade die spirituell besonders empfänglichen, das Christentum könnte eine Art Metareligion über den vielen spätantiken Religionen werden. Aber es kam ganz anders. Wenn man den gnostischen Grundansatz zu Ende denkt und durch reine Innenschau den unbekannten Gott jenseits aller Bilder und Begriffe zu finden meint, gerät die Offenbarung Gottes in Jesus Christus ins Abseits. Der gnostische Mythos verdrängt die christliche Grundwahrheit, dass sich Gott selbst in Jesus Christus gezeigt hat, wie er ist. Offenkundig wird das beim Skandal des Kreuzes und beim Ärgernis des Bösen in der Welt. Solch Schreckliches kann doch nicht auf den einen, alles umfassenden Gott zurückzuführen sein, den man als Grund und Geheimnis dieser Welt in sich selbst entdeckt hatte!

Die Welt ist ohne Frage durchmischt von Gut und Böse. Deshalb erklärte der gnostische Mythos, die Entstehung der Materie sei fast so etwas wie ein Unfall bei der Erschaffung der Welt gewesen. Hinter der Welt sah man einen kosmologischen Kampf zwischen guten und bösen Geistern. Geschaffen habe die Welt ein „Demiurg", ein Weltschöpfer, der eben nicht mit dem verborgenen Gott identisch sein konnte. Die generelle Abwertung des Weltlichen führte dann folgerichtig auch zu einer Abwertung des Leiblichen. Im Leib, so sagte man, ist der göttliche Seelenfunke wie eingesperrt. Deshalb müsse man sich vom Leiblichen befreien. Mit diesem theologischen Konstrukt waren der biblische Ein-Gott-Glaube und die christliche Sicht von Erlösung gefährdet. Denn der Schöpfungsbericht stellte von Anfang an klar: Die Welt geht auf einen transzendenten Gott zurück, der durch sein Wort alles erschaffen hat. Der biblische Monotheismus wurde durch die Gnosis fundamental infrage gestellt. Zugleich war damit die christliche Grundwahrheit bedroht, dass der Sohn und Offenbarer Gottes Fleisch wurde und als sterblicher Mensch den Weg zur Erkenntnis Gottes gezeigt und vorgelebt hat. Für Christen und ihr Erlösungsverständnis ist „das Fleisch der Angelpunkt des Heiles", wie es Tertullian (150-220 n.Chr.) klassisch in einem Wortspiel ausgedrückt hat: „Caro Cardo Salutis." Für den christlichen Zugang zu Gott führt an der Person Jesu Christi und an seinem Kreuzestod kein Weg vorbei. Das hatte schon Paulus immer wieder betont.

Unter dem Schein des Frommen unterlief die Gnosis zentrale christliche Wahrheiten. Ihre Art von Spiritualität war letztlich ein Konzept von Selbsterlösung. Erlösung und wahre Gotteserkenntnis gibt es nach christlicher Auffassung allein durch Jesus Christus, durch seine Menschwerdung bis hin zur Hingabe am Kreuz. Deshalb kam es zur Trennung des Urchristentums von dieser Bewegung, die so attraktiv und anschlussfähig schien. Es gibt auch heute den Versuch, durch quasi-gnostische Spiritualität in einen weltenthobenen Zustand, in eine „Wellness höherer Ordnung" zu gelangen. Dabei werden das Leid, die Brüche, die Tragik der Welt ausgeblendet, ganz abgesehen von der politischen und gesellschaftlichen Dimension des Glaubens.

In unseren Tagen trifft man auch auf eine Art atheistischer Gnosis im Sinne einer reinen Wissenschaftsgläubigkeit: Wir, die den wissenschaftlichen Durchblick haben, wissen Bescheid! Wir können sagen, wo es lang geht und was zu machen ist! Die anderen, die Naiven und Ungebildeten mit ihrer Religiosität und ihrem Glauben, lassen wir außer Acht und können sie höchstens bedauern! Mit scheinbar wachsender Erkenntnisgewissheit wächst auch die Überheblichkeit – und damit die Blindheit sich selbst und der Wirklichkeit gegenüber. Das scheint auch in der Antike und in den ersten Gemeinden so gewesen zu sein. Die „Gnostiker" schauten auf die „Pistiker" (griech.: pístis, Glaube) herab, die halt noch an irgendwelche alten Geschichten glaubten, weil sie noch nicht den vollen Durchblick hatten. Die frühen Gemeinden sind nicht primär wegen Lehrstreitigkeiten auseinandergebrochen. Meist standen wohl massive Probleme im sozialen Miteinander dahinter. Paulus formuliert sehr deutlich: „Doch die Erkenntnis macht aufgeblasen, Liebe dagegen baut auf" (1 Kor 8,1). Die gnostische Bewegung gefährdete nicht nur christliche Grundwahrheiten, sondern sie stand durch die Tendenz zur Überheblichkeit vor allem dem Hauptgebot der Liebe entgegen.

Heute dürfen wir nach einer Phase des platten Materialismus und Fortschrittsglaubens die verbreitete Sehnsucht nach Spiritualität um uns herum dankbar zu Kenntnis nehmen. Doch Christen sollten ihren Glauben immer als eine Haltung leben, welche die Wirklichkeit aufnimmt, ernst nimmt und verwandelt: Lebensnähe, Leidempfindlichkeit, Sehnsucht nach Gerechtigkeit für alle, Rücksicht gegenüber anderen sowie die besondere Sorge für die Schwachen und Armen gehören ins Zentrum des christlichen Glaubens. Gerade das gnostisch anmutende Johannesevangelium betont diesen Aspekt. Vor den Abschiedsreden wäscht Jesus seinen Jüngern die Füße und deutet diese Symbolhandlung als Vorbild für die Seinen. Er hat sich gebückt, eine niedrige Sklavenarbeit verrichtet, sich die Hände schmutzig gemacht und kommentiert das mit den Worten: „Ich habe euch ein Beispiel gegeben, damit auch ihr so handelt, wie ich an euch gehandelt habe" (Joh 13,15).

Auf die Fußwaschung mit dem Wort vom beispielhaften Tun Jesu folgt direkt die einzige Seligpreisung im Johannesevangelium: „Wenn ihr das wisst – selig seid ihr, wenn ihr danach handelt" (Joh 13,17)! Nicht das Wissen wird seliggepriesen, sondern das Handeln! Dies zu betonen, liegt dem vierten Evangelisten offenbar besonders am Herzen. Christlicher Glaube ist deshalb nie allein kontemplative Versenkung, um zur „Erleuchtung" zu gelangen, vielmehr erweist sich die wahre christliche „Gnosis" im Handeln, in der Demut täglicher Dienstgesinnung, die sich tief hinabbeugt – ganz nach dem Vorbild Jesu Christi, der den Seinen die Füße wäscht und dessen Speise es war, den Willen des Vaters zu tun (vgl. Joh 4,34)!

DER BEISTAND

Joh 14, 23-29

23 Jesus antwortete dem Apostel Judas – nicht der Iskariot: Wenn jemand
mich liebt, wird er mein Wort halten; mein Vater wird ihn lieben und
wir werden zu ihm kommen und bei ihm Wohnung nehmen. 24 Wer mich
nicht liebt, hält meine Worte nicht. Und das Wort, das ihr hört, stammt
nicht von mir, sondern vom Vater, der mich gesandt hat. 25 Das habe ich
zu euch gesagt, während ich noch bei euch bin. 26 Der Beistand aber, der
Heilige Geist, den der Vater in meinem Namen senden wird, der wird
euch alles lehren und euch an alles erinnern, was ich euch gesagt habe.
27 Frieden hinterlasse ich euch, meinen Frieden gebe ich euch; nicht, wie
die Welt ihn gibt, gebe ich ihn euch. Euer Herz beunruhige sich nicht und
verzage nicht. 28 Ihr habt gehört, dass ich zu euch sagte: Ich gehe fort und
komme wieder zu euch. Wenn ihr mich liebtet, würdet ihr euch freuen,
dass ich zum Vater gehe; denn der Vater ist größer als ich. 29 Jetzt schon
habe ich es euch gesagt, bevor es geschieht, damit ihr, wenn es geschieht,
zum Glauben kommt.

In den Abschiedsreden bei Johannes wird der Heilige Geist „Beistand" genannt. Dieses deutsche Wort kann die Bedeutungsbreite des Urtextes nicht wiedergeben. Auf Griechisch heißt das entsprechende Wort „Parákletos". Über dieses Wort wollen wir heute nachdenken. Das Verb, aus dem es gebildet ist, heißt „kalêin", zu Deutsch „rufen". Die Präposition „pará" bedeutet „herbei". „Kletós" ist ein Partizip Perfekt von „kalein". Parákletos" bedeutet also wörtlich der „Herbeigerufene". Sich an ein höheres Wesen zu wenden, es anzurufen und herbeizurufen, ist die Urform des Religiösen. Schon in den Höhlen, in denen die ersten Hominiden wohnten, sind Wandzeichnungen zu sehen, die nach oben hin ausgestreckte Hände zeigen – offensichtlich eine Geste, mit der man sich an eine göttliche Macht wandte.

Unser neuhochdeutsches Wort „Gott" geht auf eine althochdeutsche Wurzel zurück, die bedeutet: einer, zu dem man „schreien" kann. Im meinem fränkischen Dialekt bellen die Hunde nicht, sie „gauzen" – dieselbe Wortwurzel wie im Begriff „Gott". Das Religiöse erwächst aus der Ursehnsucht des Menschen nach Beheimatung, aus der fraglosen Dankbarkeit und aus ekstatischer Ergriffenheit, aber auch aus dem Ausgeliefertsein und der Angst vor innerer und äußerer Bedrohung. Wir sind Wesen, die ungefragt in ein rätselhaftes Universum hineingeboren wurden und vielen Widrigkeiten ausgesetzt sind. Und wir sind Lebewesen, die ein Bewusstsein ihrer selbst haben. Unsere gesamte Existenz ist eine einzige große Frage nach dem Woher und Wohin. Wir alle tragen die Sehnsucht nach Glück und Erfüllung in uns. Deshalb rufen wir über uns hinaus und suchen Antworten. Selbst erklärte Atheisten verfallen manchmal ins Beten, wenn sie in Not geraten oder überglücklich sind. Den Notschrei und den spontanen Jubel müssen wir aus uns herauslassen, manchmal sogar hinausschreien. Der Geist Gottes ist jenes geheimnisvolle Gegenüber, an das sich Menschen in Freude und Leid wenden: Er ist der „Herbeigerufene".

Auf der übertragenen Ebene ist „Parákletos" ein Begriff aus dem Gerichtswesen. So heißt der „Anwalt", der „Fürsprecher", also einer, der für einen anderen Partei ergreift, zu ihm steht und bei einem Prozess für ihn spricht. Auch das ist eine Urerfahrung des religiösen Menschen: Es gibt eine geheimnisvolle Kraft, die mir beisteht. Jesus sagt in den Abschiedsreden zu seinen Jüngern: Ihr werdet „mich alleinlassen, aber ich bin nicht allein, denn der Vater ist bei mir" (Joh 16,32). Das Tiefenbewusstsein des Menschen, auf dieser Welt nicht völlig zuhause, aber auch nicht völlig isoliert und allein zu sein, ist Ansatzpunkt für eine religiöse Deutung der Welt. Positiv gewendet heißt das: Wir sind umfangen von einem größeren Sinnhorizont. In der Bibel wird dieses Geheimnis der Welt mit „Du" angesprochen.

Jesus weiß sich beheimatet bei diesem transzendenten Du, das er „Abba" nennt. „Ich und der Vater sind eins" (Joh 10,30), sagt er den Juden auf ihre drängende Frage, ob er der Messias sei. Dieses Wort Jesu ist keine Aussage im Sinne der griechischen Wesensspekulation. Er spricht vielmehr von seiner inneren Einheit mit dem Vater, auf den er hört und schaut und dementsprechend handelt. Er geht in seinem Sterben heim zum Vater, von dem er sagt: Er „ist größer als ich" (Joh 14,28). Er nimmt Abschied von den Seinen und versichert ihnen, dass dies gut für sie sei. Denn als Auferstandener werde er wiederkommen und bei ihnen einkehren und bleiben. Nach seinem Weggang würden sie „dem Herrscher der Welt" (Joh 14,30) ausgesetzt sein und müssten sich wie Angeklagte in einem Prozess behaupten. Doch der scheidende Jesus sichert ihnen den Geist als „Beistand" zu, als „Anwalt" und „Fürsprecher" in diesem lebenslangen Entscheidungsprozess. Denn der Glaubende ist immer wieder in die Entscheidung zwischen Licht und Finsternis, zwischen Gut und Böse gerufen.

Der Begriff „Parákletos" hat noch eine dritte Bedeutungsebene. Das Verb, „parakalêin" heißt auch „trösten". Es ist die Übertragung eines hebräischen Wortes, das „neu den Atem finden", „aufatmen" bedeutet. Der Ursprung dieser übertragenen Bedeutung könnte von der Erfahrung herrühren, dass Menschen bei einem Sturm in der Wüste viel Sand schluckten, was den Atem ins Stocken und sie nahe ans Ersticken brachte. In dieser Atemnot wieder durchatmen zu können, ist eine große Erleichterung, die „tröstet". Auch diese ganz reale Erfahrung lässt eine religiöse Erfahrung anklingen. Mitten in der Untröstlichkeit dieser Welt eine geheimnisvolle, innere Tröstung zu erfahren, ist vielleicht das stärkste religiöse Widerfahrnis. Der „Trost ohne vorhergehende Ursache" ist für Ignatius von Loyola die Exerzitienerfahrung schlechthin. Es ist, als ob einem jemand den Mantel der Trostlosigkeit von der Schulter nähme und wir von einer Tröstung umfangen sind, die sich in uns ausbreitet, aber nicht aus uns kommt. Besonders tief ist dieser Trost, wenn er Menschen in völlig ausweglosen Situationen erhalten bleibt. Der Heilige Geist, der „Herbeigerufene", der „Fürsprecher" und „Anwalt" teilt sich uns mit und schenkt uns seinen Trost.

Es könnte jemand skeptisch einwenden: Macht ihr euch da als religiöse Menschen nicht etwas vor? Ist dieses Umschlagserlebnis von Angst und Not in Trost nicht bloß ein heilsamer Mechanismus des Unbewussten, der euch vor dem Verzweifeln bewahrt? Redet ihr euch da nicht eine scheinbare Gottesnähe ein? Auf diesen Einwand hin kann uns eine weitere Bestimmung des Geistes in den Abschiedsreden weiterhelfen. Jesus nennt ihn auch „den Geist der Wahrheit" (Joh 16,13). Wahrheit kann man sich nicht einreden. Wahrheit können wir nur wahrnehmen! Wahres kommt auf uns zu und offenbart sich. Sie lichtet das Dunkel. Wenn religiöse Menschen sagen: Der Urgrund der Wirklichkeit hat sich mir gezeigt. Ich bin auf etwas gestoßen, dem ich mich nicht verweigern kann, ich habe eine Wahrheit entdeckt, die mich nicht mehr loslässt und die mich unbedingt angeht. Dann ist eine Wirklichkeit angesprochen, die durch innere „Erleuchtung" einfach und fraglos als Handeln Gottes erfahren wird. Dass sich solch ein Widerfahrnis tief in die Seele eines Menschen einprägt, aus ihm einen neuen Menschen formt und sich als dauernde Lebenswende bewährt, das zeigt einem gläubigen Menschen: Hier hat Gott an mir gehandelt.

Dostojewskij schildert in der genialen Kurzerzählung „Der Traum eines lächerlichen Menschen" ein solches Umschlagserlebnis: Ein russischer Nihilist im Petersburg des ausgehenden 19. Jahrhunderts ist der festen Überzeugung, es sei ohnehin alles einerlei und sinnlos. Deshalb ist er fest entschlossen, sich in einer nasskalten Novembernacht eine Kugel durch den Kopf zu jagen. Kurz nach diesem Entschluss begegnet ihm auf der Straße ein wimmerndes, verzweifeltes Kind und fleht ihn um Hilfe an. Da ihm ohnehin alles einerlei und egal erscheint, meint er, dieses Kind roh zurückstoßen zu können. Das tut er auch, geht wieder nachhause und setzt sich in seinen Lehnstuhl – die Pistole neben sich, bereit, sie gleich gegen sich zu richten. Doch der Gedanke an das Kind lässt ihn nicht los und dabei überfällt ihn der Schlaf. Dann träumt dieser „lächerliche Mensch", dass er wie ein Toter im Sarg liegt, aber noch am Leben ist. Plötzlich packt ihn ein Engel und fliegt mit ihm durch das Weltall. Er landet in einem paradiesischen Landstrich. In dieser Landschaft, die den griechischen Inseln ähnelt, leben Menschen, die sich ganz in Liebe und Freundschaft begegnen. Ihr Tag ist von gemeinsamen Gesängen durchzogen. Die Alten werden lächelnd in den Tod verabschiedet, denn diese Menschen leben aus einem Tiefenwissen um das ewige Leben. Die Menschen „taten nichts anderes als einander lieben". Und der „lächerliche" Mensch erkennt nach einiger Zeit, dass er die „Ursache des Sündenfalls" war, „eine abscheuliche Trichine, wie ein Pestatom…" eingeschleppt und „Verderbnis, Seuche und Lüge" gebracht hat. Das Leben im Paradies verkehrt sich ins Gegenteil. Im Anschluss schildert Dostojewskij die europäische Welt des ausgehenden 19. Jahrhunderts mit ihren nihilistischen Strömungen, den Nationalismen, dem gnadenlosen Egoismus und all den menschlichen Süchten und Lastern. Da beschwört der „lächerliche Mensch" die verdorbenen Inselbewohner, sie hätten doch die Wahrheit erlebt! Sie wüssten doch, was die Wahrheit sei! Er verbürge sich für diese Wahrheit! Denn „ihr lebendiges Bild" habe seine „Seele bis in alle Ewigkeit erfüllt". Er würde sich für die Wahrheit, dass es das Paradies wirklich gibt, kreuzigen lassen! In diesem Moment wacht er in seinem Lehnstuhl auf und ihm ist schlagartig bewusst: Ich habe die Wahrheit „mit eigenen Augen gesehen, sie und ihre ganze Herrlichkeit!" „Und seit dieser Zeit verkünde ich nun!", bekennt der „lächerliche Mensch". „Außerdem liebe ich jetzt alle, und die, die über mich lachen, liebe ich am meisten."

Nicht allen von uns werden solch außergewöhnliche, mystische Erlebnisse zuteil, aber wir können die Wahrheit des Heiligen Geistes immer mehr in uns einlassen, in aller Untröstlichkeit den Trost Gottes suchen, dem göttlichen Beistand vertrauen, auch wenn wir nicht mehr weiterwissen – und dies in einer stetig gepflegten Spiritualität des Alltags. Um diese stille, alles durchdringende Kraft des Geistes sollten wir beten und bitten. Dieser Beistand ist immer da, aber wir sind nicht immer durchlässig für seinen lebendigen Anhauch. Er kommt und geht mit seiner Kraft sicher in uns ein, wenn wir nicht aufhören, ihn herbeizurufen.

STRÖMENDE LEBENSKRAFT

Joh 15, 1-8

[1] Ich bin der wahre Weinstock und mein Vater ist der Winzer. [2] Jede Rebe
an mir, die keine Frucht bringt, schneidet er ab und jede Rebe, die Frucht
bringt, reinigt er, damit sie mehr Frucht bringt. [3] Ihr seid schon rein kraft
des Wortes, das ich zu euch gesagt habe. [4] Bleibt in mir und ich bleibe in
euch. Wie die Rebe aus sich keine Frucht bringen kann, sondern nur,
wenn sie am Weinstock bleibt, so auch ihr, wenn ihr nicht in mir bleibt.
[5] Ich bin der Weinstock, ihr seid die Reben. Wer in mir bleibt und in
wem ich bleibe, der bringt reiche Frucht; denn getrennt von mir könnt
ihr nichts vollbringen. [6] Wer nicht in mir bleibt, wird wie die Rebe weg-
geworfen und er verdorrt. Man sammelt die Reben, wirft sie ins Feuer
und sie verbrennen. [7] Wenn ihr in mir bleibt und meine Worte in euch
bleiben, dann bittet um alles, was ihr wollt: Ihr werdet es erhalten. [8] Mein
Vater wird dadurch verherrlicht, dass ihr reiche Frucht bringt und meine
Jünger werdet.

Nehmen wir an, ein Bekannter, der keine innere Beziehung zu Glaube und Kirche hat, fragt ganz unvoreingenommen: „Was bringt dir eigentlich dein Glaube?" Was würden Sie darauf in aller Kürze antworten? Mancher würde vielleicht sagen: Durch den Glauben habe ich ein Grundgefühl von Geborgenheit. Oder: Der Glaube zeigt mir Sinn und Richtung meines Lebens. Vielleicht kämen auch Worte wie „Stütze", „Lebenshilfe" oder „Tiefe", um den Effekt des Glaubens zu beschreiben. Das Bild vom Weinstock und den Reben könnte zur Antwort anregen: Der Glaube gibt Kraft! Durch die Verbindung mit Christus, dem Weinstock, fließt den Reben der Lebenssaft zu. Jesus meint damit die Geisteskraft, die von ihm ausgeht. Der Vater als Winzer sorgt dafür, dass diese Lebenskraft am Fließen bleibt und sich das göttliche Leben in den Glaubenden entfalten kann. Christus ist Mittler und Inbegriff dieses göttlichen Geistes.

Das Johannesevangelium ist wie kein anderes von einer christologischen Konzentration geprägt. Die Grundbotschaft Jesu von der Nähe des Gottesreiches wird Jahrzehnte später auf die Nähe und Gegenwart des Auferstandenen übertragen: Er ist jetzt da, immer gegenwärtig unter Menschen, die an ihn glauben. Aus diesem Grund schreibt der vierte Evangelist kein erzählendes, biographisches Werk, denn das könnte wie eine Rückschau auf Vergangenes wirken. Johannes schreibt ein Drama, in dem der Erhöhte direkt in seine Gemeinde hineinspricht.

Die christologische Konzentration des vierten Evangeliums wird besonders in den „Ich-bin-Worten" Jesu deutlich. Sie ziehen sich durch den gesamten Text. Der johanneische Christus spricht so pointiert in der Ich-Form, weil er unser Du unmittelbar ansprechen will. Er fordert uns zur persönlichen Stellungnahme, zur Entscheidung des Glaubens heraus. Diese „Ich-bin-Worte" des Evangeliums folgen einer inneren Entwicklungslinie. Jesus sagt im 6. Kapitel: „Ich bin das Brot des Lebens" (Joh 6,34). Damit tut er kund, dass er uns täglich Lebenskraft und innere Erfüllung sein will. Wer ihn in sich aufnimmt, der wird satt in einem umfassenden Sinn. Mit „Ich bin das Licht der Welt" (Joh 8,2) sagt Jesus: Im Dunkel dieser Welt bin ich das Lebenslicht, das deine Existenz von innen her erleuchtet und dir Orientierung gibt. Im 10. Kapitel redet der gegenwärtige Herr von seiner vornehmlichen Aufgabe, den Zugang zu Gott zu eröffnen: „Ich bin die Tür" (Joh 10,7), sagt er. An dieses Bildwort schließt sich ein weiteres an: „Ich bin der Gute Hirt" (Joh 10,11). Als solcher behütet und schützt er das neue Leben, das er gebracht hat. Gegenüber der trauernden Marta offenbart sich der johanneische Christus mit dem Satz: „Ich bin die Auferstehung und das Leben" (Joh 11,25). Die jüdische Endzeiterwartung von der Auferstehung der Toten wird Gegenwartserfahrung. Der glaubende Mensch kann schon jetzt die Todesgrenze überschreiten und aus der verheißenen Fülle leben. Schließlich fasst Christus in der Trias „Weg, Wahrheit und Leben" (vgl. Joh 14,6) all seine bisherigen „Ich-bin-Worte" zusammen.

In unserem Weinstockgleichnis kommt zum Ausdruck: Wer glaubt, ist nicht allein. Wir glauben immer in Gemeinschaft. Wir stehen in einer gewachsenen Tradition des Glaubens. In der Fülle all dieser Bilder drückt sich die Verbindung mit Christus so reichhaltig, umfassend und fundamental aus, dass sie mit immer neuen Metaphern umkreist werden muss, ohne dass man sie im Letzten fassen kann. Denn alles Reden Christi bezieht sich auf Gott, der unfassbares Geheimnis ist und bleibt. Auch die Person des Offenbarers ist letztlich in irdischen Kategorien nicht fassbar. „Wenn man alles einzeln aufschreiben wollte, so könnte, wie ich glaube, die ganze Welt die dann geschriebenen Bücher nicht fassen" (Joh 21,25), so lautet der letzte Satz des Evangeliums.

Vielleicht wurde das Evangelium bei den Gottesdiensten der johanneischen Gemeinden als Sprechdrama gelesen und aufgeführt. Die direkte Ansprache will die Zuhörer unmittelbar ins Geschehen hineinziehen und zu einer Antwort drängen. Denn mit den pointierten „Ich-bin-Worten" appelliert Jesus sehr direkt an das Du des Glaubenden. Im Bild des Weinstocks bedeutet das: Jede Rebe muss gewährleisten, dass der Lebenssaft in ihr fließen kann. Der Glaube braucht gleichsam offene Poren und Kanäle. Er braucht die innere Bereitschaft des Menschen, sich auf die Worte des Erhöhten einzulassen. Im Bild vom Weinstück betont Christus das „Bleiben". Gemeint ist damit das „Dranbleiben", die ständige Offenheit und Durchlässigkeit für die Stimme des Geistes. Nur wer in steter Aufmerksamkeit bleibt, auch und gerade in Phasen, wo innerlich nichts zu fließen scheint oder sich Widerstände auftun, der erlebt Wachstum, Reife und schließlich die Frucht des Glaubens. Nur wer Durststrecken durchsteht, nicht gleich aufgibt und Widriges überwindet, kann auf lange Sicht glauben.

Unmittelbar vor dem Weinstockgleichnis steht ein Aufbruchsignal: „Steht auf, wir wollen von hier fortgehen!" (Joh 14,31). Es markiert das Ende der ersten Abschiedsrede. Das Johannesevangelium wurde vermutlich in verschiedenen Phasen überarbeitet und weitergeschrieben. Das Bild vom Weinstock beschwört die Einheit und das Bleiben. Es könnte als Reaktion darauf entstanden sein, dass einige die Gemeinde verlassen hatten, wie es die Johannesbriefe berichten. Brüche und Trennungen gab und gibt es immer, wo Menschen eng zusammenleben. „Dranbleiben" meint: An der gegenseitigen Verbundenheit und Liebe muss man immer arbeiten und eigene Wünsche um des Ganzen willen zurückstellen. Hinter diesen läuternden Lebensprozessen steht die treue Sorge des göttlichen Winzers, sagt unser Text.

Eine Form des Dranbleibens ist das Bittgebet. „Wenn ihr in mir bleibt und meine Worte in euch bleiben, dann bittet um alles, was ihr wollt: Ihr werdet es erhalten." Im erhörungsgewissen Bitten liegt der Schlüssel zur Einheit mit Christus und zu einem Leben aus der Hoffnung. Wir leben noch nicht im dauernden, unverhüllten Schauen der Wahrheit des Glaubens. Wir leben in der Hoffnung. Doch die Hoffnung richtet sich nicht nur auf die Zukunft, sie ist auch ein Gegenwartsgut: Durch das beständig gepflegte Bitten wird die bleibende Gegenwart des Auferstandenen erfahrbar. Natürlich gibt es immer wieder Blockaden und Hemmnisse in uns, doch gerade solch schwierige Phasen können wir aus der Kraft einer gewachsenen Christusbeziehung bestehen. Wir können in Geduld warten, bis unsere Lebenskraft wieder ins Fließen kommt. Sich für die Gegenwart des Auferstandenen bereithalten, ist unsere Sache. Die Kraft des Geistes einfließen zu lassen, ist Gottes Sache.

Noch eine weitere Verheißung steckt im vertrauensvollen Bitten: „Mein Vater wird dadurch verherrlicht, dass ihr reiche Frucht bringt und meine Jünger werdet." Ein wesentlicher Effekt des Glaubens ist, dass wir im Rückblick vielleicht sagen können: Ich bin gewachsen, habe inneren Stand und Festigkeit gewonnen. Ich weiß trotz aller Fragen und Rätsel, wer ich bin. Ich kann mit den Jahren auch einiges vorweisen: die Kinder, die ich ins Leben geführt habe, diese oder jene Aufgabe, die ich gemeistert habe, eine schwierige Phase, die ich durchgestanden habe, ein Scheitern, das mich nicht völlig aus der Bahn geworfen hat... All das kann „Frucht" wahren Glaubens sein. Unterschätzen wir auch nicht: Den oft beschwerlichen Alltag zu bestehen, dabei ein hoffender, liebender und gelöster Mensch zu bleiben und nicht einfach im täglichen Trott unterzugehen oder gar zu verbittern, das ist schon sehr, sehr viel!

Was bringt also der Glaube? Wir könnten ganz einfach sagen: Er lässt mich leben, er lässt mich erfüllt leben! „Es gibt erfülltes Leben trotz vieler unerfüllter Wünsche" (Dietrich Bonhoeffer). Wir alle sind zerbrechliche Wesen, unser Leben bleibt immer fragmentarisch. Und doch gibt es in aller Fragmentarität das Ganze. Im Glauben können wir das Ganze berühren und uns von ihm berühren lassen. Das Weinstockgleichnis sagt uns: Ihr gehört zu einem größeren Ganzen. Sorgt dafür, dass die Lebenskraft Gottes in euch fließen kann, dass ihr innerlich wachst und heranreift, damit ihr untereinander und allesamt mit dem verbunden bleibt, der unser wahrer Weinstock ist!

UNIVERSALE FREUNDSCHAFT

Joh 15, 9-17

9 Wie mich der Vater geliebt hat, so habe auch ich euch geliebt. Bleibt in mei-
ner Liebe! 10 Wenn ihr meine Gebote haltet, werdet ihr in meiner Liebe blei-
ben, so wie ich die Gebote meines Vaters gehalten habe und in seiner Liebe
bleibe. 11 Dies habe ich euch gesagt, damit meine Freude in euch ist und da-
mit eure Freude vollkommen wird. 12 Das ist mein Gebot, dass ihr einander
liebt, so wie ich euch geliebt habe. 13 Es gibt keine größere Liebe, als wenn
einer sein Leben für seine Freunde hingibt. 14 Ihr seid meine Freunde, wenn
ihr tut, was ich euch auftrage. 15 Ich nenne euch nicht mehr Knechte; denn
der Knecht weiß nicht, was sein Herr tut. Vielmehr habe ich euch Freunde
genannt; denn ich habe euch alles mitgeteilt, was ich von meinem Vater
gehört habe. 16 Nicht ihr habt mich erwählt, sondern ich habe euch erwählt
und dazu bestimmt, dass ihr euch aufmacht und Frucht bringt und dass
eure Frucht bleibt. Dann wird euch der Vater alles geben, um was ihr ihn
in meinem Namen bittet. 17 Dies trage ich euch auf, dass ihr einander liebt.

Sie kennen von Interviews und Fragebögen die Methode des Lückentextes: Ein Satz wird angefangen und der Befragte muss ihn zu Ende führen. Ich beginne jetzt mit einem Satz, den Sie bitte mit jeweils einem Wort für sich abschließen: Der Menschensohn ist nicht gekommen, um…sondern um… Das fehlende Wort heißt natürlich „dienen". „Der Menschensohn ist nicht gekommen, sich dienen zu lassen, sondern um zu dienen." (Mk 10,45). Das ist eine Art Lebenslosung Jesu. Unmittelbar vor den Abschiedsreden hat er diese Grundhaltung als „Meister und Herr" den Jüngern in der Symbolhandlung der Fußwaschung vor Augen geführt und ihnen damit seine Dienstgesinnung als sein Vermächtnis ans Herz gelegt. Deshalb haben Amtsträger von Paulus bis zu den Päpsten ihr Selbstverständnis mit „Knecht" oder „Diener" umschrieben. Es war ein Ehrentitel, da er auf Christus selbst zurückging.

In unserem Abschnitt fällt auf, dass das Wort „Knechte" seltsam relativiert wird. „Ich nenne euch nicht mehr Knechte... Vielmehr habe ich euch Freunde genannt." Dieses 15. Kapitel ist vermutlich nach dem Bruch in der johanneischen Gemeinde als Neuauflage der ersten Abschiedsrede verfasst worden. Könnte ein Problem mit den „dôuloi", den Amtsträgern, oder weiter gefasst, mit der gegenseitigen Dienstgesinnung den Konflikt ausgelöst haben, an dem die Gemeinde auseinandergebrochen ist? Inwiefern kann Dienen zum Problem werden?

Dienen muss aus innerer Überzeugung erwachsen. Wenn Dienen nur Dienst nach Vorschrift ist, noch dazu ohne innere Anteilnahme und Mitgefühl, dann spürt man das sofort: Der Kranke bei der Pflegekraft, die Klasse bei einem Lehrer, die Patientin bei einem Arzt oder der Klient bei einer Beraterin. Wahre Dienstgesinnung kommt letztlich aus dem Geist der Freundschaft. Nur in einer Atmosphäre des Vertrauens, der aufrichtigen Zuwendung und Achtung ist Dienen authentisch. Distanzierter Dienst oder auch überbesorgtes Dienen können das glatte Gegenteil von echtem Dienen sein: ein sublimer Versuch nämlich, den anderen zu beherrschen. So kann mit dem Titel „Diener" jegliches Machtgehabe kaschiert werden. Kritische Stimmen klagen heute: In Bezug auf die Strukturen der Kirche dürfe die Machtfrage gar nicht gestellt werden, denn – so wird von offizieller kirchlicher Seite betont – es handle sich doch um Dienst und göttliche Bevollmächtigung.

Herrschen unter dem Vorwand des Dienens verkehrt das Evangelium ins Gegenteil. Gegenüber dieser Gefahr bringt Johannes hier den Begriff der Freundschaft ins Spiel. Freundschaft ist ein fundamentales Verhältnis von gleich zu gleich. Gleiche Augenhöhe verträgt sich nicht mit asymmetrischem Gefälle und Machtgehabe. Viele engagierte, reformorientierte Katholiken fühlen sich von „denen da oben" nicht ernstgenommen. Sie können vorbringen, was sie wollen, die Deutungshoheit liegt von vorneherein bei den Amtsträgern. Oft wird beklagt, dass man noch nicht einmal offen strittige und wunde Punkte ansprechen könne, ohne gleich einen Maulkorb wegen mangelnder Kirchlichkeit verpasst zu bekommen.

„Ich habe euch alles mitgeteilt, was ich von meinem Vater gehört habe", sagt Jesus. Ein wesentlicher Aspekt echter Freundschaft ist es, offen und ungeschützt reden zu können. Reinhold Stecher, der ehemalige Bischof von Innsbruck, hat nach seiner Amtszeit viele Priesterexerzitien gegeben. Sein Fazit: Die Kluft zwischen dem, was Priester wirklich denken und dem, was ihnen kirchlicherseits vorgegeben wird, ist sehr groß. Kurz vor Ende seiner Zeit als Bischof schrieb Stecher 1997 in einem (ursprünglich nicht zur Veröffentlichung bestimmten) Brief, Rom habe „das Image der Barmherzigkeit verloren und sich das der repräsentativen und harten Herrschaft zugelegt". Er attestierte der Kirchenleitung „ein theologisches und pastorales Defizit". Dienst als uneingeschränkte Herrschaft macht blind gegenüber der Realität, gegenüber den Anliegen der Menschen und dem Auftrag Jesu.

Ähnlich wie beim Thema „Dienen" setzt der vierte Evangelist auch beim Hauptgebot einen deutlich anderen Akzent. Er hatte vorher von einem „neuen Gebot" gesprochen (vgl. Joh 13,34). Und jetzt legt es Jesus den Seinen wieder ans Herz: „Das ist mein Gebot, dass ihr einander liebt, so wie ich euch geliebt habe." Hier wird nicht das Doppelgebot der Gottes- und Nächstenliebe zitiert, sondern alles wird in der gegenseitigen menschlichen Liebe konzentriert. Die Liebe zu Gott scheint ausgeklammert. Allerdings betont die johanneische Tradition sehr pointiert, dass wir an die Liebe glauben, die Gott zu uns hat (vgl. 1 Joh 4,16). Das ist ein völliger Perspektivenwechsel aufgrund der fundamentalen Einsicht: „Niemand hat Gott je gesehen" (Joh 1,18). Mit unserer noch so frommen Liebe zum unfassbaren Gott bleiben wir immer noch in der Perspektive unseres kleinen Ich. Deshalb: Nicht auf mich mit meinem Liebeswillen kommt es letztlich an, sondern auf jenen Gott, der uns aus Liebe erschaffen und für uns seinen Sohn in die Welt gesandt hat.

Wer die zentrale Wahrheit „Gott liebt mich" in sein Herz aufgenommen hat, der wird klein und demütig – und zugleich in neuer Weise groß. Ein wahrhaft glaubender Mensch findet den Mut zu sich selbst, weil er an die absolute Bejahung durch Gott glaubt. Wahre Dienstgesinnung erwächst aus der Demut und der „Macht, Kind Gottes zu sein" (vgl. Joh 1,12). „Wir wollen lieben, weil er uns zuerst geliebt hat. ...Denn wer seinen Bruder nicht liebt, den er sieht, kann Gott nicht lieben, den er nicht sieht" (1 Joh 4,19f.). Die absolute Liebeszusage Gottes an jeden Einzelnen will zur Bejahung der eigenen Person ermutigen und dazu führen, den Nächsten ebenfalls von Grund auf zu bejahen.

Täglich praktizierte Liebe beginnt bei den Allernächsten, mit denen wir das Leben teilen. Wer mit wenigen Menschen herzlich verbunden sein und bleiben will, muss diese Lebensbeziehungen pflegen und daran arbeiten. Im engen Miteinander schwingt immer unsere ganze Lebensgeschichte mit, denn jeder Mensch bringt auch seine wunden Punkte und schwierigen Seiten mit ein. Diesen Teil der Persönlichkeit heißt es nüchtern zu sehen und anzunehmen. Manchmal kann das auch nur heißen: „Ertragt einander in Liebe"

(Eph 4,2). Dem islamischen Mystiker Dschelaleddin Rumi (1207-1273) wird der folgende Sinnspruch zugeschrieben: „Deine Aufgabe ist nicht, nach Liebe zu suchen, sondern nach den Barrieren in dir selbst, die du gegen sie aufgebaut hast." In enthusiastischen Gruppen kann der sublime Egoismus leicht durch abgehobene und überhitzte religiöse Begeisterung überspielt und verdeckt werden. Vielleicht lag hier das Problem der johanneischen Gemeinden.

Wenn reife, tragfähige Freundschaften gelingen, dann strahlen sie aus und werden zu einer offenen Freundschaftshaltung, die keinen vom freundschaftlichen Wohlwollen ausschließt. Der chinesische Dissident, Lyriker und Friedensnobelpreisträger Liu Xiaobo (1955-2017) hat seine Lebenseinstellung markant formuliert: „Ich habe keine Feinde, ich kenne keinen Hass." Dass aus der Liebe Gottes zu uns eine Haltung universaler, offener Freundschaft und Liebe zu allen Menschen erwächst, das ist die große Vision des vierten Evangeliums. Es liegt an uns, die freundschaftliche Nähe des Gottmenschen Jesus Christus ein Leben lang zu suchen und in uns aufzunehmen, damit wir durch seine Liebe so verwandelt werden, dass uns nur noch Eines am Herzen liegt: die Liebe und Freundschaft Gottes weiterzuschenken an unsere Mitmenschen!

DREIFALTIGKEIT JÜDISCH?

Joh 16, 12-15

Jesus sprach: [12] *Noch vieles habe ich euch zu sagen, aber ihr könnt es jetzt nicht tragen.* [13] *Wenn aber jener kommt, der Geist der Wahrheit, wird er euch in der ganzen Wahrheit leiten. Denn er wird nicht aus sich selbst heraus reden, sondern er wird reden, was er hört, und euch verkünden, was kommen wird.* [14] *Er wird mich verherrlichen; denn er wird von dem, was mein ist, nehmen und es euch verkünden.* [15] *Alles, was der Vater hat, ist mein; darum habe ich gesagt: Er nimmt von dem, was mein ist, und wird es euch verkünden.*

„Wenn aber jener kommt, der Geist der Wahrheit, wird er euch in der ganzen Wahrheit leiten." Das heißt mit anderen Worten: Die Wahrheit über Gott ist noch nicht ganz gesagt. Die Offenbarung ist mit Tod und Auferstehung Jesu nicht einfach abgeschlossen. Sie wird sich danach noch deutlicher herausbilden und ihren Wahrheitsgehalt im Fortgang der Geschichte zeigen. Diese Einsicht ist für das Dreifaltigkeitsfest ganz entscheidend, denn in den Evangelien finden wir keine ausgeprägte Dreifaltigkeitslehre. Sie entwickelte sich erst mit der Zeit. Durch zunehmendes Nachdenken im „Geist der Wahrheit" entstand im Laufe der ersten Jahrhunderte diese zentrale christliche Lehre.

Jesus lebte mit allen Fasern seines Herzens aus dem jüdischen Monotheismus. Der Glaube an den einen Gott Israels war sein Ein und Alles. Seine „Speise" war es, den Willen dessen zu tun, den er in großer Vertrautheit seinen „Abba" nannte (vgl. Joh 4,34). Der Rabbi aus Nazaret radikalisierte den jüdischen Monotheismus, indem er ihn mit einer endzeitlichen Grunderzählung verband, nämlich dem Hereinbrechen der Königsherrschaft Gottes. Jesus verkündete zu Lebzeiten nicht sich selbst und schon gar nicht sich selbst als wesensgleichen Sohn Gottes. Aber er bindet die Nähe des Reiches Gottes an sein Auftreten und an seine Person. Menschen, die ihn erlebten, spürten seine „Vollmacht", wenn er von Gott redete oder Machttaten vollbrachte. Jesus trat mit einem atemberaubenden prophetischen Anspruch auf. Mit seinen Antithesen „Ich aber sage euch...!" (vgl. Mt 5,21-48) verschärfte und intensivierte er kraft eigener Autorität die Lehre der Tora. Als man ihm wegen seiner Dämonenaustreibungen ein Bündnis mit dem Satan unterstellte, redete er Klartext: „Wenn ich aber die Dämonen durch den Finger Gottes austreibe, dann ist das Reich Gottes schon zu euch gekommen" (Lk 11,20). Sein enger Jüngerkreis erkannte in ihm den ersehnten Messias. Er widersprach nicht, legte jedoch seinen Jüngern ein Schweigegebot auf. Sie durften seine messianische Identität nicht öffentlich verbreiteten, denn die gängigen Vorstellungen der messianischen Zeit hätten im Volk nur Erwartungen geweckt, die er nicht erfüllen wollte.

Wie kommt man nun von Jesus, dieser charismatischen Gestalt mit messianischer Ausstrahlung, zur Dreifaltigkeit? Wie kommt man vom jüdischen Monotheismus zum Trinitätsglauben? Dieser ist im Neuen Testament nur angebahnt und ist besonders im Johannesevangelium in Ansätzen grundgelegt. Das Mehrheitsjudentum hat wohl in den Jahrzehnten nach dem Jüdischen Krieg den Vorwurf erhoben, die Jesusbewegung rücke den Nazarener zu nah an die Seite Gottes, so nah, dass man den jüdischen Monotheismus gefährdet sah. Man warf dieser Minderheit offenbar Gotteslästerung vor. Was sollte man auch von einem Rabbi halten, der behauptete, er sei eins mit dem Vater. Machte er sich damit nicht selbst zu Gott (vgl. Joh 10,30-33)? Hatten sich also die Jesusanhänger von ihrer jüdischen Glaubenstradition losgesagt?

Bei dieser Frage sollte man nie vergessen: Alle Schriften des Neuen Testaments stammen von gläubigen Juden. Die Verfasser und Redaktoren entwickelten ihre theologische Deutung der Jesusgeschichte aus ihrem jüdischen Glauben heraus. Dabei war die Auferstehung Jesu das bahnbrechende, völlig unerwartete Widerfahrnis, das alles Bisherige in einem neuen Licht erscheinen ließ. Mit der Auferstehungserfahrung wiederholte sich ein Grundmuster, das die jüdische Glaubensgeschichte kannte, nämlich dass der überkommene Glaube aus einer absoluten Katastrophe heraus ganz neu gedeutet wurde. Gemeint ist hier der Nullpunkt des Exils. Aus einer schier unerträglichen Dissonanz zum bisherigen Glaubensverständnis – das verheißene Land war verloren und der Tempel zerstört – wurde ein erneuerter universaler Glaube geboren.

Bis zum Exil verkündeten die Propheten einen ethischen Ein-Gott-Glauben, den man in der Fachsprache „Monolatrie" nennt: Nur der Eine Gott Israels sollte von gläubigen Juden verehrt werden. Die Gerechtigkeit Gottes forderte gerechte Strukturen und alltägliche Gerechtigkeit in Israel, besonders gegenüber den gesellschaftlich Schwachen. Durch die Tora, die verbindliche Weisung Gottes, war das soziale Miteinander geregelt. Man war sich dabei durchaus bewusst, dass andere Völker selbstverständlich andere Götter hatten. Die gängige Vorstellung war: Wenn ein mächtigeres Volk ein schwächeres besiegte und eroberte, dann hatten auch dessen Götter gesiegt. So brach durch die Zerstörung Jerusalems, die Fremdherrschaft der Neubabylonier und durch das Exil der Glaube an die Bindung Gottes an das Land Israel und an ein selbstständiges Staatswesen zusammen. Durch das theologische

Nachdenken der Exilstheologen geschah jedoch ein seltsamer Umschlag: Die absolute Niederlage und Katastrophe Israels auf der Erde wurde – zugespitzt gesagt – zu einem Sieg im Himmel. Der Gott Israels wurde zum Gott des Himmels und der ganzen Erde. So tat Israel den Schritt von der Monolatrie zum Monotheismus, der sich allerdings in den Jahrhunderten vorher schon angebahnt hatte. Neue Paradigmen entstehen in der Geschichte nie völlig aus dem Nichts.

Ähnliches passierte in der Jesusbewegung nach der Katastrophe der Kreuzigung. Einen gekreuzigten Messias konnte sich niemand in Israel vorstellen. Doch mit der Auferstehungserfahrung war eine Neudeutung der Jesusgeschichte möglich und nötig. Die Begegnungen mit dem Auferstandenen wurden als unmittelbares Handeln und Eingreifen Gottes erfahren. Die Botschaft lautete jetzt: Der Gott Israels, der Tote lebendig machen kann, hat an Jesus gehandelt und ihn zu seiner Rechten erhoben. Damit war ein Neuanfang möglich und der Blick auf das Leben Jesu erhielt durch Ostern eine völlig andere Perspektive. Was am Ende in der Auferstehung und Erhöhung des Gekreuzigten geschah, erkannte man schon in Ansätzen beim historischen Jesus. Diese neue Sicht wurde zudem bestätigt durch viele Vorausverweise in der jüdischen Bibel.

Man erinnerte sich, dass Jesus den vielsagenden Titel „Menschensohn" auf sich bezogen hatte. Diesen Titel konnte man als Synonym für „Mensch" hören, doch konnte man darin auch jene geheimnisvolle Gestalt erkennen, die Daniel an der Seite Gottes sah (vgl. Dan 7,13f.). Man entdeckte weiterhin mehr und mehr die Parallelität des Geschickes Jesu mit dem des „Gottesknechts" bei Jesaja (vgl. Jes 42-55). Dieser wird sowohl als Symbolfigur für eine

Gruppe, als korporative Gestalt geschildert, doch trägt er auch individuelle Züge und steht für eine Einzelperson. Vom Knecht Gottes wurden Leiden, Schmähung, Tod und seine Erhöhung durch Gott vorhergesagt. Außerdem sollte durch diese Gestalt das Heil Gottes allen Völkern zuteilwerden.

Schließlich bildete auch die jüdische Vorstellung von der göttlichen Weisheit einen Ansatzpunkt, der die Auferstehungserfahrung verstehen half. Die Weisheitstheologie entwickelte sich durch die Begegnung mit dem Hellenismus, der sich als eine Art Universalkultur in Folge der Eroberungen Alexanders des Großen ab dem dritten vorchristlichen Jahrhundert durchgesetzt hatte. Die jüdischen Theologen sahen in der Weisheit die der Schöpfung zugewandte Seite des transzendenten Gottes. „Der Herr hat mich geschaffen als Anfang seines Weges, vor seinen Werken in der Urzeit" (Spr 8,22). Die Weisheit trug auch personale Züge, sie war Schöpfungsmittlerin – aber natürlich ein Geschöpf Gottes. All diese theologischen Muster aus der Tradition jüdischer Theologie flossen für die Autoren des Neuen Testamentes in die Deutung Jesu mit ein. Sie sahen diese vorgeprägten Bilder und Vorstellungen in seinem Lebensgeschick erfüllt, ja sogar überboten.

Die Weisheit wurde bisher als Geschöpf Gottes gesehen. Doch Jesus rückte an die Seite Gottes, er wurde nicht einfach mit „Gott" (ho theós) identifiziert, sondern war nach dem ersten Satz des Johannesevangeliums „von der Art Gottes" (griech.: théos, Joh 1,1). Er wurde als Urbild der Schöpfung zum ewigen Wort der Weisheit, die an die Türen der Menschen klopfte, doch bei ihnen keine Aufnahme fand. Er teilte als fleischgewordene Weisheit Gottes das Leben der Menschen bis in den Tod. Die jüdischen Autoren des Neuen Testaments konnten künftig nicht mehr von Gott reden, ohne von Jesus zu reden. In ihm waren die alten Verheißungen in einer Weise erfüllt, wie man sich das vorher nie hätte vorstellen können. Die Offenbarung in Christus war überraschend und völlig neu.

Im Grunde feiern wir diese aus dem Judentum kommende Glaubensvision an unseren christlichen Hauptfesten. Weihnachten erinnert an das Geheimnis der Menschwerdung Gottes zum Heil aller Menschen bis hin zur Lebenshingabe im Tod am Karfreitag. Ostern verkündet den auferstandenen und erhöhten Menschensohn, der an der Seite Gottes lebt. Pfingsten, das dritte Hauptfest, markiert den Aufbruch des erneuerten jüdischen Glaubens zu allen Völkern. Das Dreifaltigkeitsfest ist so etwas wie das Kondensat der christlichen Hauptfeste. Manchmal wird es als reines „Ideenfest" abgewertet. Doch auch dieses Fest entstand aus geschichtlichen Erfahrungen, die man mit Jesus zu seinen Lebzeiten und nach seinem Tod gemacht hat. Die Jesusgeschichte wurde im Licht der Auferstehung als Offenbarung Gottes gedeutet.

Paulus hat diesen heilsgeschichtlichen Erfahrungen in klassischer Prägnanz eine existentielle Wendung gegeben: „Der Geist" – gemeint ist der Geist Gottes – „bezeugt unserem Geist, dass wir Kinder Gottes sind" (Röm 8,16). Nach der Auferstehung erfährt die Gemeinde, dass sie mit Christus hineingenommen ist in die Gemeinschaft mit Gott selbst. Der Geist des Auferstandenen offenbart diese innerste Wahrheit, die allen Menschen gilt. Gott offenbart sich als dreifaltige Gemeinschaft für alle Menschen, die als Menschheit die eine Familie der Kinder Gottes bilden. Einmal – das ist die große Verheißung – wird der Sohn, wenn er alle widergöttlichen Mächte unterworfen hat, sich dem Vater unterstellen, „damit ER (der Vater) ganz und gar ‚Gott' sei in allen" (1 Kor 15,28; Übersetzung Norbert Baumert).

Ich habe jetzt nicht dogmatisch vom Wesen der Dreifaltigkeit gesprochen, sondern aus der Abfolge der Offenbarungsgeschichte einen Prozess zunehmender Glaubenseinsicht skizziert, an dessen Ende die Lehre von der Dreifaltigkeit steht. Diese ist gleichsam die Summe dessen, was im gesamten Offenbarungsgeschehen erfahren und mit den vorgeprägten Denkweisen jüdischer Theologie gedeutet wurde. Das heißt: Gläubige Juden haben aus ihrer ureigenen Tradition heraus das Fundament für die spätere dogmatisch zusammengefasste Dreifaltigkeitslehre gelegt.

Gegenüber dem Judentum und dem Islam ist die Frage des Ein-Gott-Glaubens der springende und kritische Punkt. Für uns Christen liegt die Einheit, an die wir glauben, nicht in der einen Person, sondern in dem einen Wesen. Gott hat man sich nicht als einsame Monade vorzustellen. Die Einheit liegt in der Bezogenheit der drei göttlichen Personen untereinander. Diese sind, auch wenn es im Kirchenlied so heißt, nicht „einer", sondern „eins" (vgl. Gotteslob Nr. 354). Wir halten die Einheit der Beziehung in Gott hoch und sind in diesem Sinn Monotheisten. Die östlichen Religionen haben dagegen ihre Schwierigkeiten mit dem Personbegriff. Denn „Person" ist immer etwas Umrissenes und Abgegrenztes. Die asiatische Spiritualität meint, wir würden Gott, wenn wir ihn als Person auffassen, eingrenzen. Doch Gott ist auch für uns Christen durch den Heiligen Geist in vielerlei Gestalt allgegenwärtig. Die göttliche Woge des Geistes umgreift alles und nimmt uns mit hinein ins Geheimnis des transzendenten Gottes. Wir glauben jedoch: Dieser Gott bleibt bei aller Unfassbarkeit ein personales Gegenüber, das wir ansprechen und mit dem wir in Beziehung treten können. Beim Reden über die Dreifaltigkeit sollten wir uns aber vor der Haltung eines formelhaften Bescheidwissens hüten. Vielmehr sollten wir uns in Demut vor dem Geheimnis Gottes neigen.

Wir werden Gott nie begreifen, aber wir können uns von ihm ergreifen lassen.

Die treffendste und schönste Formel für die Dreifaltigkeit ist die prägnante Aussage im Ersten Johannesbrief: „Gott ist die Liebe“ (1 Joh 4,16). Universale, grenzenlose Liebe ist der Wesenskern Gottes und das Geheimnis der Welt. Wer auf das Herz der Menschen hört, wird auf diese Grundsehnsucht treffen: selbst lieben zu können und von anderen geliebt zu werden. Gott hat diese Sehnsucht in uns alle hineingelegt, weil sie Ausdruck seines eigenen Wesens ist. In dürrer Theologensprache nennen wir dieses Ursprungsgeheimnis Gottes, aus dem alles kommt und in das wir alle einmal heimkehren: Dreifaltigkeit. Gott ist dreifaltige Liebe, „und wer in der Liebe bleibt, der bleibt in Gott und Gott bleibt in ihm“ (1 Joh 4,16).

DER BETENDE JESUS

Joh 17,1-11a

[1] Jesus erhob seine Augen zum Himmel und sagte: Vater, die Stunde ist gekommen. Verherrliche deinen Sohn, damit der Sohn dich verherrlicht!
[2] Denn du hast ihm Macht über alle Menschen gegeben, damit er allen, die du ihm gegeben hast, ewiges Leben schenkt. [3] Das aber ist das ewige Leben: dass sie dich, den einzigen wahren Gott, erkennen und den du gesandt hast, Jesus Christus. [4] Ich habe dich auf der Erde verherrlicht und das Werk zu Ende geführt, das du mir aufgetragen hast. [5] Jetzt verherrliche du mich, Vater, bei dir mit der Herrlichkeit, die ich bei dir hatte, bevor die Welt war! [6] Ich habe deinen Namen den Menschen offenbart, die du mir aus der Welt gegeben hast. Sie gehörten dir und du hast sie mir gegeben und sie haben dein Wort bewahrt. [7] Sie haben jetzt erkannt, dass alles, was du mir gegeben hast, von dir ist. [8] Denn die Worte, die du mir gabst, habe ich ihnen gegeben und sie haben sie angenommen. Sie haben wahrhaftig erkannt, dass ich von dir ausgegangen bin, und sie sind zu dem Glauben gekommen, dass du mich gesandt hast. [9] Für sie bitte ich; nicht für die Welt bitte ich, sondern für alle, die du mir gegeben hast; denn sie gehören dir. [10] Alles, was mein ist, ist dein, und was dein ist, ist mein; in ihnen bin ich verherrlicht. [11] Ich bin nicht mehr in der Welt, aber sie sind in der Welt und ich komme zu dir. Heiliger Vater, bewahre sie in deinem Namen, den du mir gegeben hast, damit sie eins sind wie wir!

Ich vermute, das große Abschiedsgebet Jesu im 17. Kapitel ist eine johanneische Adaption und Vertiefung des Gebetes Jesu, des Vaterunser, das uns Matthäus und Lukas in unterschiedlichen Versionen überliefern. 11 Verse haben wir eben gehört, 16 weitere folgen noch. Der vierte Evangelist meditiert gleichsam das Vaterunser. Er umkreist und verdeutlicht die Mitte des Christlichen. Diese Mitte ist der betende Jesus. Sein ganzes Leben ist Ausdruck seiner Gebetshaltung.

Dieses Gebet am Ende der Abschiedsreden erscheint in einer seltsamen Schwebe: Es spricht der betende Jesus im Abendmahlsaal, aber zugleich auch der erhöhte Herr. Sein Beten umfängt somit Zeit und Ewigkeit. Der „Ort" dieses Gebetes ist der „Aufstieg", sein Heimgang zum Vater. Jesus bekundet damit seine Beheimatung beim Vater, den er offenbarte. Nach seinem „Abstieg", den der Prolog schildert (vgl. Joh 1,1-18), kehrt er als der „Sohn" zum Vater zurück. Er hat den Seinen, die an ihn glauben, den Weg zu Gott eröffnet. In dieser Rolle als Offenbarer Gottes nimmt er die Seinen jetzt mit hinein in sein Beten. Er weist sie damit ein in sein eigenes Beten und Glauben. Christlich glauben bedeutet darum: Teilhabe an der Gottesbeziehung Jesu. Sein Beten ist dichtester Ausdruck dieser Beziehung.

Das Leitwort in Johannes 17 heißt „Abba". Diese vertraute Gebetsanrede kommt sechsmal vor. Das innere Zentrum Jesu ist seine Gottesintimität, die sich in dem Wort „Abba" ausdrückt. Nicht was Jesus über Gott gelehrt hat, ist das Wichtigste, sondern wie er zu Gott gesprochen, wie er gebetet hat. „Abba" ist direkte und vertraute Anrede von Kindern, ähnlich unserem „Papa", gleichzeitig redet man mit „Abba" eine Respektsperson an. Johannes überliefert wie Lukas diese ursprüngliche Anrede Gottes durch Jesus: Innige Gottesverbundenheit und höchste Ehrfurcht teilen sich so mit.

Das Vaterunser bei Lukas beginnt mit einem Eingangswunsch: „Vater, geheiligt werde dein Name!" (Lk 11,2). Der Name steht in der jüdischen Bibel für das Wesen Gottes, für seine unergründliche Heiligkeit, die kein Wort fassen kann. Mit dieser Eröffnung seines Betens sagt Jesus: Du, lieber Abba, sollst groß, erhaben, anerkannt und geehrt sein! Jesus drückt damit auch seinen Wunsch aus, dass die Menschen seinen „Abba" ebenso erkennen und würdigen sollten wie er es selbst ein Leben lang tat. Doch müsse das der Vater selbst bewirken! In der Passivform des Eingangswunsches „geheiligt werde" verbirgt sich das Handeln Gottes: Es möge dein Werk sein, lieber Abba, dass die Menschen dich ehren! Diesen Wunsch legt Jesus seinem Vater ans Herz. Sein Beten ist ganz auf Gott hin zentriert, und zwar in allen Lebenslagen.

Im Johannesevangelium wird von einem Gebetskampf Jesu am Ölberg nichts erzählt. Doch unmittelbar vor der Passion gesteht er im Hinblick auf seinen Tod: „Meine Seele ist erschüttert. Was soll ich sagen: Vater, rette mich aus dieser Stunde? Aber deshalb bin ich in diese Stunde gekommen. Vater, verherrliche deinen Namen!" (Joh 12,27f.). „Verherrlichen" ist in der ältesten aramäischen Form des mit dem Vaterunser verwandten jüdischen Kaddisch-Gebetes mit „heiligen" verbunden: „Geheiligt und verherrlicht werde sein großer Name in der Welt...". Das ist im Vaterunser und auch hier bei Johannes der einleitende Gebetswunsch, der die folgenden Bitten umgreift. „Herrlichkeit" besagt: Du, Vater, sollst – so wörtlich – „Gewicht haben", sollst gepriesen und anerkannt sein! Dein Wesen soll vor aller Welt erstrahlen! Auch in der Erschütterung überlässt sich der betende Jesus ganz dem Vater. Er soll groß sein! Bei Johannes fällt auf: Die Verherrlichung des Vaters ist verwoben mit der Verherrlichung des Sohnes. Das ist aus der nachösterlichen Perspektive gesprochen. Für die johanneische Gemeinde ist Jesus der einzige Weg zum Vater (vgl. Joh 14,6). Was vom Vater gilt, gilt in gleicher Weise vom Sohn, der in Einheit mit dem Vater lebt und wirkt (vgl. Joh 10,30) und dadurch den unsichtbaren Gott als liebenden Vater offenbart (vgl. Joh 14,9).

Nach Lukas gibt es in der ersten Hälfte des Gebetes Jesu nur eine einzige Bitte: „Es komme dein Reich!" (Lk 11,2), so die Wortfolge im Urtext. Das dynamische Verb steht vor dem Substantiv. „Königsherrschaft" wäre eine treffendere Übersetzung, denn gemeint ist nicht ein Territorium, sondern ein Bereich, ein innerer und äußerer Raum, in dem der Vater als „König" anerkannt wird. Die „Königsherrschaft Gottes" sollte sich in der gesamten Welt durchsetzen. Johannes meidet bis zum Verhör Jesu vor Pilatus (vgl. Joh 18,28-19,16) diesen zentralen Begriff der Verkündigung des historischen Jesus, denn er wurde in Israel mit der Vorstellung von politischer Selbstständigkeit und einem neuen Davidreich verbunden. Ein solcher Messianismus entsprach nicht seiner Sendung. Deshalb deutet der vierte Evangelist den Begriff „Königsherrschaft Gottes" vom Tode Jesu her ganz neu und legt seinen inneren Wesenskern frei. Mit dem Jüdischen Krieg (66-70 n.Chr.), auf den das Johannesevangelium zurückblickt, war die politische Vision eines neuen Davidreiches ohnehin endgültig gescheitert.

Das meditativ-kreisende Abschiedsgebet Jesu bringt zum Ausdruck, was „Königsherrschaft" in Wahrheit bedeutet: Dass die Seinen den Vater erkennen. Die Welt hat ihn, den Offenbarer, nicht erkannt. Damit hat sie sich der wahren Gotteserkenntnis verschlossen. Die letzte Bitte des langen Gebetes lautet: „Ich habe ihnen deinen Namen geoffenbart, damit die Liebe, mit der du mich geliebt hast, in ihnen ist und ich in ihnen bin" (Joh 17,26). Gott und seinen Sohn als Offenbarer anerkennen heißt: sich in die Liebe zwischen Vater und Sohn hineinziehen lassen. Damit hat das vierte Evangelium den wahren Sinn der Bitte um das Kommen des Reiches offengelegt: Es geht um die innere Beheimatung des Menschen in einem „Reich", das „nicht von dieser Welt ist" (vgl. Joh 18,36). Bis zuletzt wollte Jesus der Welt die Liebe des Vaters offenbaren. Diese Liebe sollten die Seinen jetzt weiterverkünden. Erst nach der Verweigerung der Offenbarung, welche in den ersten 12 Kapiteln des Evangeliums geschildert wird, führt Jesus allein seinen Jüngerkreis in seine innerste Wahrheit ein. Sie werden nach seinem Weggang die Erfahrung machen, dass der Vater und der Sohn in ihnen „Wohnung" nehmen wird (vgl. Joh 14,23). Damit haben in Zukunft alle, die Jesus im Glauben aufnehmen, Anteil an seiner innigen Gemeinschaft mit dem Vater. So werden die Königsherrschaft Gottes und das Königtum Jesu für alle Zeiten in den Glaubenden Wirklichkeit. Diese sollen die zentrale Verkündigung Jesu in dieser neuen Gestalt der Welt mitteilen und so die Offenbarungsgeschichte fortsetzen.

Nach den theozentrischen Du-Bitten des Gebetes Jesu folgen in der zweiten Hälfte die „Wir-Bitten", beginnend mit: „Unser tägliches Brot gib uns heute!". Vom Brot ist in unserem Kapitel nirgends die Rede. Hingegen hat Johannes im 6. Kapitel den inneren Richtungssinn der Brotbitte Jesu herausgestellt: Das Brot, von dem Jesus hier spricht, meint nicht das irdische Brot, das er vermehrt hat und das nur den Hunger des Leibes stillt. Es geht ihm um das „Brot vom Himmel", das ewiges Leben schenkt. Seine Offenbarung des Vaters ist dieses himmlische Brot. Wer mit ihm verbunden ist, genießt dieses Brot. Im Grunde kreist das Gebet Jesu in der johanneischen Deutung um die Einheit mit Gott in Christus. So gesehen ist er als „Brot des Lebens" dauernd präsent.

Auch die nächste Bitte „Vergib uns unsere Schuld, wie auch wir vergeben unseren Schuldigern" taucht in unserem Kapitel nicht auf. Doch auch bei der Vergebungsbitte bringt Johannes das innerste Anliegen Jesu auf den Punkt. Der historische Jesus hat wohl in der Originalfassung weder von „Sünden" wie bei Lukas (vgl. Lk 11,4) noch von „Schuld" wie bei Matthäus (vgl. Mt 6,12), sondern vom Erlass der „Schulden" gesprochen. Diese Metapher vermeidet eine moralische Engführung. Jesus sagt mit diesem Bild: Vor Gott seid ihr alle riesige Schuldner, denn ihr verdankt ihm unendlich viel. Gott schenkt euch seine ganze Liebe und dieses unermessliche Geschenk könnt ihr nie zurückerstatten! Das ist der tiefere Sinn der Vergebungsbitte, in der eine verdeckte Liebeserklärung Gottes steckt. Und von dieser Liebe Gottes redet der johanneische Christus. Die Liebe des Vaters und nichts anderes wollte er der Welt nahebringen. Als von Gott überreich Beschenkte sollten wir deshalb gütig, großzügig und barmherzig mit unseren Mitmenschen umgehen (vgl. Mt 18,21-35).

Auch die letzte Bitte ruft viele Missverständnisse hervor und deshalb wird über eine Umformulierung diskutiert. „Und führe uns nicht in Versuchung", beten wir. Wörtlich aber heißt es: „Führe uns nicht mitten hinein in die Versuchung!" Das bedeutet: Lass uns der Versuchung nicht unterliegen! Das ist der Sinn der Bitte Jesu. Davon redet das Abschiedsgebet sehr wohl. „Heiliger Vater, bewahre sie in deinem Namen!" meint: Bewahre und schütze sie vor dem Bösen! Hier spricht wieder der Gute Hirt, der die Seinen behütet. Nach der Bitte um die Verherrlichung von Vater und Sohn betet Jesus hier nun für seine Jünger wie auch für die nachfolgenden Generationen. Sie im Namen Gottes zu bewahren, bedeutet, sie im Glauben zu bewahren, sie trotz aller Bedrängnis in diesem innigen Gottesverhältnis zu bewahren. In allen Lebenslagen auf den gütigen Abba zu vertrauen, ist eine schier übermenschliche Herausforderung. Nur mit der Hilfe Gottes können wir sie bestehen! Daher kreist dieses Gebet immer wieder um die vertrauensvolle Anrede „Abba". Johannes stellt in diesem langen Gebet das große Herzensanliegen Jesu heraus: uns teilhaben zu lassen an seinem eigenen Gottesverhältnis, an seinem eigenen Beten.

Paulus fasst dieses Herzensanliegen Jesu und seine eigene Sendung in dem prägnanten Satz zusammen: „Wir bitten an Christi statt: Lasst euch mit Gott versöhnen!" (2 Kor 5,20). Der Apostel stellt die Autorität des bittenden Jesus ins Zentrum. So auch Johannes. Und das sollte der innere Impuls aller Glaubensverkündigung sein: Wie Christus an die Freiheit der Menschen zu appellieren. „Lasst euch mit Gott versöhnen" ist eine andere Formulierung für die zentrale Bitte, die das ganze johanneische Gebet durchzieht: die Bitte um Einheit. Christlicher Glaube heißt: sich im dreifaltigen Gott beheimaten – und das trotz aller Rätsel, Ungereimtheiten und Brüche im Leben. Von diesem Zentrum her müssen wir uns fragen: Dringt dieses zentrale Anliegen der Einheit mit Gott beim nur formelhaft gebeteten Vaterunser bis in unser Herz durch? In dieses Gebet muss man sich ein Leben lang hineinvertiefen, es wieder und wieder beten. Vermutlich will Johannes seiner Gemeinde verdeutlichen, wie man die Bitten des Vaterunsers tiefer verstehen und sich aneignen kann: als ein Sich-Einstimmen und Einschwingen in die Gebetshaltung Jesu. Das Beten Jesu trägt auch diejenigen, die an ihn glauben.

In späten Handschriften findet sich am Ende des Vaterunsers der Satz: „Dein Heiliger Geist komme herab auf uns und reinige uns." Wir brauchen den Geist Gottes, um das Vaterunser in rechter Weise beten zu können. Wir brauchen ihn gerade in unserer Zeit, da die Kirche in einer tiefen Krise steckt. Wir müssen immer wieder um diesen inwendigen Geist bitten, denn wir bedürfen ein Leben lang der Läuterung, um in der Liebe und im Vertrauen zu bleiben. Da hilft nur Eines: im Geist Jesu immer wieder vertrauensvoll „Abba" sagen und beten.

DER MENSCH SCHLECHTHIN

Joh 18, 28 - 19,16a

28 Von Kajaphas brachten sie Jesus zum Prätorium; es war früh am Morgen. Sie selbst gingen nicht in das Gebäude hinein, um nicht unrein zu werden, sondern das Paschalamm essen zu können. 29 Deshalb kam Pilatus zu ihnen heraus und fragte: Welche Anklage erhebt ihr gegen diesen Menschen? 30 Sie antworteten ihm: Wenn er kein Übeltäter wäre, hätten wir ihn dir nicht ausgeliefert. 31 Pilatus sagte zu ihnen: Nehmt ihr ihn doch und richtet ihn nach eurem Gesetz! Die Juden antworteten ihm: Uns ist es nicht gestattet, jemanden hinzurichten. 32 So sollte sich das Wort Jesu erfüllen, mit dem er angedeutet hatte, welchen Tod er sterben werde. 33 Da ging Pilatus wieder in das Prätorium hinein, ließ Jesus rufen und fragte ihn: Bist du der König der Juden? 34 Jesus antwortete: Sagst du das von dir aus oder haben es dir andere über mich gesagt? 35 Pilatus entgegnete: Bin ich denn ein Jude? Dein Volk und die Hohepriester haben dich an mich ausgeliefert. Was hast du getan? 36 Jesus antwortete: Mein Königtum ist nicht von dieser Welt. Wenn mein Königtum von dieser Welt wäre, würden meine Leute kämpfen, damit ich den Juden nicht ausgeliefert würde. Nun aber ist mein Königtum nicht von hier. 37 Da sagte Pilatus zu ihm: Also bist du doch ein König? Jesus antwortete: Du sagst es, ich bin ein König. Ich bin dazu geboren und dazu in die Welt gekommen, dass ich für die Wahrheit Zeugnis ablege. Jeder, der aus der Wahrheit ist, hört auf meine Stimme. 38 Pilatus sagte zu ihm: Was ist Wahrheit? Nachdem er das gesagt hatte, ging er wieder zu den Juden hinaus und sagte zu ihnen: Ich finde keine Schuld an ihm. 39 Ihr seid aber gewohnt, dass ich euch zum Paschafest einen freilasse. Wollt ihr also, dass ich euch den König der Juden freilasse? 40 Da schrien sie wieder: Nicht diesen, sondern Barabbas! Barabbas aber war ein Räuber.

1 Darauf nahm Pilatus Jesus und ließ ihn geißeln. 2 Die Soldaten flochten einen Kranz aus Dornen; den setzten sie ihm auf das Haupt und legten ihm einen purpurroten Mantel um. 3 Sie traten an ihn heran und sagten:

Sei gegrüßt, König der Juden! Und sie schlugen ihm ins Gesicht. 4 *Pilatus ging wieder hinaus und sagte zu ihnen: Seht, ich bringe ihn zu euch heraus; ihr sollt wissen, dass ich keine Schuld an ihm finde.* 5 *Jesus kam heraus; er trug die Dornenkrone und den purpurroten Mantel. Pilatus sagte zu ihnen: Seht, der Mensch!* 6 *Als die Hohepriester und die Diener ihn sahen, schrien sie: Kreuzige ihn, kreuzige ihn! Pilatus sagte zu ihnen: Nehmt ihr ihn und kreuzigt ihn! Denn ich finde keine Schuld an ihm.* 7 *Die Juden entgegneten ihm: Wir haben ein Gesetz und nach dem Gesetz muss er sterben, weil er sich zum Sohn Gottes gemacht hat.* 8 *Als Pilatus das hörte, fürchtete er sich noch mehr.* 9 *Er ging wieder in das Prätorium hinein und fragte Jesus: Woher bist du? Jesus aber gab ihm keine Antwort.* 10 *Da sagte Pilatus zu ihm: Du sprichst nicht mit mir? Weißt du nicht, dass ich Macht habe, dich freizulassen, und Macht, dich zu kreuzigen?* 11 *Jesus antwortete ihm: Du hättest keine Macht über mich, wenn es dir nicht von oben gegeben wäre; darum hat auch der eine größere Sünde, der mich dir ausgeliefert hat.* 12 *Daraufhin wollte Pilatus ihn freilassen, aber die Juden schrien: Wenn du diesen freilässt, bist du kein Freund des Kaisers; jeder, der sich zum König macht, lehnt sich gegen den Kaiser auf.* 13 *Auf diese Worte hin ließ Pilatus Jesus herausführen und er setzte sich auf den Richterstuhl an dem Platz, der Lithostrotos, auf Hebräisch Gabbata, heißt.* 14 *Es war Rüsttag des Paschafestes, ungefähr die sechste Stunde. Pilatus sagte zu den Juden: Seht, euer König!* 15 *Sie aber schrien: Hinweg, hinweg, kreuzige ihn! Pilatus sagte zu ihnen: Euren König soll ich kreuzigen? Die Hohepriester antworteten: Wir haben keinen König außer dem Kaiser.* 16 *Da überlieferte er ihnen Jesus aus, damit er gekreuzigt würde.*

Die siebenteilige Szenenfolge „Jesus vor Pilatus" ist ein Spitzentext des vierten Evangeliums. Der dauernde Ortswechsel, der die Szenen gliedert, rührt daher, dass Juden am Rüsttag vor dem Pascha das Haus eines Heiden nicht betreten durften. Und die römische Prozessordnung sah vor, dass der Angeklagte direkt vom Richter verhört wurde. So fand das Verhör Jesu im Innern des Prätoriums statt, die Verhandlung mit den Anklägern und das Urteil draußen auf Platz vor dem ehemaligen Herodespalast.

In diesem Prozess laufen die wichtigsten theologischen Linien des Evangeliums zusammen. Jesus wird in der Person des Pilatus und der jüdischen Obrigkeit samt der aufgepeitschten Menge noch einmal mit der gottfeindlichen „Welt" konfrontiert. Jetzt erst wagt es Johannes, sich dem zentralen Begriff der Verkündigung Jesu zu stellen: der Ansage von der nahen Königsherrschaft Gottes. In der zentralen vierten Szene, der Verspottung Jesu, erscheint Jesus als Nachfolger des Gottesknechtes. In dieser Gestalt bei Jesaja erkannten die Jesusanhänger den wichtigsten biblischen Typos, um das Geschick Jesu zu verstehen und zu deuten. In der fünften Szene wird mit dem Wort des Pilatus „Seht, der Mensch!" auf den Titel „Menschensohn" angespielt, mit dem sich der historische Jesus selbst bezeichnet hatte. Johannes greift diese zentralen Begriffe aus der jüdischen Tradition und aus den drei anderen Evangelien auf und deutet sie auf seine ganz eigene Weise Die Szenenfolge hat eine ansteigende Linie mit dem Höhepunkt der öffentliche Präsentation Jesu als „König" und seiner Übergabe zur Kreuzigung in der siebten und letzten Szene. Doch lässt sich auch eine konzentrische Struktur erkennen: Im Zentrum steht die vierte Szene, welche die Huldigung der Soldaten vor ihm als Spottkönig schildert. Betrachten wir näher, wie Johannes die vorgegebenen traditionellen Begriffe in sein theologisches Konzept einbaut.

Bei Markus ist die Ansage von der Nähe der Königsherrschaft Gottes (vgl. Mk 1,15) die Summe des ganzen Evangeliums. Der vierte Evangelist vermeidet jedoch diesen Begriff wegen der politischen Implikationen, die Jesus nie teilte. Erst hier in der Passion wagt er, an dem politisch Machtlosen und Ausgelieferten zu zeigen, was Königsherrschaft Gottes eigentlich meint. Der Rabbi aus Nazaret sah sehr klar, dass sich das Land Israel fest im Griff der römischen Besatzungsmacht befand und daher jeglicher Widerstand selbstzerstörerisch war. Deshalb vermied er politische Obertöne. Sein Anliegen war auch viel weiter und größer: Von seinem eigenen Gottesverhältnis her wollte er Israel seinem „Abba" neu zuführen. Die alte Verheißung vom Reich Gottes sollte mitten im Alltag Wirklichkeit werden, und zwar durch eine erneuerte Gottesnähe, die er in seiner Person repräsentierte.

Damit weckte er vor allem in den führenden Kreisen seines Volkes starke Widerstände bis hin zu der Absicht, ihn zu töten. Die jüdischen Autoritäten jedoch konnten Jesus nicht zum Tod verurteilen. Nur die römische Staatsmacht hatte die hohe Gerichtsbarkeit inne und konnte an Nichtrömern wegen Aufruhr und Majestätsbeleidigung den Kreuzestod verhängen. Die jüdische Seite musste deshalb ihre Anklage politisch zuspitzen. Sie sah in diesem Rabbi die Ruhe des politischen Status-quo und damit ihre eigene Machtbasis gefährdet. „Es ist besser, dass ein einziger Mensch für das Volk stirbt" (Joh 18,14), so riet der vormalige Hohepriester Hannas. Für Johannes ist dieses Wort politisches Kalkül und prophetische Aussage in einem. Der wahre Anklagepunkt war der messianische Anspruch Jesu, der sich im Vorwurf der todeswürdigen Gotteslästerung äußerte (vgl. Joh 10,33). Voller Ironie stellte Johannes in der ersten Szene heraus, dass die Offiziellen Israels für ihre Anklage gegen Jesus in Wirklichkeit keinen Grund nennen konnten. Schon am Beginn ist klar: Alles beruhte auf einer Lüge, die schließlich zum Justizmord führte.

Pilatus durchschaut dieses üble Spiel. Deshalb fragt er Jesus sehr direkt: „Bist du der König der Juden?" Jesus äußert sich rätselhaft und deshalb hakt der Statthalter nach: „Also bist du doch ein König?" In der Antwort Jesu wird die neue Sicht des Begriffs der

Königsherrschaft Gottes sehr deutlich. Man müsste, da im Griechischen das Personalpronomen bewusst gegen die übliche Regel vorangestellt ist, das „Du" betonen: „Du sagst, dass ich ein König bin." Nachdem Jesus die mit der Frage insinuierte Unterstellung abgewiesen hat, bringt er mit betontem Ich seine eigene Sicht: „Ich bin dazu geboren und dazu in die Welt gekommen, dass ich für die Wahrheit Zeugnis ablege." Jesus präsentiert sich hier als Zeuge der Wahrheit. Er repräsentiert kein irdisches Reich, sondern das Reich der Wahrheit. Darin liegt sein wahres Königtum. Mit seiner Antwort entlarvt Jesus die politische Intrige. Als Offenbarer hatte er eine viel größere, eine universelle Sendung: Den Gott Israels, dem alle Macht gehört, wollte er der ganzen Welt nahebringen. Pilatus, der nach Johannes das üble Spiel der jüdischen Obrigkeit durchschaut, will ihre Pläne durchkreuzen. Doch die Ausflucht durch eine Begnadigung gelingt nicht. Er wird politisch mit der Behauptung, er sei dann kein Freund des Kaisers, unter Druck gesetzt (vgl. Joh 19,12). Er muss klein beigeben und verliert das Machtspiel. Er ist nur scheinbar der Mächtige. In Wahrheit ist er ein Getriebener.

Pilatus wird zunächst als gewiefter Taktiker geschildert. Er versucht, Jesus freizulassen und betont, dass er keine Schuld an ihm findet. Doch die Menge will keinen Gnadenerlass für Jesus, sie fordert die Freilassung des Barrabas. Daraufhin übergibt der machtlose Machthaber Jesus zur Geißelung. Die folgende Mittelpunktszene schildert dann, wie Jesus verhöhnt, verspottet und geschlagen wird und damit das Geschick des Gottesknechtes erleidet: Wie ein Lamm wird er zur Schlachtbank geführt (vgl. Jes 53,7). Die Urgemeinde hatte besonders in der Gestalt des Gottesknechts bei Jesaja das Geschick Jesu tiefer verstanden und aus der jüdischen Bibel heraus gedeutet: Als verhöhnter Knecht Gottes macht Jesus durch seinen Opfertod „die Vielen gerecht" (Jes 53,11). Doch nicht nur die Stämme Israels sollen durch ihn aufgerichtet werden. Dieser Knecht wird von Gott zum „Licht der Nationen“ gemacht, damit sein „Heil bis an die Grenzen der Erde reicht“ (Jes 49,6).

In der fünften Szene wird Jesus dann draußen der Menge vorgeführt. Pilatus äußert sich eher mitleidig und abschätzig über diesen grausam zugerichteten Menschen: Seht da, diese armselige Gestalt, will er wohl sagen. Der soll euer König sein? In der tieferen Sicht des Evangelisten wird damit der Begriff „Menschensohn“ neu gedeutet. Nach dem Propheten Daniel ist „Menschensohn“ ein Titel für einen Menschen an der Seite Gottes (vgl. Dan 7,13f.). Im Paradox des gegeißelten Spottkönigs „sieht“ der Evangelist den wahren Menschensohn.

In der letzten, der siebten Szene werden die jüdischen Autoritäten völlig demaskiert. Mit dem Satz „Wir haben keinen König als den Kaiser“ verleugnen sie den Gott Israels als ihren wahren und einzigen König. Für Johannes sind die Hohenpriester zusammen mit dem machtlosen Pilatus der Inbegriff der gottfernen „Welt“, die blind ist für die Offenbarung Gottes. Sie werden als Kinder Satans entlarvt, jenes Mörders von Anbeginn, der nicht in der Wahrheit steht (vgl. Joh 8,44). Von den römischen Soldaten wird die ganze Verlogenheit dieses „Prozesses“ zunächst als grausamer Spott und zum Schluss als brutale Hinrichtung vollzogen. Diese Soldaten geben als Handlanger die mörderische Gewalt von oben nach unten an den Schwächsten weiter. Ihr übler Spott und ihr herzloses Geschäft des Tötens sind Ausdruck jenes Dunkels der gottfernen „Welt“, welche sich dem Licht Gottes verschließt.

Welche Absicht verfolgt der Evangelist mit dieser Szenenfolge? Er verarbeitet und vertieft zentrale Begriffe und Titel aus der jüdischen Bibel und den anderen Evangelien. So entstand ein theologisch dichter Text. Was kann er uns heute sagen? Jede Generation muss die alten Texte aus ihrer jeweiligen Situation neu deuten. Was wäre unser Ansatzpunkt heute? Dietrich Bonhoeffer hat Jesus den „Menschen für andere" genannt. In unserem Text wird Jesus mit dem Hinweis „Seht, der Mensch!" auch von Johannes als der Mensch schlechthin vorgestellt. Jesus lebte seine Bestimmung als Mensch, indem er einer tieferen Wahrheit folgte, den Willen Gottes tat und sich als Gottesknecht hingab bis zum Letzten. Der Kreuzestod ist die wahre „Stunde" Jesu, in der er die Liebe Gottes bezeugt.

In der letzten Szene heißt es von Pilatus, er ließ Jesus „herausführen und er setzte sich auf den Richterstuhl...". Die intransitive Form „er setzte sich" könnte man auch transitiv übersetzen. Dann würde er – völlig paradox – Jesus einladen, sich auf den Richterstuhl zu setzen. Durch diese Doppeldeutigkeit bringt der vierte Evangelist zum Ausdruck, dass mit Jesus als Leidensgestalt der wahre Weltenrichter und König inthronisiert wird. Christus sollte damals wie heute als Urbild des Menschen verkündet werden. Schon Johannes hebt die Gestalt Jesu ins Universale: Den zeitbedingten jüdischen Begriff der Königsherrschaft Gottes verwandelt er in zentrale Begriffe wie „Leben" und „Wahrheit", die den inneren Gehalt der Botschaft Jesu klarer zum Ausdruck bringen. Jesus, der Zeuge der Wahrheit Gottes, ist gekommen, damit die Menschen das Leben „in Fülle" haben (vgl. Joh 10,10). Die Sehnsucht nach erfülltem Leben und nach wahrem Menschsein bewegt auch heute die Herzen der Menschen. Das Christentum bringt das Urmenschliche und das Göttliche in der Person Jesu Christi zur Einheit. Der Glaube an den erhöhten Menschensohn, an Christus als den Menschen schlechthin, hat seine Zukunft noch vor sich. Das Christentum trägt in sich das Potential zu einer integrativen Menschheitsreligion. Christus gehört nicht nur den Christen!

AUFERSTEHUNGSERFAHRUNG – EXEMPLARISCH

Joh 20, 1-18

[1] Am ersten Tag der Woche kam Maria von Magdala frühmorgens, als es noch dunkel war, zum Grab und sah, dass der Stein vom Grab weggenommen war. [2] Da lief sie schnell zu Simon Petrus und dem anderen Jünger, den Jesus liebte, und sagte zu ihnen: Sie haben den Herrn aus dem Grab weggenommen und wir wissen nicht, wohin sie ihn gelegt haben. [3] Da gingen Petrus und der andere Jünger hinaus und kamen zum Grab; [4] sie liefen beide zusammen, aber weil der andere Jünger schneller war als Petrus, kam er als Erster ans Grab. [5] Er beugte sich vor und sah die Leinenbinden liegen, ging jedoch nicht hinein. [6] Da kam auch Simon Petrus, der ihm gefolgt war, und ging in das Grab hinein. Er sah die Leinenbinden liegen [7] und das Schweißtuch, das auf dem Haupt Jesu gelegen hatte; es lag aber nicht bei den Leinenbinden, sondern zusammengebunden daneben an einer besonderen Stelle. [8] Da ging auch der andere Jünger, der als Erster an das Grab gekommen war, hinein; er sah und glaubte. [9] Denn sie hatten noch nicht die Schrift verstanden, dass er von den Toten auferstehen müsse. [10] Dann kehrten die Jünger wieder nach Hause zurück.

[11] Maria aber stand draußen vor dem Grab und weinte. Während sie weinte, beugte sie sich in die Grabkammer hinein. [12] Da sah sie zwei Engel in weißen Gewändern sitzen, den einen dort, wo der Kopf, den anderen dort, wo die Füße des Leichnams Jesu gelegen hatten. [13] Diese sagten zu ihr: Frau, warum weinst du? Sie antwortete ihnen: Sie haben meinen Herrn weggenommen und ich weiß nicht, wohin sie ihn gelegt haben. [14] Als sie das gesagt hatte, wandte sie sich um und sah Jesus dastehen, wusste aber nicht, dass es Jesus war. [15] Jesus sagte zu ihr: Frau, warum weinst du? Wen suchst du? Sie meinte, es sei der Gärtner, und sagte zu ihm: Herr, wenn du ihn weggebracht hast, sag mir, wohin du ihn gelegt hast! Dann will ich ihn holen. [16] Jesus sagte zu ihr: Maria! Da wandte sie sich um

und sagte auf Hebräisch zu ihm: Rabbuni!, das heißt: Meister. [17] *Jesus sagte zu ihr: Halte mich nicht fest; denn ich bin noch nicht zum Vater hinaufgegangen. Geh aber zu meinen Brüdern und sag ihnen: Ich gehe hinauf zu meinem Vater und eurem Vater, zu meinem Gott und eurem Gott.* [18] *Maria von Magdala kam zu den Jüngern und verkündete ihnen: Ich habe den Herrn gesehen. Und sie berichtete, was er ihr gesagt hatte.*

Die Begegnung Maria Magdalenas mit dem Auferstandenen hat zwei eigentümliche Züge: Sie wendet sich um, sieht den vermeintlichen Gärtner, fragt und redet mit ihm – und erkennt ihren Meister nicht, obwohl sie mit ihm vertraut war. Als der Auferstandene sie mit ihrem Namen anredet, erkennt sie ihn. Daraufhin wird erzählt, dass sie sich noch einmal umwendet. Auf Jesus zu, obwohl er vor ihr steht? Warum wird dieses zweite Umwenden eigens betont? Und was hat es mit dieser Blindheit auf sich, dass sie ihn nicht gleich wiedererkennt? Diese seltsamen Züge lassen vermuten, dass man sich die Szene nicht einfach als fotografische Abbildung vorzustellen hat.

Diese Auferstehungsgeschichte ist nicht nur eine Rückblende auf den Ostermorgen. In sie fließen historisch reale Auferstehungserfahrungen und jahrzehntelange geistliche Erfahrungen mit dem Auferstandenen ein. Ähnlich verhält es sich in der Emmausgeschichte (vgl. Lk 24,13-35), an die unsere Szene von ferne erinnert: Auch da ein Weggespräch, bei dem die beiden Jünger Jesus nicht erkennen. Erst bei der Geste des Brotbrechens gehen ihnen die Augen auf. Und plötzlich ist er verschwunden! Auch diese Szenenfolge ist nicht einfach eine Reportage, die den Abend des Ostertages exakt wiedergibt.

Worum geht es in allen Ostergeschichten? Immer geht es um die zentrale christliche Botschaft: Der Herr ist auferstanden! Und diese Botschaft soll den nachfolgenden Generationen als reale Gegenwartserfahrung vermittelt werden. Der gegenwärtige Christus ist die Mitte des Christlichen. Die Auferstehungsbotschaft ist Fortführung und Neudeutung der Grundbotschaft Jesu von der Königsherrschaft Gottes. Auch die Ansage Jesu „Das Reich Gottes ist da" klang vieldeutig und war schwer fassbar – unzugänglich für die äußeren Augen.

Jesus wird einmal von den Pharisäern gefragt, wann das Reich Gottes komme. Er antwortet, das Reich Gottes komme nicht so, „dass man es beobachten könnte" (Lk 17,21). Man könnte es auch nicht klar lokalisieren. „Denn siehe, das Reich Gottes ist mitten unter euch." Die Übersetzung „mitten unter euch" (griech.: entòs hymôn) gibt nicht ganz den Sinn des Urtextes wieder. Man könnte ebenso lesen „inwendig in euch", doch schwingt dabei auch eine dynamische Bedeutung mit: Das Reich Gottes ist euch gleichsam in die Hand gegeben, damit es seine Kraft entwickelt. Diese verschränkte Doppelbedeutung ist der Richtungssinn der Antwort Jesu.

Im Johannesevangelium kommt die Reich-Gottes-Botschaft des irdischen Jesu nicht vor. Das überrascht, denn schließlich handelt es sich um das Zentrum der Verkündigung Jesu. Die große kreativ-theologische Leistung des vierten Evangeliums besteht darin, dass die Reich-Gottes-Botschaft Jesu von der Auferstehung her neu gedeutet, sozusagen nachösterlich übersetzt wird. Fast der gesamte Text dieses Evangeliums ist direkte Rede des „Erhöhten". Wie in einem Schauspiel auf der Bühne spricht der Auferstandene unmittelbar zur Gemeinde und will sie durch den appellativen Sprachstil des Dramas ins Geschehen hineinziehen. Die Gegenwart des Erhöhten steht für die Gegenwart des Reiches Gottes. Das ist die geniale Neuinterpretation der ursprünglichen Botschaft Jesu. „Unser Leben ist mit Christus verborgen in Gott" (Kol 3,3), sagt Paulus. Dieser Satz aus dem Kolosserbrief fasst bis heute die zentrale Botschaft Jesu zusammen. Das Johannesevangelium ist die dramatische Inszenierung dieser fundamentalen christlichen Wahrheit.

Maria Magdalena muss sich in unserer Szene noch einmal umwenden, auch wenn das nicht logisch erscheint. Denn durch dieses nochmalige Umwenden vollzieht sie jene innere „Umkehr", die zur Wahrnehmung des Reiches Gottes notwendig ist. „Kehrt um!" (Mk 1,15), forderte Jesus seine Zeitgenossen unmittelbar nach seiner Proklamation der Königsherrschaft Gottes auf. Er spricht nicht nur von einer äußeren Richtungsänderung, vielmehr sagt er: Denkt größer, denkt weiter von Gott! Schaut euch selbst und die Welt mit den Augen Gottes an und lasst eure begrenzte Ich-Perspektive hinter euch! Lasst euch in eurem Innersten von Gott, der ganz nahe ist, ansprechen und richtet euer ganzes Leben mit allen Sinnen neu auf seine geheimnisvolle Gegenwart hin aus! Maria hört ihren Namen. Das trifft sie mitten ins Herz und es fällt ihr wie Schuppen von den Augen. Ihr verweinter, verschwommener Blick klart auf und lichtet sich. Erst jetzt kann sie den Auferstandenen wahrnehmen, der direkt vor ihr steht.

Auch wir werden die Gegenwart des Auferstandenen und die Nähe Gottes nur erfahren, wenn wir den Mut zur Innerlichkeit haben. Hier berühren wir ein Manko unserer Zeit. Wir haben Tausende von Möglichkeiten, in Konsum, Karriere, Vergnügungen und Reisen, in die virtuelle Welt und alle Arten von Abwechslung zu flüchten. Viele Menschen vermeiden es, sich auf den Weg nach innen zu machen, unsere nicht fassbare Mitte schweigend auszuhalten und geduldig zu umkreisen, um in der Leere eine geheimnisvolle Fülle zu entdecken. Vielleicht könnte die Isolation, die uns die Pandemie abverlangt, eine Chance sein, den Geist der Innerlichkeit neu zu entdecken.

Das Reich Gottes ist auch heute da. Für uns Christen ist es da im Auferstandenen. Jesus verhieß in den johanneischen Abschiedsreden den Heiligen Geist als seinen Stellvertreter. Er nennt diesen Geist „Paraklet" (wörtlich: „der Herbeigerufene"). Als Tröster, Anwalt und Beistand soll er die Welt und das Leben verwandeln. Er verwandelt die Trauer der Jünger nach den Worten Jesu in eine Freude, die ihnen niemand nehmen kann (vgl. Joh 16,22). Die Nähe des Auferstandenen will uns bis heute zunächst in unser Innerstes führen, wo er uns beim Namen ruft. Doch dieses innere Erleben drängt dann nach außen – in eine neue Wahrnehmung der Welt, in ein neues Lebensgefühl, das uns zu engagierten Menschen umformt, die das Herzensanliegen Jesu teilen: die Welt durch die Liebe Gottes zu verwandeln.

Ich frage jetzt sehr persönlich: Hast Du schon einmal erfahren, dass Dich inmitten aller Traurigkeit, die Du ausgehalten und vor Gott gebracht hast, plötzlich ein innerer Zustrom an Freude erfasst und getragen hat? „Tröstung ohne vorhergehende Ursache" (Ignatius von Loyola) ist der innere Quellgrund der Exerzitien. Es ist ein Trost, der uns im Innersten zuteilwird und uns erfüllt, doch nicht aus uns selbst kommt. Maria von Magdala ist eine solch Getröstete.

Doch sie darf diesen Trost nicht festhalten. Auch bei den Emmausjüngern war der Auferstandene in dem Moment entschwunden, als seine Gegenwart aufblitzte und sie ihn erkannten. Die gleiche Erfahrung macht Maria, macht jeder Mensch, dem ein intensives geistliches Erlebnis widerfährt. Wer den Auferstandenen für sich festzuhalten sucht, dem entschwindet er.

Ein weiterer Aspekt gehört zur authentischen und exemplarischen Erfahrung des Auferstandenen: Maria von Magdala wird gesandt! Sie muss die Botschaft weitersagen. Sie ist nach Johannes die Erste, die den „Brüdern" verkündet: „Ich habe den Herrn gesehen!" Wegen dieser Schilderung im Johannesevangelium trägt Maria von Magdala seit dem Zweiten Jahrhundert zu Recht den Ehrentitel „Apostelin der Apostel". Darum hat Papst Franziskus ihren Gedenktag zum einem „Apostelfest" erhoben. Die Argumentation vieler Theologinnen und Theologen ist für mich einleuchtend, dass viele Grundimpulse des Evangeliums nach einigen Jahrzehnten von der umgebenden Kultur wieder verdrängt wurden, zum Beispiel die gleichberechtigte, hier sogar die führende Rolle von Frauen in der Verkündigung. Nicht einmal der Lieblingsjünger, von dem es heißt „Er sah und glaubte", wird sogleich gesandt. Erst am Abend des Ostertages, als der Auferstandene durch verschlossene Türen eintritt, wird den männlichen Jüngern der Sendungsauftrag erteilt (vgl. Joh 19,31).

Das ist ein österlicher Impuls gerade für heute, den unsere Kirche noch ernsthaft bedenken und aufnehmen muss. In der bisherigen „Männerkirche", die sich aus geschichtlich-kulturellen Gründen entwickelt hat, sollten Frauen und Männer immer mehr mit gleicher Teilhabe zusammenwirken. Nur eine Kirche, die auf allen Ebenen Führungsstrukturen hat, die mit Frauen und Männern besetzt sind, nur eine geschwisterliche Kirche, wo alle auf gleicher Augenhöhe miteinander umgehen, nur eine Kirche, die aus der täglichen inneren Hinkehr zu Christus, dem Auferstandenen, lebt, wird Zukunft haben. Hier in St. Michael haben wir schon mal den Anfang gemacht und die Skulptur der Maria von Magdala direkt vor den Altar ins Zentrum gerückt – als Symbol für kommende Zeiten!

FACETTEN VON PFINGSTEN

Joh 20, 19-23

19 Am Abend dieses ersten Tages der Woche, als die Jünger aus Furcht vor
den Juden bei verschlossenen Türen beisammen waren, kam Jesus, trat in
ihre Mitte und sagte zu ihnen: Friede sei mit euch! 20 Nach diesen Worten
zeigte er ihnen seine Hände und seine Seite. Da freuten sich die Jünger,
als sie den Herrn sahen. 21 Jesus sagte noch einmal zu ihnen: Friede sei
mit euch! Wie mich der Vater gesandt hat, so sende ich euch. 22 Nachdem
er das gesagt hatte, hauchte er sie an und sagte zu ihnen: Empfangt den
Heiligen Geist! 23 Denen ihr die Sünden erlasst, denen sind sie erlassen;
denen ihr sie behaltet, sind sie behalten.

Was geschah am ersten Pfingstfest in Jerusalem? Was können wir aus der metaphernreichen Schilderung der Apostelgeschichte mit „Sturm“ und „Feuerzungen“ an klaren historischen Fakten herauslesen? Das erste Pfingsten war – mit einem Wort – ein Durchbruchserlebnis, und das vermutlich nach zwei gescheiterten Versuchen, die vorausgegangenen waren. Die Botschaft von der Auferstehung zündete überraschend in einer Gruppe von Juden, die bisher nicht zu den ursprünglichen Jesusanhängern gehörten. Pfingsten ist die Geburtsstunde des christlichen Glaubens und der Kirche, die aus dem Judentum hervorging und sich allmählich zu einer eigenen Religionsgemeinschaft entwickelte.

Blicken wir zunächst auf die allererste Herabkunft des Geistes: auf das öffentliche Auftreten Jesu, das mit seiner Taufe begann. Als Geistträger proklamierte der Rabbi aus Nazaret in seiner Heimat Galiläa die Nähe der Königsherrschaft Gottes. Jesus rief sein Volk auf, sich neu zu seinem Gott zu bekehren, der sich mitten im alltäglichen Leben als der nahe Gott erweisen wollte. Seine Heilungen und Exorzismen waren Zeichen, welche die Ahnung von der Nähe des Reiches Gottes nährten und ihn als geistbegabten Zeichenpropheten bestätigten. Deshalb hatte er zunächst großen Zulauf. Doch schon bald bröckelte es unter seinen Anhängern und Sympathisanten. Vom Anbruch der Gottesherrschaft hatte man mehr erwartet als schöne Geschichten und einige Wunder. Jesus spürte offenbar früh die Widerständigkeit gegen sein eigentliches Anliegen. Ihm war es zu wenig, lediglich als charismatischer Wunderheiler zu gelten. Deshalb konzentrierte er sich auf die Schulung seines engeren Kreises, mit dem er durch Galiläa zog. Er suchte dann die Entscheidung in Jerusalem. Dort endete – menschlich gesprochen – alles in der Katastrophe. Israel, besonders die führenden Kreise, bekehrten sich nicht. Die Tempelaristokratie sah in diesem Rabbi einen Unruhestifter, den man ausschalten musste. Im Verbund mit dem römischen Statthalter erwirkte man deshalb die Todesstrafe gegen ihn. Die Jünger flohen, zerstreuten sich und setzten sich nach Galiläa ab. Dann – völlig unerwartet – die Erscheinungen des Auferstandenen in Jerusalem und Galiläa! Auch wenn die Ereignisse nach der Auferstehung kaum rekonstruierbar sind, darf vermutet werden, dass Petrus die versprengte Gruppe in der galiläischen Heimat wieder sammelte. Die Sendung Jesu wurde mit österlichem Rückenwind wieder aufgenommen.

Mit der Auferstehungsbotschaft müssten sich doch alle überzeugen lassen, dass Jesus der Messias Gottes war! Doch dieser nachösterliche Versuch scheiterte wiederum. Auch mit dieser zweiten Verkündigungswelle drang man zunächst nicht durch. Die Bekehrung ganz Israels blieb aus. Der galiläische Jüngerkreis um Petrus und Maria zog offenbar nach dem Vorbild Jesu nach Jerusalem. Dort kam es dann zu diesem plötzlichen Durchbruch am Pfingstfest.

Das jüdische Wochenfest „Shawuot" am 50. Tag nach dem Pascha (griech.: pentekóste, davon abgeleitet „Pfingsten") war dem Gedenken an die Gesetzgebung am Sinai gewidmet, gleichzeitig war es ein Erntedankfest. Vermutlich verdichtet Lukas in seiner Schilderung des Pfingstereignisses einen länger andauernden Prozess mit dem Ergebnis: Juden aus der Diaspora, angereiste Festpilger und vor allem solche, die sich als Rücksiedler in Jerusalem niedergelassen hatten, bekehrten sich in großer Zahl zur Auferstehungsbotschaft. Aus den Hinweisen der Apostelgeschichte lässt sich dieser unerwartete Zustrom von Diasporajuden als historischer Kern des Pfingstereignisses erschließen.

Juden, die sich die Rücksiedlung nach Jerusalem leisten konnten, waren nicht unvermögend. Außerdem brachten viele von ihnen eine aufgeklärte, offene Weltsicht mit, die von der hellenistisch-römischen Kultur geprägt war. Gleichzeitig muss sie eine tiefe spirituelle Sehnsucht bewegt haben, sonst wären sie nicht nach Jahren oder Jahrzehnten ins Zentrum ihrer Religion zurückgekehrt. Manche waren vermutlich von dem veräußerlichten und geschäftsmäßigen Tempelbetrieb enttäuscht. In der Fremde hatten sie ihr Judentum in einer liberalen, toleranten und vergeistigten Form gelebt. Dadurch war der Boden für die Aufnahme der Auferstehungsbotschaft bereitet. Auch Jesus hatte mit seiner Botschaft an die geistige und globale Vision des Judentums angeknüpft, wie sie die großen Propheten verkündet hatten. Lukas nannte diese Gruppierung von Auslandsjuden „Hellenisten", denn sie sprachen nicht mehr das umgangssprachliche Aramäisch der ursprünglichen Jesusanhänger. Ihre Muttersprache war meist die damalige Weltsprache Griechisch. Durch diese Auslandsjuden und Rücksiedler, die sich mit der Gruppe der ursprünglichen Jesusanhänger vereinte, kam es zu jenem Durchbruchserlebnis, von dem die Pfingstgeschichte erzählt.

Bezeichnenderweise wurden vom Hohen Rat nur diese neuen Jesusanhänger verfolgt, nicht die ersten, aramäisch sprechenden Jünger, die regelmäßig ihre Tempelfrömmigkeit pflegten. Die „Hellenisten" dagegen hatten die Tempelkritik Jesu aufgegriffen und vermutlich noch verschärft. Das rührte an den wirtschaftlichen Nerv der Tempelaristokratie. Deshalb ging man gegen sie vor. Ihre Verfolgung kulminierte in der Steinigung des Stephanus. Darum flüchtete der Stephanuskreis nach Samarien und von dort weiter in die heidnischen Küstenstädte. Daraus entwickelte sich nach und nach die Kirche aus Juden, Samaritanern und Heiden. Den Anfang dieser Entwicklung verdichtete Lukas in seiner Pfingsterzählung.

Durchbruchserlebnisse kennen viele von uns. In unseren Freundschafts- oder Liebesgeschichten gab es Augenblicke, wo ein Funke übersprang, oder Momente, in denen wir plötzlich einen komplexen Sachverhalt verstanden oder zum ersten Mal eine bestimmte Fertigkeit beherrschten. Da tat sich überraschend eine neue Dimension des Lebens auf! Ähnlich empfanden wir, wenn sich unerwartet schier unüberwindbare Schwierigkeiten und Verwicklungen zwischen Menschen auflösten. Solche Durchbrüche sind nie nur punktuelle Ereignisse, sondern haben eine Vorgeschichte. Neues bahnt sich immer allmählich an. Erst im Rückblick erkennen wir Entwicklungen, die dann zu Durchbrüchen geführt haben.

Auch das Pfingstereignis entwickelte sich schrittweise und in Stufen. Das erste „Pfingsten" war die Taufe im Jordan, als der Geist Gottes auf Jesus herabkam und fortan in ihm wirkte. „Ohne Maß" konnte er danach den Geist geben (vgl. Joh 3,34). Das Leben Jesu vollendete sich in seiner „Stunde" im Tod am Kreuz. Im Sterben „gab" Jesus, so manche Übersetzungen, „seinen Geist auf". Wörtlich heißt es: „Er übergab den Geist" (Joh 19,30). Das meint nicht bloß das Aushauchen des Geistes mit dem letzten Atemzug, sondern er übergibt im Sterben seinen Geist dem Vater und als Geschenk an die Seinen. Schon hier beginnt Pfingsten. Stellvertretend stehen Maria als Symbol des erlösten Israel und der Lieblingsjünger als Prototyp der neu entstehenden Gemeinde unter dem Kreuz. Nach dem Tod Jesu flossen aus der geöffneten Seitenwunde Blut und Wasser heraus. Aus seiner Lebenshingabe entspringen – so deuteten es schon die Kirchenväter – die beiden Grundsakramente der Taufe und Eucharistie. In diesen wirksamen Zeichen bleibt der Geist des Erhöhten in der Gemeinde gegenwärtig. Zeuge dafür ist der Lieblingsjünger, der mit den Augen des Glaubens den Tod Jesu miterlebt hat und den späteren Generationen die Wahrheit dieser Übergabe des Geistes verbürgt (vgl. Joh 19,35).

Die Lebenshingabe Jesu bis zum Letzten ist in der Sicht des vierten Evangelisten die Quelle des Geistes. Deshalb wird der Geist Christi heute besonders in überzeugenden Christen fassbar. Der Glaube lebt von glaubwürdigen Zeugen. Wir Menschen lernen am meisten durch das Vorbild anderer. Das Vorbild Jesu Christi zeigt uns: Erfülltes Leben ist ein Leben der Hingabe an andere und an Gott. In einem Leben der täglich praktizierten Hingabe offenbart sich der Geist Gottes. Deshalb ist der Tod Jesu der Ort und die Stunde, aus der jener Glaube entsteht, der zu grenzenloser Liebe ermutigt und befähigt. Mitten in seinem Sterben leuchtet die Herrlichkeit ewigen Lebens auf durch die Übergabe des Geistes, den der Erhöhte seiner Mutter und dem Lieblingsjünger mitteilt – und damit allen Glaubenden. Im Sterben Jesu wird die grundlegende Wahrheit offenbar, dass christlicher Glaube davon lebt, dass Gott uns zuerst geliebt hat (vgl. 1 Joh 4,10).

Eine weitere Facette von Geisterfahrung zeigt sich am Ostermorgen. Maria von Magdala kommt bestürzt vom leeren Grab zu Petrus und Johannes. Die beiden laufen sogleich zur Grabeshöhle. Der Lieblingsjünger kommt als erster an, blickt in die Grabkammer und sieht die Leinentücher liegen, in die der Körper Jesu eingehüllt war, daneben das Schweißtuch (vgl. Joh 20,1-10). Man fragt sich, warum der Evangelist das zusammengefaltete Schweißtuch so hervorhebt und eigens erwähnt, dass es zusammengefaltet neben den Leinenbinden lag. Mit einem solchen Tuch wurde das Gesicht eines Toten bedeckt. Die Erinnerung an das lebendige Antlitz Jesu muss in diesem Augenblick beim Lieblingsjünger aufgeblitzt sein: „Er sah und glaubte" (Joh 20,8). Deshalb brauchte er keine Erscheinung des Auferstandenen. Denn auf dem Angesicht Jesu hatte er schon zu Lebzeiten den Glanz göttlicher Herrlichkeit aufscheinen sehen.

Tritt nicht auch uns im Antlitz eines anderen Menschen ein unbedingter Anspruch entgegen? Ein Vater sagte mir einmal: „Wenn ich in das Gesicht meines Kindes schaue, brauche ich keinen Gottesbeweis." Sich vom Gesicht eines anderen Menschen im Innersten treffen und berühren lassen, kann die Herrlichkeit Gottes aufstrahlen lassen: sei es das Gesicht eines Kindes, eines Hilfsbedürftigen, eines Freundes oder einer geliebten Partnerin. Es sei das größte Unglück so vieler Menschen, meinte Martin Luther, dass sie nie eine Kreatur recht angeschaut hätten. Nicht nur im Angesicht eines Menschen, auch in der wunderbaren Gestalt und Farbenpracht einer Blume, in den Bewegungen und im Gesichtsausdruck eines Tieres kann uns der Blick Gottes treffen, der uns in seinen Geschöpfen anschaut und anspricht. Für Jesus war das Auge „die Leuchte des Leibes" (Mt 6,22). In seinem Gesicht strahlte göttlicher Glanz auf (vgl. 2 Kor 4,6). So gesehen kann der unverstellte Blick auf die Schöpfung und der empathische Blick auf einen Menschen ein pfingstliches Ereignis sein. In seinen Gleichnissen wollte Jesus seine Zuhörerinnen und Zuhörer mit hineinnehmen in seinen eigenen Blick auf die Welt und ihnen so die Augen öffnen für die allgegenwärtige und geheimnisvolle Wirkkraft von Gottes Geistes in der Schöpfung.

Noch eine weitere Pfingstszene beschreibt unser heutiges Evangelium: In der verängstigten Gruppe der Jünger, die sich eingeschlossen hatten, erscheint plötzlich der Auferstandene trotz verschlossener Türen. Er geht auf jeden zu, haucht ihn an und gibt damit den Seinen einen neuen Lebensodem, so wie Gott am Anfang der Schöpfung dem „Erdling" Adam das Leben eingehaucht hat. Durch den Anhauch Jesu können Menschen, die aus Angst in sich verschlossen waren, neu aufatmen und befreit das neue Leben verbreiten. Die erneuerte Lebensenergie heißt „Shalom"! Ohne Prädikat spricht der Auferstandene seinem Jüngerkreis den Frieden zu – als felsenfeste Zusage: „Friede euch!" So werden eingeschüchterte Menschen zu furchtlosen Zeugen. Die Jünger stehen für die ganze Gemeinde. Sie werden ausgesandt, die Botschaft vom barmherzigen Gott und seine Zusage von Vergebung weiterzutragen und zu verbreiten. Erfahrungen, die uns innerlich verwandeln, lassen erahnen, was es heißt, von jenem Geist ergriffen zu werden, der alles erneuert. Solch geistgewirkte Umkehr zum Leben kann unmerklich und langsam vor sich gehen, sie kann aber auch – gerade in Krisensituationen – explosiv durchbrechen.

Wie ein roter Faden zieht sich durch das vierte Evangelium, dass von Jesus die Fülle des Geistes ausgeht. Der Täufer bezeugt als Erster, dass „der Geist vom Himmel auf ihn herabkam wie eine Taube und auf ihm blieb" (Joh 1,32). Der Lieblingsjünger erkennt den göttlichen Glanz auf dem Antlitz Jesu durch seine intime Nähe zu ihm. In der Stunde des Todes geht ihm unter dem Kreuz endgültig auf, dass die restlose Hingabe Jesu der Quellgrund des Geistes ist und dass dieser Geist ihn, den geliebten Jünger, als Sohn Marias die Stelle Jesu einnehmen lässt. So wird eine Gemeinschaft eröffnet, die das erlöste Israel mit der neuen Jesusbewegung verbindet.

Die Mitteilung des Geistes Jesu geht jedoch über seine bloß rezeptive Aufnahme hinaus. Der Samariterin gegenüber spricht Jesus von einem geheimnisvollen Wasser, das er geben kann und das in dem, der es empfängt, zur Quelle lebendigen Wassers wird. Ähnlich äußert sich Jesus beim Laubhüttenfest, an dem er öffentlich verkündet: Aus dem Glaubenden werden Quellen lebendigen Wassers hervorsprudeln (vgl. Joh 7,38f.). Dass wir als Glaubende aus der Geisteskraft Jesu nicht nur den Geist empfangen, sondern selbst zu Geistspendern werden, ist die Vollendung aller Geisterfahrung.

So können wir am Hohen Pfingsttag immer nur bitten: Auferstandener Herr, hilf mir, dass ich immer mehr ein Mensch der Hingabe werde und auf meinem Antlitz dein Glanz aufstrahlt! Hilf uns, deiner Kirche, dass wir uns von innen her verwandeln und erneuern lassen und deiner Gerechtigkeit und Liebe den Weg bahnen! Bitten wir unablässig um den Heiligen Geist, damit er in uns wirke und uns mit sanfter, aber unbändiger Kraft zu neuen Menschen verwandle!

ZWILLINGSBRUDER THOMAS

Joh 20, 19-31

*[19] Am Abend dieses ersten Tages der Woche, als die Jünger aus Furcht vor
den Juden bei verschlossenen Türen beisammen waren, kam Jesus, trat in
ihre Mitte und sagte zu ihnen: Friede sei mit euch! [20] Nach diesen Worten
zeigte er ihnen seine Hände und seine Seite. Da freuten sich die Jünger,
als sie den Herrn sahen. [21] Jesus sagte noch einmal zu ihnen: Friede sei
mit euch! Wie mich der Vater gesandt hat, so sende ich euch. [22] Nachdem
er das gesagt hatte, hauchte er sie an und sagte zu ihnen: Empfangt den
Heiligen Geist! [23] Denen ihr die Sünden erlasst, denen sind sie erlassen;
denen ihr sie behaltet, sind sie behalten.*

*[24] Thomas, der Didymus genannt wurde, einer der Zwölf, war nicht bei
ihnen, als Jesus kam. [25] Die anderen Jünger sagten zu ihm: Wir haben
den Herrn gesehen. Er entgegnete ihnen: Wenn ich nicht das Mal der
Nägel an seinen Händen sehe und wenn ich meinen Finger nicht in
das Mal der Nägel und meine Hand nicht in seine Seite lege, glaube ich
nicht. [26] Acht Tage darauf waren seine Jünger wieder drinnen versammelt
und Thomas war dabei. Da kam Jesus bei verschlossenen Türen, trat in
ihre Mitte und sagte: Friede sei mit euch! [27] Dann sagte er zu Thomas:
Streck deinen Finger hierher aus und sieh meine Hände! Streck deine
Hand aus und leg sie in meine Seite und sei nicht ungläubig, sondern
gläubig! [28] Thomas antwortete und sagte zu ihm: Mein Herr und mein
Gott! [29] Jesus sagte zu ihm: Weil du mich gesehen hast, glaubst du. Selig
sind, die nicht sehen und doch glauben.*

*[30] Noch viele andere Zeichen hat Jesus vor den Augen seiner Jünger getan,
die in diesem Buch nicht aufgeschrieben sind. [31] Diese aber sind aufgeschrieben, damit ihr glaubt, dass Jesus der Christus ist, der Sohn Gottes,
und damit ihr durch den Glauben Leben habt in seinem Namen.*

„Am Abend dieses ersten Tages der Woche" – gemeint ist der Ostertag – „als die Jünger…bei verschlossenen Türen beisammen waren." Nach dieser Eröffnung erwartet man: Natürlich sind alle Jünger versammelt. Der Auferstandene zeigt sich ihnen, nimmt ihnen die Angst und spricht ihnen den Frieden zu. Danach werden sie ausgesandt. So weit, so gut! Das wäre der letzten Auferstehungserscheinung auf dem Berg in Galiläa bei Matthäus vergleichbar (vgl. Mt 28,16-20). Dort erscheint Jesus allen Jüngern und sendet sie in die Welt, um die Frohe Botschaft zu verbreiten. So ähnlich könnte man sich auch den Abschluss des Johannesevangeliums vorstellen.

Doch dann folgt noch die Geschichte mit Thomas. Sie lag dem vierten Evangelisten offenbar besonders am Herzen, obwohl sie wie ein Zusatz wirkt. Warum wurde diese Szene angehängt? Thomas war bei der Ersterscheinung Jesu nicht dabei. Dieses Geschick teilt er mit allen nachfolgenden Generationen, die an die Auferstehung glauben. „Acht Tage später…", das erinnert an das Herrenmahl am ersten Tag der Woche. Diese wöchentliche Feier wurde für die jungen Jesusgemeinden bald zum zentralen Ritus, in dem man die bleibende Gegenwart des Auferstandenen feierte. Thomas lebt sozusagen auf zwei Zeitebenen. Er gehört zur ersten Generation der Augenzeugen und bildet zugleich die Brücke zu den nachfolgenden Generationen.

Mit der Gestalt des Thomas behandelt der Evangelist ein zentrales Anliegen für die Weitergabe des christlichen Glaubens. Die anderen Apostel verkünden ihm: „Wir haben den Herrn gesehen." Für Thomas ist das ein solch unglaublicher Satz, dass er ihn nicht ohne Weiteres annehmen kann. Wer wollte es ihm auch verübeln, dass er diese Aussage bezweifelt? Worin besteht genau die Schwierigkeit des Thomas? Das Wort „Wir haben den Herrn gesehen" bringt scheinbar Unvereinbares zusammen, es ist ein Paradox. „Herr" ist für einen gläubigen Juden ein Hoheitstitel, der den Eigennamen Gottes, der nicht ausgesprochen werden durfte, umschreibt. Thomas wusste doch, dass man Jesus grausam hingerichtet hatte! Wie konnte ein Gekreuzigter, der nach seiner Heiligen Schrift als „verflucht" galt, „der Herr" sein? Sogar der Herr über Leben und Tod, also einer, der den Tod für immer überwunden hat? Das ist sein Problem und seine Zweifel sind mehr als berechtigt. Deshalb richten sich seine Nachfragen auf die Wunden Jesu. Diese will er sehen und berühren, sonst kann er das paradoxe Zeugnis der anderen Apostel nicht annehmen.

Lukas schildert am Ende seines Evangeliums eine ähnliche Szene wie hier Johannes (vgl. Lk 24,36-49): Der Auferstandene erscheint überraschend im Kreis seiner Jünger und spricht ihnen den Frieden zu. Doch gibt es einen bezeichnenden Unterschied: Bei Lukas verweist der Herr auf seine Hände und Füße, also auf die unbekleideten Körperteile. Er fordert die Jünger auf, ihn zu betasten und sich von seiner Leiblichkeit zu überzeugen. Als sie immer noch zweifeln, isst er vor ihren Augen einen gebratenen Fisch. In einer hellenistisch geprägten Kultur will Lukas die verklärte und gleichzeitig sehr reale Leiblichkeit des Auferstandenen als Glaubenswahrheit betonen. Sie begründet den Glauben an die „Auferstehung des Fleisches", wie man in der alten Version des Glaubensbekenntnisses betete. Die leibliche Auferstehung aller Menschen ist der Inbegriff biblischer Hoffnung.

Bei Thomas liegt das Schwergewicht auf den Wunden Jesu. Der vierte Evangelist richtet unsere Aufmerksamkeit nicht einfach nur auf den Leib, sondern auf den verletzten, von den Kreuzeswunden gezeichneten Leib. Caravaggio hat diese Szene sehr eindrücklich in einem Gemälde dargestellt: Mit gerunzelter Stirn und skeptischem Blick legt Thomas seinen Zeigefinger in die Seitenwunde Jesu. So großartig dieses Gemälde auch ist, der zugrundeliegende Text deutet nicht in diese Richtung. Er legt eine andere Version nahe. Jesus lädt Thomas zwar ein, seine Wunden zu betasten, doch im abschließenden Wort spricht Jesus das Sehen und nicht das Berühren an. „Weil du mich gesehen hast, glaubst du. Selig sind, die nicht sehen und doch glauben." Damit ist wiederum eine Brücke geschlagen zu jenen, die nur auf die Botschaft der Apostel hin glauben werden (vgl. Joh 17,20). In der Gestalt des Thomas wird angedeutet, dass der Glaube an das Wort der Verkündigung zu einer ganzheitlichen, existentiellen Erfahrung werden kann, jedoch nicht im Sinne eines handgreiflichen Berührens und Betastens. Die Nähe des Auferstandenen kann sehr wohl mit geistlichen Sinnen wahrgenommen werden. Thomas „sieht" in den Wunden Jesu den unsichtbaren Gott – und glaubt! Geistlich erleuchte Sinne haben eine durchaus leibliche Dimension.

Machen wir einen Sprung ins 20. Jahrhundert. Nach dem Ende des Zweiten Weltkriegs wartete man gespannt auf ein literarisches Werk, das diese Katastrophe Europas und der ganzen Welt in einer Erzählung, einer Parabel, deuten würde. Albert Camus, der in der französischen Resistance aktiv war, arbeitete seit 1942 an einem Roman, der 1946 abgeschlossen war und 1947 erschien: „La Peste". Camus beschreibt darin nicht den Krieg und seine Gräuel, sondern den Belagerungszustand, dem die nordafrikanische Stadt Oran durch die Pest, eine überwunden geglaubte mittelalterliche Seuche, ausgeliefert ist. Dieser Roman ist aufgebaut wie ein klassisches Drama. Gleichzeitig ist er ein narrativer Traktat über Camus' „Philosophie des Absurden". Die Welt ist für den Autor nicht in sich absurd, doch ist in ihr kein Gesamtsinn des Daseins erkennbar. Die Dramatik des Absurden entsteht, weil den Menschen die Sehnsucht nach Sinn umtreibt; doch sein unstillbares Sinnbedürfnis trifft auf eine Welt, die keinen allumfassenden Sinn bietet. Angesichts der Pest, die man im 20. Jahrhundert für ausgerottet hielt, stellt Camus verschiedene philosophische Haltungen dar, wie Menschen mit dieser Seuche und mit der Absurdität ihres Daseins umgehen. Da gibt es die Schmuggler und Schieber. Da gibt es solche, die dagegen revoltieren. Da gibt es den Jesuitenpater Paneloux, der wortgewaltig die Seuche als Strafe Gottes deutet. Der Held des Absurden ist jedoch der Arzt Doktor Rieux, der die Menschen medizinisch betreut und Abhilfe schafft. Er symbolisiert die einzig sinnvolle Gegenkraft, die in dieser Seuche Bestand hat. Diskret, selbstverständlich und tatkräftig bringt er Heilung und Sinn mitten in eine schrecklich-sinnlose Situation.

Camus' Roman wurde nach dem Hereinbrechen der Corona-Krise wieder mehrfach gelesen. Leider wiederholte es sich, dass einzelne Kirchenvertreter die allgegenwärtige Angst und die Sehnsucht nach sinndeutenden Lösungen missbrauchten und die Pandemie zur Strafe Gottes erklärten. Gott sei Dank blieben diese Stimmen isoliert und wurden kritisiert. Papst Franziskus hatte schon vor Corona das eindrucksvolle Bild von der Kirche als „Feldlazarett" geprägt. Die Kirche sei dazu da, Verwundete zu verbinden und zu versorgen. Doch müssen wir uns als Kirche auch immer fragen, welche Strukturen dazu führen, dass so viele Menschen verwundet am Weg liegen bleiben. Christus identifiziert sich nach der Schilderung des Weltgerichts bei Matthäus mit den Nackten, Kranken, Hungernden, mit den Leidenden dieser Welt (vgl. Mt 25,31-46). In ihren Wunden sollten die Glaubenden den gegenwärtigen Herrn erkennen. Das Urteil im Endgericht entscheidet sich allein nach der tätigen Liebe zu den „geringsten Brüdern". Empfindsamkeit für das Leid der Opfer, ob von Missbrauch oder ungerechten Strukturen, sollte kirchliches Handeln auszeichnen. Jesus hat Wunden geheilt und die Wunden dieser Welt getragen. Als solcher ist er auch als Auferstandener kenntlich. Will die Kirche ihrem Namen („zum Herrn gehörig") gerecht werden, muss sie für die Armen und Verwundeten unserer Tage wie ein „Feldlazarett" sein.

Einen zweiten Punkt mahnt der Papst immer wieder an. Er tat das schon als Kardinal Bergoglio kurz vor seiner Wahl in das höchste Amt. Er zitierte damals die Offenbarung des Johannes: Christus steht vor der Tür und klopft an (vgl. Offb 3,20). Doch dieses Bild, das meist als Einlass in die Herzen der Gläubigen gedeutet wurde, las der spätere Papst ganz anders: Christus klopft an aus dem Innern der Kirche. Er will hinaus – in die Welt, an die Ränder, an die Grenzen. Das wäre „Auferstehung der Kirche" heute: Herauskommen aus der Komfortzone kirchlicher Selbstbezogenheit und sich hineinwagen in die Konflikte und Grenzerfahrungen von einzelnen Menschen, von Gruppen, Völkern und Staaten. Da gäbe es viele Koalitionen mit engagierten und suchenden Zeitgenossen. Eine solche Option würde die Gestalt unserer Kirche auf Dauer verändern. Aus der statischen Kirche der „Heiligen Herrschaft" (Hierarchie) könnte das wandernde Gottesvolk werden, ein pilgernder Zug der Hoffnung, der andere, besonders Suchende einlädt, sich ganz oder auch eine Wegstrecke lang der Gemeinschaft der Glaubenden anzuschließen.

Trotz des Osterfestes ohne öffentliche Gottesdienste (2020) haben manche Ostern in der Familie intensiv erlebt und gefeiert. Vielleicht müssten die christlichen Großkirchen ihre Anfänge als überschaubare Hauskirchen neu entdecken. Natürlich freuen wir uns, wenn unsere St. Michaelskirche wieder voll besetzt sein wird und wir die großen Liturgien feiern können. Doch hoffe ich, dass viele Menschen in dieser schwierigen Zeit ihre eigene spirituelle Kompetenz neu entdecken. Die alte Volksfrömmigkeit lebte davon, dass das liturgische Leben mit dem agrarischen Jahresablauf Hand in Hand ging. Ein großer Teil dieser Volksfrömmigkeit war von liturgischen Formen getragen, zu denen man keinen Priester brauchte. Für die moderne Gesellschaft und für unsere heutige Lebenskultur müssten wir solch neue Ausdrucksformen suchen, entdecken und entfalten.

Kehren wir noch einmal zurück zu Thomas. Sein Eigenname leitet sich vom aramäischen Wort „tha-am" – „Thomas" – her, was im Griechischen mit „Didymus", zu Deutsch „Zwilling", übersetzt wird. Thomas ist unser Zwillingsbruder im Glauben. Er gehörte zur ersten Generation der Augenzeugen, wollte aber aus eigener Erfahrung zum Glauben finden. Leben aus Glauben kann auch heute nur „auferstehen", wenn Menschen mit all ihren Zweifeln zu authentischen, ganzheitlichen Erfahrungen hingeführt werden, die sie von innen her berühren und sie die Wahrheit des Glaubens „sehen" lernen. Im Namen der kirchlich Beheimateten, aber auch der vielen suchenden Menschen sollten wir beten: Heiliger Thomas, du unser Zwillingsbruder, stärke unseren Glauben! Zeige uns, wie wir zur Erkenntnis Jesu Christi erleuchtet werden und durch ihn Gott erkennen! Ermutige uns, dass wir im Blick auf die Wunden Jesu und die Wunden der Menschen heute vom Glanz seiner Auferstehung berührt werden! Du bist für uns ein leuchtendes Vorbild. Hilf uns glauben und bekennen, „dass Jesus der Christus ist, der Sohn Gottes", damit wir „durch den Glauben Leben" haben „in seinem Namen"!

GEHEIMNISVOLLE NÄHE

Joh 21, 1-14

1 Danach offenbarte sich Jesus den Jüngern noch einmal, am See von
Tiberias, und er offenbarte sich in folgender Weise. 2 Simon Petrus, Thomas, genannt Didymus, Natanaël aus Kana in Galiläa, die Söhne des
Zebedäus und zwei andere von seinen Jüngern waren zusammen. 3 Simon Petrus sagte zu ihnen: Ich gehe fischen. Sie sagten zu ihm: Wir
kommen auch mit. Sie gingen hinaus und stiegen in das Boot. Aber in
dieser Nacht fingen sie nichts. 4 Als es schon Morgen wurde, stand Jesus
am Ufer. Doch die Jünger wussten nicht, dass es Jesus war. 5 Jesus sagte
zu ihnen: Meine Kinder, habt ihr keinen Fisch zu essen? Sie antworteten
ihm: Nein. 6 Er aber sagte zu ihnen: Werft das Netz auf der rechten Seite
des Bootes aus und ihr werdet etwas finden. Sie warfen das Netz aus und
konnten es nicht wieder einholen, so voller Fische war es. 7 Da sagte der
Jünger, den Jesus liebte, zu Petrus: Es ist der Herr! Als Simon Petrus hörte, dass es der Herr sei, gürtete er sich das Obergewand um, weil er nackt
war, und sprang in den See. 8 Dann kamen die anderen Jünger mit dem
Boot – sie waren nämlich nicht weit vom Land entfernt, nur etwa zweihundert Ellen – und zogen das Netz mit den Fischen hinter sich her. 9 Als
sie an Land gingen, sahen sie am Boden ein Kohlenfeuer und darauf
Fisch und Brot liegen. 10 Jesus sagte zu ihnen: Bringt von den Fischen,
die ihr gerade gefangen habt! 11 Da stieg Simon Petrus ans Ufer und zog
das Netz an Land. Es war mit hundertdreiundfünfzig großen Fischen
gefüllt, und obwohl es so viele waren, zerriss das Netz nicht. 12 Jesus sagte
zu ihnen: Kommt her und esst! Keiner von den Jüngern wagte ihn zu
befragen: Wer bist du? Denn sie wussten, dass es der Herr war. 13 Jesus
trat heran, nahm das Brot und gab es ihnen, ebenso den Fisch. 14 Dies
war schon das dritte Mal, dass Jesus sich den Jüngern offenbarte, seit er
von den Toten auferstanden war.

Das 21. Kapitel wurde nach dem Tod des Evangelisten an das schon abgeschlossene Evangelium angehängt (vgl. Joh 20,30f.). Es ist das Werk von einem oder mehreren Redaktoren. Die Redaktion greift – vielleicht erst nach der Wende vom ersten zum zweiten Jahrhundert – auf altes Material aus früher Tradition zurück, denn eine ähnliche Geschichte vom wunderbaren Fischfang findet sich auch bei Lukas (vgl. Lk 5,1-11). Doch unser Nachtragskapitel ist nicht nur eine Rückblende in die Zeit Jesu und der ersten Erscheinungen. Mit dieser Auferstehungserscheinung wurde wohl die jahrzehntelange Geschichte der Jesusbewegung gedeutet. Was können wir in dieser Hinsicht aus dieser Szenenfolge herauslesen und erschließen?

Die Geschichte beschreibt ein Wechselbad der Gefühle. Die Fischer waren trotz großer Bemühungen während einer langen Arbeitsnacht erfolglos geblieben. Dann, völlig unerwartet und schlagartig, die übervollen Netze – und das zu einer Zeit, wo man normalerweise keine Aussicht auf Erfolg hatte, nämlich am frühen Morgen. In der dritten oder schon vierten Generation der Jesusbewegung musste man im Rückblick feststellen: Jesus selbst und die Verkünder seiner Auferstehung waren in Israel gescheitert. Inzwischen war jedoch etwas ganz Überraschendes eingetreten: Die ursprünglich innerjüdische Erneuerungsbewegung Jesu hatte auf einmal einen ungeahnten Zulauf in den hellenistischen Städten des Vorderen Orients. Diese Entwicklung empfand man wie ein unverhofftes Geschenk des Himmels: Heiden bekehrten sich zum Gott Israels und zu seinem Messias. Eine kleine jüdische Glaubensrichtung entwickelte sich mit der Zeit zu einer eigenständigen Religion, in der nichtjüdische Menschen allmählich die Mehrheit bildeten. Diesen Zustrom von Heiden empfand man wie eine nochmalige Auferstehung, die Gott selbst gewirkt hatte. Zwar ist, wie Martin Buber im Jahre 1952 schrieb, „Erfolg keiner der Namen Gottes", doch dieser nie erwartete Durchbruch nach mehrmaligem Scheitern in Israel – sollte er nicht ein starkes Zeichen Gottes sein, der Totes zum Leben erwecken kann?

Durchbrüche und Erfolgserlebnisse ebenso wie Enttäuschungen und Misserfolge sind uns nicht fremd. Wo und wie ist da Gott zu finden? Unsere Geschichte gibt Hinweise: Der Lieblingsjünger, die Idealgestalt des Glaubens, erspürt als erster die geheimnisvolle Präsenz des Auferstandenen und teilt dem Petrus mit: „Es ist der Herr." Der Mann am Ufer wird später auch von allen intuitiv als Auferstandener erkannt, aber nicht benannt. Dieses Frühmahl ist eine Szene wie zwischen Tag und Traum. Die Beteiligten erleben die Nähe und Gegenwart des Auferstandenen in einer Wachheit, die man nicht mit Händen fassen oder gar festhalten kann. Das Erstzeugnis des Lieblingsjüngers wird bei den anderen Jüngern zu einem Wissen, das von innen kommt. Sie spüren alle: „Es ist der Herr." Seine Gegenwart zieht sie bei diesem Mahl am Ufer in den Bann.

Die Endredaktoren hatten vermutlich die urchristlichen Mahlfeiern vor Augen, wo die ersten Gemeinden offenbar gemeinsam in großer Dichte erlebten: Der Auferstandene ist mitten unter uns. Er ist geheimnisvoll da. Im Grunde wird hier mit der Umschreibung „Herr" die Gotteserfahrung Israels aufgenommen. Den Eigennamen Gottes durfte man als Jude nicht aussprechen. Die unbedingte Zusage, die im Eigennamen Gottes steckt, „Ich bin da – für euch als Volk und für jeden Einzelnen" wird hier auf die Gegenwart des Auferstandenen übertragen. Die Präsenz Gottes lässt sich nie in Worte fassen. Doch sie hat etwas sanft Bezwingendes und führt in ein frageloses Dasein voll stiller Seligkeit. Solche Erfahrungen zählen mehr als jeder äußere Erfolg: als Geschenk innerer Offenheit und Wachheit, als gläubiges Gespür und tiefe Intuition. Solche Bewusstseinszustände lassen uns ahnen und erfahren, dass Gott uns direkt berührt hat und mitten in unserem Leben als der Jenseitige gegenwärtig ist.

Eine solche Atmosphäre haben die ersten Generationen wohl beim Mahl mit dem Auferstandenen empfunden. Mit der Beziehung zum Auferstandenen richteten sich die Glaubenden nicht einfach auf ein fernes transzendentes Du aus, sondern auf einen Menschen aus Fleisch und Blut, der lebendiges Abbild Gott war. Dies war das unerhört Neue an dieser Glaubensgemeinschaft, die sich mehr und mehr zum Christentum entwickelte: Die Nähe eines Menschen verbürgt die Nähe Gottes! „Wussten Sie schon, dass die Nähe eines Menschen gesund und krank machen, tot und lebendig machen kann", so beginnt ein Gedicht von Wilhelm Wilms. Im Miteinander und Füreinander von Menschen das Göttliche zu erfahren, ist etwas Urreligiöses. Für die ersten Christen schuf der Geist des Auferstandenen diese neue Verbundenheit unter Menschen – über alle sozialen und ethnischen Schranken hinweg.

Das Ende der Geschichte spielt am Morgen nach einer langen Nacht. In der Nacht könne niemand wirken, sagt der johanneische Christus (vgl. Joh 9,4). Als Judas, der Verräter, den Abendmahlsaal verlässt, heißt es lapidar: „Es war aber Nacht" (Joh 13,30). Auch wir erfahren „Nächte" in unserem Leben: vergebliche Versuche, Misserfolge, Scheitern, Schuld, Enttäuschungen, Verrat und lange Phasen von Hilflosigkeit und Ohnmacht. Solche Nächte müssen durchwacht und bewusst durchlitten werden – im nackten Vertrauen, in der Haltung der Hoffnung wider alle Hoffnung, wie sie Abraham, der Vater des Glaubens, vorlebte (vgl. Röm 4,18). Manchmal kann sich nach einer langen finsteren „Arbeitsnacht" am nächsten Morgen eine unerwartete Perspektive auftun: Neue Hoffnung strömt ein, eine Tür tut sich wider Erwarten auf. Das Leben nimmt eine winzige Wendung, die alles in ein neues Licht taucht. Die Hoffnung während der Nachtphasen unseres Lebens durchzuhalten, ist der Ernstfall des Glaubens. Umso beglückender, wenn dann die Gnade der Nähe Gottes wieder wie neues Leben in uns einfließt. Das ist für glaubende Menschen der wahre „Erfolg“: in allen Wechselfällen des Lebens mit Christus, dem Auferstandenen, rechnen zu dürfen. „Es gibt ja“ – wie Edith Stein sagt – „nichts Schöneres auf der Welt als das Wirken der Gnade in einer Seele.“

In unserer Szene hat die geheimnisvolle Gestalt am Ufer ein ganz normales Frühstück vorbereitet. Der Text spielt nicht auf die Eucharistie an wie im 6. Kapitel bei der Brotrede Jesu. Die ersten Christen haben beim Herrenmahl die Gegenwart des Auferstandenen offenbar in einer Art erfahren, dass die sakramentale Gegenwart ins normale Leben ausstrahlte und auch beim gemeinsamen alltäglichen Essen und Trinken spürbar war. Machen Sie doch einmal den Test, ob nicht ein wunderbares Frühstück mit lieben Menschen auch uns die Erfahrung schenken kann: Der Herr ist da! Er ist mitten unter uns!

DER RUF IN DIE NACHFOLGE

Joh 21, 15-19

15 Als sie gegessen hatten, sagte Jesus zu Simon Petrus: Simon, Sohn des Johannes, liebst du mich mehr als diese? Er antwortete ihm: Ja, Herr, du weißt, dass ich dich liebe. Jesus sagte zu ihm: Weide meine Lämmer!
16 Zum zweiten Mal fragte er ihn: Simon, Sohn des Johannes, liebst du mich? Er antwortete ihm: Ja, Herr, du weißt, dass ich dich liebe. Jesus
sagte zu ihm: Weide meine Schafe! 17 Zum dritten Mal fragte er ihn: Simon, Sohn des Johannes, liebst du mich? Da wurde Petrus traurig, weil Jesus ihn zum dritten Mal gefragt hatte: Liebst du mich? Er gab ihm zur Antwort: Herr, du weißt alles; du weißt, dass ich dich liebe. Jesus sagte
zu ihm: Weide meine Schafe! 18 Amen, amen, ich sage dir: Als du jünger warst, hast du dich selbst gegürtet und gingst, wohin du wolltest. Wenn du aber alt geworden bist, wirst du deine Hände ausstrecken und ein
anderer wird dich gürten und dich führen, wohin du nicht willst. 19 Das sagte Jesus, um anzudeuten, durch welchen Tod er Gott verherrlichen werde. Nach diesen Worten sagte er zu ihm: Folge mir nach!

„Folge mir nach!" Diese Aufforderung Jesu an Petrus steht ganz am Ende nach einer langen Zeit der Nachfolge und nachdem ihm der Meister die Art seines Todes angedeutet hatte. Manchmal braucht man Jahre, Jahrzehnte oder ein ganzes Leben, um die Tragweite des Rufes Christi wirklich in sich aufzunehmen. Nach dem vierten Evangelium wurde Simon Petrus durch seinen Bruder Andreas zu Jesus geführt. Der Traum vom Messias Israels hatte sie beide gepackt. Simon erhielt den neuen Namen „Petrus", „Fels" (vgl. Joh 1,40-42). Der Fischer und Familienvater löste sich – zumindest für eine gewisse Zeit – aus Beruf und Familie heraus. Er wurde zum Sprecher der Jüngergruppe, die mit dem Rabbi Jesus durch Galiläa zog. Als sich die Massen nach dem ersten Zustrom immer mehr von Jesus abwandten und es auch im Jüngerkreis bröckelte, blieb Petrus fest bei seinem ersten Ruf in die Nachfolge. „Herr, zu wem sollen wir gehen? Du hast Worte ewigen Lebens" (Joh 6,68), antwortete er Jesus, als dieser die Zwölf mit der Frage konfrontierte, ob auch sie weggehen wollten. Trotz aller Gefühlsschwankungen blieb Petrus der Treue.

Nach den drei anderen Evangelisten kam es zu einem kritischen Augenblick, als Jesus vom Norden, von Cäsarea Philippi aus, seinen Zug nach Jerusalem begann und seinen engen Kreis einweihte, dass dieser Weg ihn bald in Leiden und Tod führen werde. Petrus will den Meister wohlmeinend davon abhalten, ins offene Messer zu rennen und wird dafür scharf zurechtgewiesen: „Geh fort, hinter mich, Satan!" (Mk 8,33), herrscht ihn Jesus an. Indem er ihn zurechtweist, erneuert er zugleich seinen Ruf in die Nachfolge mit denselben Worten wie bei der Erstberufung, die nach den drei anderen Evangelisten am See von Gennesaret stattfand: „Auf, hinter mich!" (Mk 1,17).

Im Johannesevangelium kommt es im Abendmahlsaal zu einem für Petrus bezeichnenden Wortwechsel mit Jesus. Der Meister will ihm die Füße waschen, denn in dieser Geste liegt sein Vermächtnis. Der Sprecher der Jüngergruppe wehrt sich dagegen: Nein, nein, ich müsste dir die Füße waschen! Als Jesus ihm eröffnet, er habe keinen Anteil an ihm, wenn er das nicht zulasse, schlägt die Stimmung des „Felsenmannes" wieder um. Dann möge ihm doch der Meister auch die Hände und das Haupt waschen (vgl. Joh 13,6-9)! Seine anfängliche Weigerung schlägt um in überschäumende Begeisterung. Mit seinen unsteten Gefühlen ist Petrus eigentlich alles andere als ein Fels. Sein Namenszusatz war vielleicht von Jesus als liebevoller Spitzname gemeint.

Bei der nächtlichen Festnahme Jesu will Petrus seinen Freund mit dem Schwert verteidigen. „Steck das Schwert in die Scheide!" (Joh 18,11), fordert Jesus ihn auf. Wieder muss der Meister seinen überschwänglichen, aber blinden Petrus in die Schranken weisen. Im Hof des Hohenpriesters spitzt sich die Lage zu. Als glühender Anhänger seines Meisters hatte Petrus den Mut, Jesus auch dorthin zu folgen. Doch dreimal verleugnet er ihn (vgl. Joh 18,17.25-27). Beim Krähen des Hahns durchzuckt es ihn voller Scham. Denn er hat im Abendmahlsaal beteuert, er würde für Jesus sein Leben hingeben. Jesus hat ihm jedoch vorausgesagt, er werde ihn dreimal verleugnen, noch ehe der Hahn kräht (vgl. Joh 13,38).

Petrus durchlebt eine bewegte Nachfolgegeschichte: immer wieder Überschwang, der schnell umkippt. Es reihen sich zahlreiche Missverständnisse und kurzschlüssige Reaktionen aneinander, doch die Anhänglichkeit an den Meister lässt nicht nach. Erst allmählich und durch Versagen hindurch reift er zu einem „Felsenmann". Der Weg der Nachfolge ist offenbar ein langer, auch schmerzhafter Lebens- und Läuterungsprozess, aber er ist ein Weg in die Freiheit. Auf die Nachricht vom leeren Grab läuft Petrus am Morgen mit dem Lieblingsjünger sogleich los. Doch er kann nicht mehr als die leere Grabkammer erkennen (vgl. Joh 20,2-7). Erst am Osterabend wird ihm zusammen mit den anderen Jüngern die Erscheinung Jesu hinter verschlossenen Türen zuteil (vgl. Joh 20,19-23). Der Auferstandene spricht ihm den Frieden zu. Er haucht seinem Petrus und allen anderen neues Leben ein. Wie sie wird auch Petrus gesandt, die Botschaft vom barmherzigen Gott zu verkünden und die Menschen von der Lebenslast ihrer Sünden zu befreien.

Erst bei der letzten Erscheinung am See Gennesaret, als ihm der Auferstandene die Art seines Todes angedeutet hatte, hört er unwiderruflich die Stimme Jesu: „Folge mir nach!“ Dieser immer wieder erneuerte Ruf war das Leitmotiv seines Lebens. Lassen wir uns ermutigen: In allen Windungen und Wendungen unseres Lebens, trotz all unseres Versagens und aller Niedergeschlagenheit, auch trotz aller kurzlebigen Begeisterung erneuert der Herr immer wieder seinen Ruf an uns: „Folge mir nach!“ Auf diese Stimme zu hören, ist das einzig Entscheidende. Danach bemisst sich die Summe unseres Lebens, nicht an Erfolg oder Misserfolg. Nehmen wir diesen Ruf immer wieder in uns auf und antworten wir aus vollem Herzen: „Herr, du weißt alles; du weißt, dass ich dich liebe.“

PROFESSOR ERNST ARNOLD BAUER

Geboren 1949
in Linz, Österreich

Seit dem Abschluss der Kunsthochschule Linz 1971 mit höchster Auszeichnung stets freischaffend tätig.

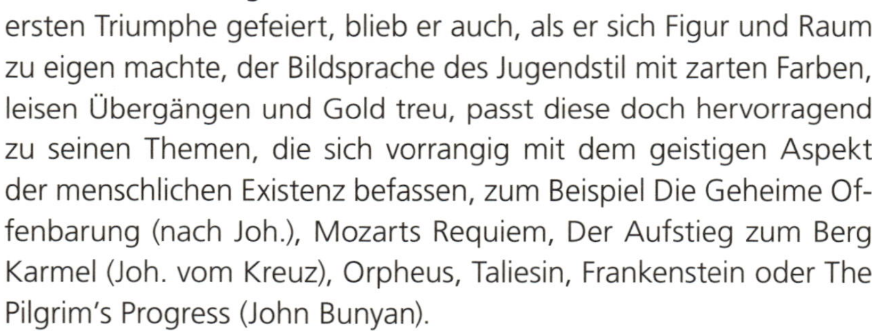

Hatte er mit flächiger Abstraktion seine ersten Triumphe gefeiert, blieb er auch, als er sich Figur und Raum zu eigen machte, der Bildsprache des Jugendstil mit zarten Farben, leisen Übergängen und Gold treu, passt diese doch hervorragend zu seinen Themen, die sich vorrangig mit dem geistigen Aspekt der menschlichen Existenz befassen, zum Beispiel Die Geheime Offenbarung (nach Joh.), Mozarts Requiem, Der Aufstieg zum Berg Karmel (Joh. vom Kreuz), Orpheus, Taliesin, Frankenstein oder The Pilgrim's Progress (John Bunyan).

Graphische Serien schuf E. A. Bauer unter anderem zu folgenden Themen: Der Kreuzweg, Der kleine Prinz (Saint-Exupéry), Finnegans Wake und Ulysses (James Joyce), Erzählungen von E. T. A. Hoffmann, Dr. Faustus (Thomas Mann) oder Don Quijote (Cervantes).

Technisch versiert bedient sich der Künstler der verschiedensten Techniken: Fresko, Secco, Öl, Tempera, Aquarell, Pastell, Zeichnung, Monotypie, Radierung, Lithographie und Siebdruck sowie Karborundum, die er zum Teil kombiniert.

In weit über 100 Einzelausstellungen hat er sein Werk inzwischen in vielen Ländern Europas und in den USA präsentiert und wurde auch in Buch und Film veröffentlicht. Für seine Verdienste um die Kunst wurde er 2017 vom österreichischen Bundespräsidenten mit dem Berufstitel Professor ausgezeichnet.

PATER KARL KERN SJ

Geboren 1949 in Obernburg/Main

1968 Eintritt in den Jesuitenorden

1976 Priesterweihe, anschließend Studium der Geschichte und Germanistik

Bis 1984 Gymnasiallehrer am Kolleg St. Blasien

1985 bis 1995 Hochschulpfarrer in Karlsruhe

1996 bis 2009 Cityseelsorger in Nürnberg, St. Klara

Seit 2010 Kirchenrektor St. Michael, München

Meine Predigten in St. Michael treffen auf ein spirituell interessiertes, meist akademisch gebildetes Publikum. Sie sollen den Zuhörern helfen, das Johannesevangelium auf unserem heutigen Wissensstand zu verstehen. Das erfordert ein genaues Eingehen auf den Wortsinn und eine Verortung der jeweiligen Perikope im Kontext des Evangeliums und der gesamten Bibel. Darüber hinaus ist es nötig, über den Text hinauszugehen und die historischen Rahmenbedingen einzubeziehen. Wenn klar wird, auf welche Fragen der Text eine Antwort geben will, ist schon der erste Schritt ins Heute getan.

Der Prediger appelliert an das Herz und den Verstand seiner Zuhörerschaft und ermutigt zu einer freien Glaubensentscheidung. Dabei darf er sich selbst nicht verstecken. Er gibt sich hinein in die verkündete Botschaft. Im Mittelpunkt steht allerdings nie der Prediger, sondern der lebendige Christus.

DIE BILDER VON ERNST ARNOLD BAUER

Eine theologische Betrachtung von P. Karl Kern SJ

Ernst Arnold Bauer hat den Prolog des Johannesevangeliums mit zwei rahmenden Bildern gedeutet. Ein drittes Bild wurde durch die Begegnung des Auferstandenen mit Maria Magdalena angeregt, ein viertes befindet sich auf der letzten Seite.

„IM ANFANG WAR DAS WORT" (S. 24) setzt den Ur-Anfang, den Urgrund vor allem Anfang ins Bild. Wie kann man dem eine Form geben, was vor aller Formgebung liegt? Der Künstler tut es, indem er aus einer unsichtbaren Quelle von Licht eine Urexplosion von Leben darstellt. Die Grundgestalt der Bibel ist die Offenbarung des nicht-fassbaren Gottes. Die Schöpfung entstand durch sein wirkmächtiges Wort. Er offenbart sich durch sein Schöpfungswerk und ist zugleich allem Geschaffenen entzogen. Er ist gleichsam „in-über" seiner Schöpfung und als solcher geheimnisvoll gegenwärtig. Dieser Gott des Himmels und der Erde hat sich ein kleines Volk auserwählt und sich Israel in besonderer Weise mitgeteilt. Die Selbstmitteilung Gottes wird „Fleisch", angedeutet in einem menschlichen Antlitz. Die geistige Urkraft der Schöpfung entfaltet sich auf unserem Bild durch kleine Einheiten von Licht. Sie wirken wie Urzellen des Lebens, die sich von einer nicht-fassbaren Mitte her ausbreiten und das „Chaos" in „Kosmos" verwandeln (vgl. Gen 1).

„DAS HIMMLISCHE JERUSALEM" (S. 31) bringt den Zielpunkt der ganzen Schöpfung ins Bild: eine Stadt, ein geordnetes, harmonisches Miteinander, in dem Mensch und Natur vom Leben Gottes

durchdrungen sind (vgl. Offb 21, 1-4). Alles strebt „nach oben" ins Gold der Ewigkeit. Einheit mit Gott gleicht einem Aufstieg, einem Emporgerissenwerden in die Höhe und Weite. Deshalb türmt sich ein riesiger Wellenberg hinter dieser Stadt auf. Die Grundgestalt des Johannesevangeliums ist der Abstieg und Wiederaufstieg des Einen, der den Gott Israels als Licht, Leben und Liebe geoffenbart hat. Jesus Christus erhebt sich als monumentale Lichtgestalt in der Mitte des Bildes. Engel steigen über ihm auf und nieder (vgl. Joh 2,10). Er will die ganze Schöpfung mit hineinnehmen in sein eigenes intimes Gottesverhältnis. Von ihm gehen die Samenkörner der erneuerten Schöpfung aus. In ihm, dem Gegenwärtigen, liegt die geballte Kraft der Offenbarung. Als sterblicher Mensch war er mit allen Sinnen erlebbar, als Erhöhter ist er eingegangen in das Geheimnis jenes Gottes, der unfassbare Liebe ist (vgl. 1 Joh 4,2) und dessen Liebe alle umfangen und an sich ziehen will.

„DIE BEGEGNUNG" (S. 219) bringt die Auferstehungserfahrung von Maria Magdalena ins Bild. Diese nahe Vertraute Jesu erfuhr den Auferstandenen sehr real und überirdisch zugleich – eine Liebesbegegnung in der Schwebe zwischen Tag und Traum, eine einschneidende Lebenswende, die alles Irdische in himmlisches Blau verwandelt. Die mystische Begegnung mit Gott kann nicht festgehalten werden. Sie zeigt jedoch ihre Wirkung in einer bleibenden Neugeburt aus Glauben. Glaubendes Vertrauen hat die Grundgestalt des Paradoxes: Es ist ein lichtes Dunkel. Biblischer Glaube ist dabei immer Begegnung mit einem Du. Dieses Widerfahrnis erweist sich in einem vertieften Bewusstsein der eigenen Identität und Bestimmung. Die Menschen der Bibel, die Gott erfahren, fühlen sich zuinnerst bei ihrem Namen gerufen. Sie wissen um ihr dauerhaftes Angesprochensein, um ihre innige Verbundenheit mit Gott. Das üppige Blau dieses Bildes ruft dieses Fluidum des Göttlichen wach.

„KYRIE ELEISON" (s. u.) war ursprünglich ein Huldigungsruf an den Kaiser. Die ersten Christen haben diesen Ruf als liturgische Anrufung des Auferstandenen übernommen. Er allein war für sie „der Heiligste und Höchste", weil er ihnen den Zugang zu Gott eröffnet hatte. Wahrer Glaube lebt aus der Tiefe. Unser abschließendes Gemälde bringt diese Kraft aus der Tiefe ins Bild: Die Liebeskraft Christi kommt wie aus einem inneren Lavastrom von unendlicher Liebe. Der göttliche Geist hat die Wucht eines Geysirs, einer unbändigen Kraft, die nach oben drängt. Diese Kraft von innen will uns im Fluss unseres Lebens geleiten. Bei allen Windungen, Wendungen und Engstellen unseres Lebens umfängt uns die unermessliche Weite des himmlischen Blau. Wer Christus als „Weg, Wahrheit und Leben" entdeckt hat, darf in allem dem Leben trauen und darauf hoffen, dass den Kindern Gottes „alles zum Guten gereicht" (Röm 8, 28).